Die Haftung des Staates bei der Einschaltung privater Kräfte zur Erfüllung öffentlicher Aufgaben

Europäische Hochschulschriften

Publications Universitaires Européennes

European University Studies

Reihe II

Rechtswissenschaft

Série II Series II

Droit

Law

Bd./Vol. 2481

PETER LANG

Frankfurt am Main · Berlin · Bern · New York · Paris · Wien

Tessa Traeger

Die Haftung des Staates bei der Einschaltung privater Kräfte zur Erfüllung öffentlicher Aufgaben

PETER LANG
Europäischer Verlag der Wissenschaften

Die Deutsche Bibliothek - CIP-Einheitsaufnahme

Traeger, Tessa:

Die Haftung des Staates bei der Einschaltung privater Kräfte zur Erfüllung öffentlicher Aufgaben / Tessa Traeger. - Frankfurt am Main ; Berlin ; Bern ; New York ; Paris ; Wien : Lang, 1998
(Europäische Hochschulschriften : Reihe 2, Rechtswissenschaft ; Bd. 2481)
Zugl.: Regensburg, Univ., Diss., 1998
ISBN 3-631-33811-2

Gedruckt auf alterungsbeständigem, säurefreiem Papier.

D 355
ISSN 0531-7312
ISBN 3-631-33811-2

Printed in Germany 1 2 3 4 5 7

Für Robert

Inhaltsverzeichnis

Literaturverzeichnis

Achterberg Norbert / Püttner Günter, Besonderes Verwaltungsrecht, Band 2, 1992, Berlin, New York

Arndt Hans-Wolfgang / Schumacher Andreas, Unterhaltslast und Einkommensteuerrecht, NJW 1994, S. 961

Badura Peter, Staatsrecht, 3. Auflage 1996, München

Benda Ernst / Maihofer Werner / Vogel Hans-Jochen, Handbuch des Verfassungsrechts, 2. Auflage 1994, Berlin, New York

Bender Bernd, Staatshaftungsrecht, 2. Auflage 1974 und 3. Auflage 1981, München

Bettermann Karl August, Die Amtshaftung: Art. 34 GG. Die Grundrechte, Band III/2, 1959, Berlin

ders., Zur Lehre vom Folgenbeseitigungsanspruch, DÖV 1955, S. 528

ders., Rechtsgrund und Rechtsnatur der Staatshaftung, in: DÖV 1954, S. 299

Böhmer Werner, Grundfragen der verfassungsrechtlichen Gewährleistung des Eigentums in der Rechtsprechung des Bundesverfassungsgerichts, NJW 1988, S. 2561

Boujong Karlheinz, Staatshaftungsrecht in der früheren DDR, in: Festschrift für Konrad Gelzer zum 75. Geburtstag, 1991, Tübingen

Brox Hans, Zur Lösung nachbarlicher Interessenkollisionen, JA 1984, S. 182

Bunte Hermann-Josef / Stober Rolf, Lexikon des Rechts der Wirtschaft, 1991, Neuwied

Burmeister Joachim, Die Ersatzvornahme im Polizei- und Verwaltungsvollstreckungsrecht, JuS 1989, S. 256

Dagtoglou Prodromos, Art. 34 GG, in: Kommentar zum Bonner Grundgesetz, Zweitbearbeitung 1970, Hamburg

ders., Die Beteiligung Privater an Verwaltungsaufgaben, DÖV 1970, S. 532

Dreier Horst, Grundgesetz Kommentar, Band I, 1996, Tübingen

Ehlers Dirk, Verwaltung in Privatrechtsform, 1984, München

Erichsen Hans-Uwe, Allgemeines Verwaltungsrecht, 10. Auflage 1995, Berlin, New York

ders. / Martens Wolfgang, Allgemeines Verwaltungsrecht, 7. Auflage 1989, Berlin, New York

Erman Walter, Handkommentar zum Bürgerlichen Gesetzbuch, 1. Band, 9. Auflage 1993 (§ 839 BGB bearbeitet von Klaus Küchenhoff), Münster

Eyermann Erich / Fröhler Ludwig, Verwaltungsgerichtsordnung, 9. Auflage 1988, München, Berlin

Forsthoff Ernst, Lehrbuch des Verwaltungsrechts, Band 1, Allgemeiner Teil, 10. Auflage 1973, München

Friauf Karl-Heinrich, Steuergesetzgebung und Eigentumsgarantie, JurA 1970, S. 299

Gallwas Hans-Ulrich, Die Erfüllung von Verwaltungsaufgaben durch Private, VVDStRL 29 (1971)

Götz Volkmar Allgemeines Polizei- und Ordnungsrecht, 11. Auflage 1993, Göttingen

ders., Haftung und Haftungsbeschränkung im verwaltungsrechtlichen Benutzungsverhältnis - BGHZ 54, 299, JuS 1971, S. 349

Gotzen Hans-Heiner, Abschied von der Werkzeugtheorie? - Anmerkung zu BGH NJW 1993, S. 1258, VR 1994, S. 170

Greifeld Andreas, Öffentliche Sachherrschaft und Polizeimonopol, DÖV 1981, S. 906

Gries Berthold / Willebrand Elmar, Entstehung der auf Leistung und Benutzung gerichteten verwaltungsrechtlichen Schuldverhältnisse, JuS 1990, S. 103

Haueisen Fritz, Die Bestandskraft verwaltungsgerichtlicher Vergleiche, DVBl. 1968, S. 285

Heidenhain Martin, Folgen rechtswidrigen hoheitlichen Verwaltungshandelns, JZ 1968, S. 487

Haverkate Görg, Amtshaftung bei legislativem Unrecht und die Grundrechtsbindung des Gesetzgebers, NJW 1973, S.441

v. Heimburg Ulrike, Verwaltungsaufgaben und Private, 1982, Berlin

Hendler Reinhard, Zur bundesverfassungsgerichtlichen Konzeption der grundgesetzlichen Eigentumsgaratie, DVBl.1983, S. 873

Hoffman-Becking Michael, Folgenbeseitigung bei rechtswidrigen hoheitlichen Tathandlungen? - BVerwG, DVB. 1971, 859, JuS 1972, S. 509

Ipsen Hans-Peter, Gesetzliche Indienstnahme Privater für Verwaltungsaufgaben, in: Um Recht und Gerechtigkeit, Festgabe für Erich Kaufmann, S. 141, 1950, Stuttgart, Köln

ders., Gesetzliche Bevorratungsverpflichtung Privater, AöR 90 (1965), S. 393

Isensee Josef / Kirchhof Paul (Hrsg.), Handbuch des Staatsrechts, Band VI, 1989, Heidelberg

Jacobs Rainer, Staatshaftungsrecht, 1982, München

Janson Bernd, Verwaltungsrechtliches Schuldverhältnis, Verwaltungsverfahrensgesetz und Reform der Staatshaftung, DÖV 1979, S. 697

Jarass Hans D. / Pieroth Bodo, Grundgesetz für die Bundesrepublik Deutschland, 3. Auflage 1995, München

Kirchhof Paul, Besteuerung und Eigentum, in: VVDStRL 39 (1981), S. 213

Klein Eckart, Staatshaftung in: Bürger und Staat, Materialien zur Lage der Nation, hrsg. v. Bundesministerium für innerdeutsche Beziehungen, 1990, S. 308

Klein Hans, Zum Begriff der öffentlichen Aufgabe, DÖV 1965, S. 755
Kleinlein Kornelius, Die ausgleichspflichtige Inhaltsbestimmung - eine Alternative zur Enteignung?, DVBl. 1991, S. 365
Knack Hans Joachim, Verwaltungsverfahrensgesetz, 3. Auflage 1989, Köln, Berlin, Bonn, München
Knauber Raffael, Die jüngere Entschädigungsrechtsprechung des BGH nach dem Naßauskiesungsbeschluß des BVerfG, NVwZ 1984, S. 753
Kötz Hein, Deliktsrecht, 3. Auflage 1983, Frankfurt am Main
Krautzberger Michael, Die Erfüllung öffentlicher Aufgaben durch Private, 1971, Berlin, New York
Kreft Friedrich, Öffentlich-rechtliche Ersatzleistungen, 1980, Berlin, New York
Kreissl Stephan, Die Haftung des Staates für den Einsatz privater Unternehmer - am Beispiel der polizeilich angeordneten Bergung eines Kraftfahrzeugs durch einen privaten Abschleppunternehmer, NVwZ 1994, S. 349
Krohn Günter, Enteignung, Entschädigung, Staatshaftung, 1993, Berlin, New York
ders., Zum Stand des Rechts der staatlichen Ersatzleistungen nach dem Scheitern des Staatshaftungsgesetzes, VersR 1991, S. 1085
Krohn Günter / Papier Hans-Jürgen, Aktuelle Fragen der Staatshaftung und der öffentlich-rechtlichen Entschädigung, 1986, RWS Skript 158, Köln
Kühlhorn Thomas, Haftung für die durch Verwaltungshilfe Privater entstandenen Schäden, Diss. Regensburg, 1972
Leisner Wolfgang, Öffentliches Amt und Berufsfreiheit, AöR 93 (1968), S. 161
ders., Steuer- und Eigentumswende - die Einheitswert-Beschlüsse des Bundesverfassungsgerichts, NJW 1995, S. 2591
Lerche Peter, Amtshaftung und enteignungsgleicher Eingriff, JuS 1961, S. 237
Löhler Sighart, Das Staatshaftungsrecht und seine Anwendung, 1981, Berlin
ders., Das öffentliche Recht im Einigungsvertrag, NVwZ 1991, S. 133
Lübchen, Gustav-Adolf, Die gesetzliche Regelung der Staatshaftung - eine weitere Garantie für den Rechtsschutz des Bürgers, Neue Justiz, 23 (1969), S. 394
Lühmann Hans, Neuordnung des Amtshaftungsrechts im vereinigten deutschen Staat - zurück zur Rechtswidrigkeit ?, Speyerer Forschungsberichte 98, 4. Auflage 1995
v. Mangoldt Hermann/ Klein Friedrich, Das Bonner Grundgesetz, Band 2, 2. Auflage 1964, Berlin, Frankfurt
Martens Wolfgang, Übertragung von Hoheitsgewalt auf Schüler, NJW 1970, S. 1029
Maunz Theodor / Dürig Günter, Grundgesetz, (Art. 12 GG, 19. Lfg. 1981 be-

arbeitet v. R. Scholz; Art. 14 GG, 31. Lfg. 1994 und Art. 34 GG, 26. Lfg. 1987 jeweils bearbeitet von H.-J. Papier; Art. 33, Lieferung 1961, bearbeitet v. T. Maunz), München

Maurer Hartmut, Allgemeines Verwaltungsrecht, 10. Auflage 1995, München

ders., Schadensersatzansprüche des Lehrers gegen den Schulträger, JuS 1994, S. 1015

ders., Die Gesetzkompetenz für das Staatshaftungsrecht, 1981, München

ders., Der enteignende Eingriff und die ausgleichspflichtige Inhaltsbestimmung des Eigentums, DVBl. 1991, S. 781

Mayer Franz / Kopp Ferdinand, Allgemeines Verwaltungsrecht, 5. Auflage 1985, München

v. Münch Ingo / Kunig Philip, Grundgesetz-Kommentar, Band 1, 3. Auflage 1985; Band 2, 3. Auflage 1995, München

ders. / Schmidt-Aßmann Eberhard, Besonderes Verwaltungsrecht, 9. Auflage 1992, Berlin, New York

v. Mutius Albert, Verfassungsrechtliche Zulässigkeit und Schranken der öffentlichen Indienstnahme Privater, VerwArch. 63 (1972), S. 329

Notthoff Martin, Die Haftung von Trägern öffentlicher Gewalt für durch Handlungen Privater verursachte Schädigungen, NVwZ 1994, S. 771

Nüßgens Karl / Boujong Karlheinz, Eigentum, Sozialbindung, Enteignung, 1987, München

Offerhaus Klaus, Aus der neueren Rechtspechung zum Steuerrecht, NJW 1979, S. 630

Ossenbühl Fritz, Staatshaftungsrecht, 4. Auflage 1991, München

ders., Öffentlich-rechtliche Entschädigung in Verfassung, Gesetz und Richterrecht, DVBl. 1994, S. 977

ders., Enteignungsgleicher Eingriff im Wandel, JuS 1988, S. 193

ders., Probleme der Amtshaftung bei Versagen von Ampelanlagen - BGH, NJW 1971, 2220 und 1972, 1268, in: JuS 1973, S. 421

ders., Die Erfüllung von Verwaltungsaufgaben durch Private, VVDStRL 29 (1971), S. 137

ders., Enteignungsgleicher Eingriff und Gefährdungshaftung im öffentlichen Recht - BGHZ 54, 332; JuS 1971, S. 575

Osterloh Lerke, Privatisierung von Verwaltungsaufgaben, VVDStRL 54 (1995), S. 204

Palandt, Bürgerliches Gesetzbuch, 56. Auflage 1996, München

Papier Hans-Jürgen, Die Forderungsverletzung im öffentlichen Recht, 1970, München

ders., Enteignungsgleiche und enteignende Eingriffe nach der Naßauskiesung-Entscheidung - BGHZ 90, 17 und BGH, NJW 1984, S. 1976, JuS 1985, S. 184

Peters Hans, Öffentliche und staatliche Aufgaben, Festschrift für H.C. Nipperdey, Band II, 1965, München und Berlin

Pieroth Bodo / Schlink Bernhard, Grundrechte - Staatsrecht II, 11. Auflage 1995, Heidelberg

Pietzcker Jost, Die salvatorische Entschädigungsklausel - BVerwG, NJW 1990, S. 2572

Plewa Dietrich, Die Verfassungsmäßigkeit der Indienstnahme Privater für Verwaltungsaufgaben am Beispiel des Gesetzes über Mindestvorräte an Erdölerzeugnissen vom 09.09.1965 in der Fassung vom 04.09.1975, Diss. Speyer 1978

Püttner Günter, Festschrift für Lange 1992, S. 697, Tübingen

Sachs Michael, Grundgesetz, 1996 (Art. 14 GG bearbeitet von Rudolf Wendt; Art. 34 GG bearbeitet von Heinz-Joachim Bonk), München

Schäfer Alfred / Bonk Heinz Joachim, Staatshaftungsgesetz, Kommentar, 1982, München

Schenke Wolf-Rüdiger, Der Folgenbeseitigungsanspruch bei Verwaltungsakten mit Drittwirkung, DVBl. 1990, S. 328

Scherer Joachim, Realakte mit "Doppelnatur", NJW 1989, S. 2724

Schimikowski Peter, Ersatzvornahme und Amtshaftung, VersR 1984, S. 315

Schmidt-Aßmann Eberhard, Besonderes Verwaltungsrecht, 10. Auflage 1995, Berlin, New York

Schmidt-Bleibtreu Bruno / Klein, Franz, Kommentar zum Grundgesetz, 8. Auflage 1995, Berlin, New York

Schneider Hans, Zur Haftung der Gemeinden für ihre öffentlichen Anstalten, NJW 1962, S. 705

Schoch Friedrich, Amtshaftung, JurA 1994, S. 241

Scholz Rupert, Verkehrsüberwachung durch Private?, NJW 1997, S. 14

Schröer (ohne Vorname), Die haftpflichtige Körperschaft im Bereich der Amtshaftung, JZ 1952, S. 129

Schullan Rudolf, Zur Staatshaftung in den neuen Bundesländern, VersR 1993, S. 283

Schulze - Osterloh Lerke, Das Prinzip der Eigentumsopferentschädigung im Zivilrecht und im öffentlichen Recht, 1980, München

dies., Entschädigungspflichtige Inhalts- und Schrankenbestimmung des Eigentums und Enteignung, NJW 1981, S. 2537

Schwabe Jürgen, Die Enteignung in der neueren Rechtsprechung des Bundesverfassungsgericht, JZ 1983, S. 273

Schwerdtfeger Gunther, Eigentumsgarantie, Inhaltsbestimmung und Enteignung - BVerfGE 58, 300 ("Naßauskiesung"), JuS 1983, S. 104

Seibert Max-Jürgen, Öffentliches Recht: Verbotswidriges Parken, JuS 1985, S. 625

Seifert Karl-Heinz / Hömig Dieter, Grundgesetz für die Bundesrepublik Deutschland, 5. Auflage 1995, Baden-Baden

Selmer Peter, Möglichkeiten und Grenzen staatlicher Eingriffe zur Sicherung der Energieversorgung, in: Emmerich / Lukes, Die Sicherheit der Energieversorgung, Recht-Technik-Wirtschaft, Band 4, 1974, München

Sendler Horst, Anwendung allgemeiner Vorschriften des BGB im Verwaltungsverfahren, NJW 1964, S. 2137

Soergel Hs.T. / Siebert W., Bürgerliches Gesetzbuch, Band 4, 1985 (§ 839 BGB bearbeitet von H.-J. Glaser), Berlin, New York

v. Staudinger Johann, Kommentar zum Bürgerlichen Gesetzbuch mit Einführungsgesetz und Nebengesetzen, (§ 839 BGB bearbeitet von Karl Schäfer), 12. Auflage 1986, Berlin

Stein Ekkehart, Staatsrecht, 15. Auflage 1995, München

Steiner Udo, Besonderes Verwaltungsrecht, 5. Auflage 1995, Berlin, New York

ders., Öffentliche Verwaltung durch Private, 1975, München

ders., Öffentliche Verwaltung durch Private, DÖV 1970, S. 526

ders., Der "beliehene" Unternehmer, JuS 1969, S. 69

Steinberg Rudolf / Lubberger Andreas, Aufopferung - Enteignung und Staatshaftung, 1991, Berlin

Stelkens Paul / Bonk Heinz Joachim / Sachs Michael, Verwaltungsverfahrensgesetz, 4. Auflage 1993, München

Stern Klaus, Das Staatsrecht der Bundesrepublik Deutschland, Band 1, 2. Auflage 1984, München

Stober Rolf, Wirtschaftsverwaltungsrecht, 10. Auflage 1996, München

ders., Handbuch des Wirtschaftsverwaltungs- und Umweltrechts, 1989, Stuttgart, Berlin, Köln

ders., Zur Anwendung des AGB-Gesetzes auf die öffentliche Hand, DÖV 1977, S. 398

Sträßer Martin, Noch einmal: Das Staatshaftungsrecht in den neuen Bundesländern, NJW 1991, S. 2467

Tipke Klaus / Lang Joachim, Steuerrecht, 15. Auflage 1996, Köln

Ulmer Peter, Münchener Kommentar zum Bürgerlichen Gesetzbuch, Band 3, 2. Halbb., 2. Auflage 1986 (§ 839 BGB bearbeitet von Hans-Jürgen Papier), München

Vogel Klaus, Öffentliche Wirtschaftseinheiten in privater Hand, 1959, München

Waechter Kay, Bereitstellungspflicht für Fernmeldeanlagen, VerwArch. 87 (1996), S. 68

Wassermann Rudolf, Kommentar zum Grundgesetz für die Bundesrepublik Deutschland, Band 2, 2. Auflage 1989, Neuwied

Weißen Marion, Schadensersatzansprüche Privater gegen Hoheitsträger bei Durchführung hoheitlicher Aufgaben durch Privatunternehmen, JA 1980, S. 477

Wendt Rudolf, Eigentum und Gesetzgebung, 1985, Köln

Westermann Harry, Sachenrecht, Band II Immobiliarsachenrecht, 1986, München

Weyreuther Felix, Über die Verfassungsmäßigkeit salvatorischer Entschädigungsregelungen im Enteignungsrecht, 1980, München

Windhorst Kay / Sproll Hans-Dieter, Staatshaftungsrecht, 1994, München

Wolff Hans Julius / Bachof Otto, Verwaltungsrecht I, 9. Auflage 1974, Berlin, New York

dies. / Stober Rolf, Verwaltungsrecht II, 5. Auflage 1987, Berlin, New York

Würtenberger Thomas, Zurückbehaltungsrechte und Schadensersatzansprüche beim Abschleppen verbotswidrig parkender Kraftfahrzeuge, DAR 1983, S. 155

ders. / Heckmann Dirk / Riggert Rainer, Polizeirecht in Baden-Württemberg, 2. Auflage 1994, Heidelberg

Zuleeg Manfred, Beleihung mit Hoheitsgewalt, Verwaltungshilfe und privatrechtliches Handeln bei Schülern, DÖV 1970, S. 627

Teil 1: Die Haftung des Staates gegenüber Dritten bei der Einschaltung privater Kräfte zur Erfüllung öffentlicher Aufgaben

In der heutigen Zeit obliegt es dem Staat, vielfältige Aufgaben zu erfüllen. War es in vergangenen Zeiten noch üblich, daß staatliche Aufgaben durch Bürger im Wege der Hand- und Spanndienste gemäß Art. 24 Abs. 1 Nr. 4 BayGO erfolgten, so hat insoweit der Bayerische Verfassungsgerichtshof[1] anerkannt, daß dies heutzutage nur noch - ausnahmsweise - in einzelnen Gemeinden in Frage komme, die aufgrund ihrer soziologischen Zusammensetzung noch die Homogenität aufweisen, in der das Wesen der Gemeindedienste seinen Grund und seine Rechtfertigung hat.

Die Übernahme dieser Aufgaben durch den Staat erfordert ein hohes Maß an personellen, sachlichen sowie finanziellen Mitteln. Da der Staat in bestimmten Bereichen nicht in der Lage ist, alle ihm obliegenden Aufgaben durch eigene Bedienstete zu erfüllen, wird auf den Einsatz privater Kräfte zur Erfüllung öffentlicher Aufgaben zurückgegriffen. Auf diese Weise wird einerseits der private Sachverstand genutzt, andererseits ist Beweggrund für den Einsatz der privaten Kräfte auch die effizientere und ökonomischere Aufgabenerfüllung durch den Privaten, die zu einer Entlastung der öffentlichen Haushalte führt. Auch wenn die Aufgaben durch private Kräfte erledigt werden, stellt sich ebenso wie bei der Aufgabenerledigung durch staatliche Bedienstete die Frage nach einer Haftung des Staates für bei der Aufgabenerfüllung verursachte Schäden.

---

[1] BayVerfGHE 7, 77

I. Das System der Staatshaftung

Das Staatshaftungsrecht ist der Inbegriff der geschriebenen und ungeschriebenen Rechtsnormen[2], die die Haftung des Staates und sonstiger Hoheitsträger für Schädigungen durch öffentlich-rechtliches Tätigwerden regeln[3]. Anspruchsinhalt können dabei alle Arten von Ersatzleistungen sein, wie die Leistung von Geld oder geldwerten Sachen, Naturalrestitution durch Wiederherstellung des ursprünglichen Zustandes sowie Ansprüche auf Unterlassung[4]. Der Begriff des Staatshaftungsrechts erfaßt nicht die Haftung des Staates bei privatrechtlichem Tätigwerden[5]. Diese Beschränkung rechtfertigt sich daraus, daß der Staat in diesem Bereich wie ein Privater am Rechtsverkehr teilnimmt, ohne Inanspruchnahme des spezifisch öffentlichen Sonderrechts.

Das System der öffentlich-rechtlichen Ersatzleistungen läßt sich in Ansprüche aus öffentlich-rechtlichem Deliktsrecht, aus Enteignung und Aufopferung sowie aus öffentlich-rechtlichen Schuldverhältnissen unterteilen. Dabei handelt es sich nicht um ein vom Gesetzgeber entwickeltes geschlossenes Rechtssystem, sondern um ein Nebeneinander von gesetzlichen und durch richterliche Rechtsfortbildung entwickelten Anspruchsgrundlagen, die sich teilweise ergänzen und teilweise nebeneinander stehen.

1. Das öffentlich-rechtliche Deliktsrecht

Das öffentlich-rechtliche Deliktsrecht regelt mit dem Amtshaftungsanspruch nach § 839 Abs. 1 BGB iVm. Art. 34 Satz 1 GG den Ersatz von Schäden, die durch die Verletzung absoluter Pflichten durch einen Amtswalter entstanden sind[6]. Insoweit setzt zwar der Amtshaftungsanspruch im Gegensatz zu den sonstigen unerlaubten Handlungen (§§ 823 ff BGB) die Verletzung einer bereits bestehenden, dem Amtswalter gegenüber dem geschädigten "Dritten" (§ 839 Abs. 1 iVm. Art. 34 Satz 1 GG) obliegenden Amtspflicht voraus und weist dementsprechend eine gewisse Nähe zum Schuldrecht auf[7]. Die Zuordnung zum Deliktsrecht ergibt sich jedoch daraus, daß die Amtspflicht im Sinne von § 839 Abs. 1 Satz 1 BGB nicht

---

2 Bender, Staatshaftungsrecht (2. Aufl. 1974), I., Rn. 1
3 Windthorst / Sproll, Staatshaftungsrecht, § 1, Rn. 4
4 Bender, Staatshaftungsrecht (3. Aufl. 1981), Rn. 1
5 Papier in: Maunz / Dürig, Grundgesetz, Art. 34, Rn. 88
6 Ossenbühl, Staatshaftungsrecht, S. 284
7 Drews / Wacke / Vogel / Martens, Gefahrenabwehr, S. 645

in der gleichen Weise eine individuelle Rechtsbeziehung begründet, wie dies bei privatrechtlichen Schuldverhältnissen der Fall ist[8].

Der Amtshaftungsanspruch nach § 839 Abs. 1 BGB iVm. Art. 34 Satz 1 GG ist vom Dualismus der zivilrechtlichen Eigenhaftung des Beamten nach § 839 Abs. 1 BGB und der Haftungsverlagerung auf die öffentliche Hand nach Art. 34 Satz 1 GG geprägt[9]. Gemäß § 839 Abs. 1 BGB haftet der Beamte für die vorsätzliche oder fahrlässige Verletzung einer dem Geschädigten gegenüber bestehenden Amtspflicht bei öffentlich-rechtlichem wie bei privatrechtlichem Tätigwerden[10]. Art. 34 Satz 1 GG verlagert diese persönliche Verantwortlichkeit des Beamten auf den Staat, wenn der Beamte in Ausübung eines ihm anvertrauten öffentlichen Amtes gehandelt hat (Art. 34 Satz 1 GG).

Der Amtshaftungsanspruch gemäß § 839 Abs. 1 BGB iVm. Art. 34 Satz 1 GG gewährt Schadensersatz bei der rechtswidrigen und schuldhaften Ausübung öffentlicher Gewalt lediglich in Geld[11]. Nicht vom Amtshaftungsanspruch auf der Rechtsfolgenseite wird daher die unmittelbare Naturalrestitution in Form der Vornahme einer schuldhaft unterlassenen Amtshandlung oder in Form der Rücknahme einer schuldhaft begangenen rechtswidrigen Amtshandlung erfaßt[12]. Diese Lücke schließen der öffentlich-rechtliche Folgenbeseitigungsanspruch und der öffentlich-rechtliche Unterlassungsanspruch[13]. Der Folgenbeseitigungsanspruch ist im Gegensatz zu den übrigen staatshaftungsrechtlichen Ansprüchen kein Schadensersatz- oder Entschädigungsanspruch, sondern ein Anspruch auf Wiederherstellung des status quo ante[14]. Als Ergänzung zum Amtshaftungsrecht entwickelt, ist der Folgenbeseitigungsanspruch nicht auf die schuldhafte Ausübung hoheitlicher Gewalt beschränkt, sondern gewährt einen umfassenden Wiederherstellungsanspruch im Falle hoheitlichen, rechtswidrigen, schuldhaften oder schuldlosen Handelns[15]. Obwohl der Folgenbeseitigungs- und Unterlassungsanspruch ihre Grundlage in den Freiheitsgrundrechten[16] bzw. einer analogen Anwendung der §§ 1004 Abs. 1, 862, 12 BGB[17] finden, sind sie wegen ihrer Ergän-

---

8 Drews / Wacke / Vogel / Martens, Gefahrenabwehr, S. 645; vgl. auch BGH NJW 1994, S. 1647

9 Papier in: Maunz / Dürig, Grundgesetz, Art. 34, Rn. 11

10 Papier in: Maunz / Dürig, Grundgesetz, Art. 34, Rn. 89

11 BGHZ 34, 99 (105)

12 BGHZ 34, 99 (105)

13 Bonk in: Sachs, Grundgesetz, Art. 34, Rn. 44f

14 Maurer, Allgemeines Verwaltungsrecht, § 29, Rn. 1

15 Bonk in: Sachs, Grundgesetz, Art. 34, Rn. 45; Papier in: Maunz / Dürig, Grundgesetz, Art. 34, Rn. 58

16 Papier in: Münchner Kommentar, § 839 BGB, Rn. 78

17 Bettermann, DÖV 1955, S. 528

zungsfunktion zum Amtshaftungsanspruch dem öffentlich-rechtlichen Deliktsrecht im weiteren Sinne zuzurechnen.

2. Enteignung (Art. 14 Abs. 3 GG) und Aufopferung

Neben dem Amtshaftungsanspruch nach § 839 Abs. 1 BGB iVm. Art. 34 Satz 1 GG sieht die Verfassung eine Entschädigung des Bürgers wegen Enteignung vor (Art. 14 Abs. 3 Satz 2 GG). Während der Amtshaftungsanspruch durch eine schuldhafte und rechtswidrig verletzte Amtspflicht ausgelöst wird, knüpft Art. 14 Abs. 3 Satz 2 GG den Entschädigungsanspruch des Bürgers lediglich an das tatbestandliche Vorliegen einer Enteignung. Nach der Rechtsprechung des Bundesverfassungsgerichts ist diese gekennzeichnet durch einen hoheitlichen und fremdnützigen Zugriff auf die Rechtsgüter des Art. 14 Abs. 1 Satz 1 GG[18].

Da das Grundgesetz über das Erfordernis der Rechtmäßigkeit der Enteignung bzw. deren Nebenfolgen insbesondere im Hinblick auf die Enteignungsentschädigung keine Regelung trifft, wurde durch die Rechtsprechung das Aufopferungsgewohnheitsrecht in Form des enteignenden bzw. enteignungsgleichen Eingriffs bei Eingriff in die Schutzgüter des Art. 14 Abs. 1 Satz 1 GG entwickelt[19]. Darüber hinaus wird dem Bürger eine Entschädigung durch den aufopfernden bzw. aufopferungsgleichen Eingriff bei Verletzung der Schutzgüter des Art. 2 Abs. 2 GG gewährt.

3. Öffentlich-rechtliche Schuldverhältnisse

Die Haftung aus öffentlich-rechtlichen Schuldverhältnissen findet ihre Grundlage einerseits in gesetzlichen Vorschriften, ist aber auch Ausprägung richterlicher Rechtsfortbildung. Ein gesetzlich normierter Fall der öffentlich-rechtlichen Schuldverhältnisse ist der öffentlich-rechtliche Vertrag gemäß §§ 54 ff VwVfG, aufgrund dessen es der Verwaltung erlaubt ist, Rechtsverhältnisse auf dem Gebiet des öffentlichen Rechts durch Vertrag zu begründen, zu ändern oder aufzuheben.

Die rechtliche Beurteilung der öffentlich-rechtlichen Verträge richtet sich in erster Linie nach dem Verwaltungsverfahrensgesetz (§ 62 Satz 1 VwVfG). Enthält dieses jedoch keine Regelungen, so gelangen gemäß § 62 Satz 2 VwVfG die Vorschriften des Bürgerlichen Gesetzbuchs ergänzend zur entsprechenden Anwendung. Dies ist für den Bereich der Leistungsstörungen innerhalb öffentlich-

---

18 BVerwGE 52, 1 (27)

19 Maurer, Allgemeines Verwaltungsrecht, § 26, Rn. 20ff

rechtlicher Verträge überwiegend der Fall, so daß diesbezüglich diejenigen vertraglichen oder vertragsähnlichen Haftungsvorschriften des Zivilrechts übertragen werden können, deren Rechtsgedanke auch auf das öffentliche Recht übertragbar ist[20], soweit die besondere Struktur und der besondere Charakter der öffentlich-rechtlichen Verträge einer Übertragung nicht entgegensteht[21].

Neben den öffentlich-rechtlichen Verträgen im Sinne von § 54 ff VwVfG existieren weitere öffentlich-rechtliche Schuldverhältnisse, bei denen die Anwendung zivilrechtlicher Haftungsinstitute in Betracht kommt. Derartige öffentlich-rechtliche Schuldverhältnisse sind durch ein besonders enges Näheverhältnis des einzelnen zum Staat auf dem Gebiet des öffentlichen Rechts gekennzeichnet[22], das über das normale Maß der allgemeinen rechtlichen Beziehung zwischen Staat und Bürger hinausgeht[23] und das der Beziehung zwischen zivilrechtlichen Vertragsparteien vergleichbar ist[24]. Anerkannte Fallgruppen öffentlich-rechtlicher Schuldverhältnisses sind die öffentlich-rechtlichen Anstalts- und Benutzungsverhältnisse[25], die öffentlich-rechtliche Verwahrung[26] sowie die öffentlich-rechtliche Geschäftsführung ohne Auftrag[27]. Aus der besonderen Nähebeziehung erwachsen sowohl dem Staat als auch dem Bürger besondere Rechte und Pflichten, die nur zwischen den Beteiligten bestehen und die sich damit wesensmäßig von absoluten Rechten und Pflichten unterscheiden, die gegenüber jedermann bestehen und zu beachten sind[28]. Die Verletzung dieser relativen Pflichten führt nicht nur zu einer deliktischen Haftung, sondern zieht vielmehr vertragliche oder vertragsähnliche Ansprüche nach sich[29]. Anwendbar sind dabei alle Vorschriften des Zivilrechts, deren Rechtsgedanken sich auch auf das öffentliche Recht übertragen lassen[30],

---

20 Möllgaard in: Knack, Verwaltungsverfahrensgesetz, § 62, Rn. 3

21 Ossenbühl, Staatshaftungsrecht, S. 297

22 BGHZ 21, 214 (218); 54, 299 (302); 59, 303 (305); 61, 7 (11); BGH NJW 1974, S. 1816

23 Ossenbühl, Staatshaftungsrecht, S. 284

24 Maurer, Allgemeines Verwaltungsrecht, § 28, Rn. 2

25 BGHZ 17, 191; 59, 303; 54, 299; 61, 7; 66, 302; 77, 197; BGH NJW 1974, S. 1816; BGH VersR 1978, S. 85; BGH VersR 1978, S. 253; VGH Mannheim, NVwZ-RR 1991, S. 325; VGH Mannheim, NVwZ-RR 1992, S. 656; Rüfner in: Erichsen, Allgemeines Verwaltungsrecht, § 50 Rn. 11; Ossenbühl, Staatshaftungsrecht, S. 286ff

26 BGHZ 1, 369; 3, 162; 4, 192; 5, 299; 21, 215; 34, 349;

27 BVerfGE 18, 429 (436); BVerwG, ZBR 1975, S. 323; BVerwG NJW 1989, S. 922; BayVGH VerwRspr. 21, 397; BayVGH VerwRspr. 24, 542f; VGH Mannheim, NJW 1977, S. 1843; Wolff / Bachof, Verwaltungsrecht I, § 44 I b 5; Ehlers, Verwaltung in Privatrechtsform, S. 476; Erichsen / Martens, Verwaltungsrecht, S. 285

28 Ossenbühl, Staatshaftungsrecht, S. 284

29 Ossenbühl, Staatshaftungsrecht, S. 284

30 Möllgaard in: Knack, Verwaltungsverfahrensgesetz, § 62, Rn. 3

soweit nicht dessen besondere Struktur und Charakter einer entsprechenden Anwendung entgegensteht[31].

---

[31] Ossenbühl, Staatshaftungsrecht, S. 289

II. Der Amtshaftungsanspruch (§ 839 Abs. 1 BGB iVm. Art. 34 Satz 1 GG)

In Fällen der Einschaltung privater Kräfte zur Erfüllung öffentlicher Aufgaben hat der Amtshaftungsanspruch in der Rechtsprechung und Literatur besondere Bedeutung erfahren. Dies liegt zum einen daran, daß der Amtshaftungsanspruch ein allgemeiner Deliktstatbestand ist, der im Gegensatz zu den öffentlich-rechtlichen Schuldverhältnissen keine Sonderbeziehung zwischen Staat und Geschädigtem voraussetzt. Darüber hinaus ist Voraussetzung eines Amtshaftungsanspruch (§ 839 Abs. 1 BGB iVm. Art. 34 Satz 1 GG) nach der Formulierung in Art. 34 Satz 1 GG, daß "jemand in Ausübung eines ihm anvertrauten öffentlichen Amtes die ihm einem Dritten gegenüber obliegende Amtspflicht" verletzt hat. Durch den Verzicht auf die Verwendung eines spezifischen Beamtenbegriffs in Art. 34 Satz 1 GG eröffnet sich die rechtliche Möglichkeit, daß auch private Kräfte Auslöser eines Amtshaftungsanspruchs sein können.

1. Die Amtshaftung im Lichte der historischen Entwicklung

Innerhalb der staatshaftungsrechtlichen Ansprüche knüpfen die Enteignung, der enteignende Eingriff sowie der Aufopferungsanspruch an die rechtmäßige Ausübung öffentlicher Gewalt an. Eine derartige Haftung ist der deutschen Rechtsordnung seit langem bekannt. So sah schon § 75 Einl. ALR von 1794 eine Sonderopferentschädigung für rechtmäßiges staatliches Handeln vor: "Dagegen ist der Staat denjenigen, welcher seine besondern Rechte und Vortheile dem Wohle des gemeinen Wesens aufzuopfern genoethigt wird, zu entschaedigen gehalten."[32].

Eine Staatshaftung für rechtswidriges Handeln der öffentlichen Hand ist demgegenüber erst in der jüngeren Verfassungsgeschichte anerkannt worden[33], da der hoheitlich handelnde Staat, der sich in einem Herrscher verkörperte, lange Zeit als unrechtsunfähig und damit als nicht haftbar angesehen wurde[34]. Dementsprechend war lediglich eine Eigenhaftung des Beamten nach den allgemeinen deliktischen Vorschriften bekannt, nicht jedoch eine Haftung des Staates selbst[35]. Der Grundsatz der Eigenhaftung des Beamten geht auf die dem römischen Recht entstammende und im 18. und 19. Jahrhundert fortgeführte Mandatstheorie zurück, wonach das Verhältnis zwischen Landesherrn und Staatsdiener als privatrechtli-

---

[32] Hierzu Ossenbühl, Staatshaftungsrecht, S. 104
[33] Papier in: Maunz / Dürig, Grundgesetz, Art. 34, Rn. 1
[34] BVerfGE 61, 149 (178)
[35] Bender, Staatshaftungsrecht (2. Aufl. 1974), Rn. 373

ches Vertragsverhältnis angesehen wurde[36]. Überschritt der Beamte sein Mandat, indem er eine Amtspflicht verletzte, so wurde dieses Handeln "contra mandatum" dem Landesherrn nicht zugerechnet[37], vielmehr haftete der Beamte als Privatmann nach den allgemeinen deliktischen Vorschriften persönlich ("si excessit, privatus est")[38]. Dieser Regelung lag die Auffassung zugrunde, daß ein amtspflichtwidriges Verhalten des Beamten im Widerspruch zum "höchsten Willen des Staates"[39] stehe und demzufolge keinesfalls dem Staat zugerechnet werden könne. Die §§ 88, 89 II. Teil, 10. Titel ALR bestimmten insoweit: "Wer ein Amt übernimmt, muß auf die pflichtgemäße Führung desselben die genaueste Aufmerksamkeit wenden."(§ 88). § 89 lautete: "Jedes dabei begangene Versehen, welches bei gehöriger Aufmerksamkeit und nach den Kenntnissen, die bei der Verwaltung des Amtes erforderlich werden, hätte vermieden werden können und sollen, muß er vertreten"[40]. Eine deliktische Haftung des Landesherrn kam allenfalls dann in Betracht, wenn ihn selbst bei der Auswahl oder der Beaufsichtigung des Staatsdieners ein Verschulden traf[41]. Obwohl sich nach der Wende zum 19. Jahrhundert die Erkenntnis durchsetzte, daß das Beamtenverhältnis als ein solches des öffentlichen Rechts anzusehen ist[42], sah auch die Paulskirchenverfassung vom 28. März 1849[43] eine Haftung für staatliches Unrecht nicht vor[44].

Die gänzliche Negation der Haftung des Staates für eigenes Unrecht bzw. Unrecht seiner Amtswalter ist bereits Mitte des 19. Jahrhunderts auf starke Kritik gestoßen[45]. Anstelle der ausschließlichen Eigenhaftung des Beamten wurde eine Unterteilung in staatliche Geschäfte privatrechtlicher Natur und Fälle der "Geltendmachung obrigkeitlicher Zwangsgewalt" vorgenommen[46]. Für den zuletzt genannten Bereich wurde die Forderung erhoben, der Staat müsse für die amtlichen Handlungen und Unterlassungen seiner Beamten garantieren und insoweit eine rechtliche - allerdings nur subsidiäre - Haftung übernehmen[47]. Trotz dieser

[36] Bender, Staatshaftungsrecht (2. Aufl. 1974), Rn. 373
[37] Bonk in: Sachs, Grundgesetz, Art. 34, Rn. 9
[38] Dagtoglou in: Bonner Kommentar zum Grundgesetz, Art. 34, Rn. 14; Papier in: Münchner Kommentar zum BGB, § 839, Rn. 6
[39] Papier in: Maunz / Dürig, Grundgesetz, Art. 34, Rn. 3
[40] Hierzu: Papier in: Münchner Kommentar zum BGB, § 839 BGB, Rn. 5
[41] Heidenhain, JZ 1968, S. 487ff (Fn. 16)
[42] Bender, Staatshaftungsrecht (2. Aufl. 1974), Rn. 374
[43] RGBl. S. 101
[44] Papier in: Maunz / Dürig, Grundgesetz, Art. 34, Rn. 4
[45] Vgl. die Nachweise bei Papier in: Maunz / Dürig, Grundgesetz, Art. 34, Rn. 5 und Jacobs, Staatshaftungsrecht, Rn. 26
[46] H. A. Zachariae, Über die Haftungsverbindlichkeit des Staates aus rechtswidrigen Handlungen und Unterlassungen seiner Beamten, ZGesStW 19 (1863), S. 582, zitiert nach Jacobs, Staatshaftungsrecht, Rn. 26
[47] Dagtoglou in: Bonner Kommentar zum Grundgesetz, Art. 34, Rn. 15

Kritik an der ausschließlichen Eigenhaftung des Beamten führte auch das am 1. Januar 1900 inkraftgetretene Bürgerliche Gesetzbuch[48] nur eine Staatshaftung für Organe des Staates im privatrechtlichen Tätigkeitsbereich des Staates gemäß §§ 89, 31 BGB ein, während es im hoheitsrechtlichen Funktionskreis bei der Eigenhaftung des Beamten blieb, die in § 839 Abs. 1 BGB geregelt wurde. Das Fehlen einer Staatshaftung im öffentlich-rechtlichen Funktionskreis des Staates beruhte allerdings weniger auf einem Festhalten an der Mandatsregelung[49], sondern vielmehr auf der Überzeugung, daß die Einführung einer Staatshaftung auch im hoheitlichen Bereich die Gesetzgebungskompetenz für die Regelung des Bürgerlichen Rechts überschreite und einen Übergriff in die Kompetenz der Bundesstaaten bedeute, da die Staatshaftung im hoheitlichen Bereich dem öffentlichen Recht angehöre und deshalb der Kompetenz des Reichsgesetzgebers - soweit es die Bundesstaaten angehe - nicht unterliege[50].

Der Reichsgesetzgeber überließ dementsprechend den Ländern in Art. 3, 77 EGBGB[51] die Regelung einer "Haftung des Staates, der Gemeinden und anderer Kommunalverbände (Provinzial-, Kreis-, Amtsverbände) für den von ihren Beamten in Ausübung der diesen anvertrauten öffentlichen Gewalt zugefügten Schaden". In der Folge führten Bayern[52], Baden[53] und Württemberg[54] und später auch Preußen[55] sowie das Reich für die Reichsbeamten[56] eine Staatshaftung ein. Dabei wurde die Konstruktion einer mittelbaren alleinigen Staatshaftung in Form der befreienden Schuldübernahme[57] durch den Staat gewählt, so daß die Staatshaftung an die Eigenhaftung des Beamten nach § 839 Abs. 1 BGB anknüpfte und im Falle der Ausübung öffentlicher Gewalt durch den Beamten eine gleichzeitige befreiende Schuldübernahme durch den Staat vorsah mit der Folge, daß der Beamte selbst nicht mehr haftete, wenn er den Schaden in Ausübung öffentlicher Gewalt verursacht hatte. Demgegenüber wählten Hessen[58], Schwarzburg-

---

[48] Vom 18. August 1896 (RGBl.S.195)

[49] Bryde in: v. Münch / Kunig, Grundgesetz-Kommentar, Art. 34, Rn. 2; Jacobs, Staatshaftungsrecht, Rn. 27

[50] Maurer, Die Gesetzgebungskompetenz für das Staatshaftungsrecht, S. 24ff

[51] Einführungsgesetz zum Bürgerlichen Gesetzbuche vom 18.8.1896 (RGBl. S. 604)

[52] Art. 60, 61 BayAGBGB v. 9.6.1899, Beilage zum GVBl. Nr. 28, S. 1

[53] Art. 5 AGBGB vom 17.6.1899, GVBl. S. 229

[54] Art. 202-204 AGBGB vom 28.7.1899, Reg.Bl. S. 423

[55] Gesetz über die Haftung des Staates und anderer Verbände für Amtspflichtverletzungen von Beamten bei Ausübung öffentlicher Gewalt vom 1.8.1909, GS 691

[56] Gesetz über die Haftung des Reiches für seine Beamten vom 22.5.1910, RGBl. S. 798

[57] Bryde in: v. Münch / Kunig, Grundgesetz-Kommentar, Art. 34, Rn. 11; Bonk in: Sachs, Grundgesetz, Art. 34, Rn. 10; Papier in: Maunz / Dürig, Grundgesetz, Art. 34, Rn. 12; ders. in: Münchner Kommentar, § 839 BGB, Rn. 101; Ossenbühl, Staatshaftungsrecht, S. 10; vgl. auch: Staudinger / Schäfer, BGB, § 839, Rn. 12

[58] Art. 78 Abs. 1 AG zum BGB vom 17.7.1899, Reg.Bl. S. 133

Sondershausen[59] und Sachsen-Weimar-Eisenach[60] nicht die Konstruktion einer Haftungsüberleitung, sondern die einschlägigen Regelungen ließen den Staat neben dem Beamten als Bürgen haften. In Mecklenburg-Schwerin[61], Mecklenburg-Strelitz[62] sowie Anhalt[63] blieb es bei der Eigenhaftung des Beamten und nur in durch Reichs- oder Landesgesetz vorgesehenen Fällen sollte ausnahmsweise eine Staatshaftung möglich sein.

Reichseinheitlich wurde die Staatshaftung anstelle der Eigenhaftung des Beamten durch Art. 131 WRV eingeführt, der lautete: "Verletzt ein Beamter in Ausübung der ihm anvertrauten öffentlichen Gewalt die ihm einem Dritten gegenüber obliegende Amtspflicht, so trifft die Verantwortlichkeit grundsätzlich den Staat oder die Körperschaft, in deren Dienste der Beamte steht. Der Rückgriff gegen den Beamten bleibt vorbehalten. Der ordentliche Rechtsweg darf nicht ausgeschlossen werden. Die nähere Regelung liegt der zuständigen Gesetzgebung ob." Durch die Rechtsprechung ist der Sinngehalt von Art. 131 WRV entsprechend der historischen Entwicklung der Staatshaftung dahingehend ausgelegt worden, daß die in § 839 BGB geregelte Beamtenhaftung auf den Staat oder die jeweilige Anstellungskörperschaft kraft Verfassungsrechts übergeleitet wurde[64]. Durch Art. 131 WRV wurde reichseinheitlich die als "Schuldüberwälzung" gedeutete, auf der Eigenhaftung des Beamten aufbauende mittelbare Staatshaftung für den hoheitsrechtlichen Sektor der Staatsfunktionen eingeführt[65], wie sie schon zuvor in der Gesetzgebung des Reiches und der Länder teilweise vorhanden war[66]. Anderslautende landesgesetzliche Vorschriften, die eine Haftung des Staates nur subsidiär vorsahen, wurden durch Art. 131 WRV außer Kraft gesetzt, die insoweit übereinstimmenden landesgesetzlichen Vorschriften durch Art. 131 WRV ersetzt[67].

2. Die Amtshaftung nach Art. 34 Satz 1 GG

Im Grundgesetz ist die Amtshaftung in Art. 34 GG geregelt. Dieser lautet: "Verletzt jemand in Ausübung eines ihm anvertrauten öffentlichen Amtes die ihm einem Dritten gegenüber obliegende Amtspflicht, so trifft die Verantwortlichkeit

---

59 Art. 19 Abs. 1 AG zum BGB vom 19.7.1899 (GS S. 29)
60 § 91 Abs. 1 AG zum BGB vom 5.4.1899 (Reg. Bl. S. 123)
61 § 49 Abs. 1, VO vom 9.4.1899 zur Ausführung des BGB (Reg.Bl. S. 57)
62 § 48 Abs. 1, VO vom 9.4.1899 zur Ausführung des BGB (Off.Anz. S. 49)
63 Art. 32 Abs. 1, AG zum BGB vom 18.4.1899 (GS S. 57)
64 BVerfGE 61, 149 (192f); Papier in: Maunz / Dürig, Grundgesetz, Art. 34, Rn. 10
65 Bryde in: v. Münch / Kunig, Grundgesetz-Kommentar, Art. 34, Rn. 2; Papier in: Maunz / Dürig, Grundgesetz, Art. 34, Rn. 10
66 BVerfGE 61, 149 (193)
67 RGZ 102, 391 (393); 103, 429 (430); 105, 334f; 106, 34f

grundsätzlich den Staat oder die Körperschaft, in deren Dienst er steht. Bei Vorsatz oder grober Fahrlässigkeit bleibt der Rückgriff vorbehalten. Für den Anspruch auf Schadensersatz und für den Rückgriff darf der ordentliche Rechtsweg nicht ausgeschlossen werden." Wenn Art. 34 GG hinsichtlich des Wortlauts und seiner systematischen Stellung von Art. 131 WRV abweicht, so bezweckt er jedoch ausweislich der Materialien zur Entstehungsgeschichte inhaltlich keine andere Regelung als Art. 131 WRV[68]. Demzufolge ist unter Zugrundelegung der historischen Entwicklung der Staatshaftung der Sinngehalt von Art. 34 GG dahingehend zu ermitteln, daß er eine befreiende Schuldübernahme[69] durch den Staat anstelle der in § 839 Abs. 1 BGB normierten Eigenhaftung des Beamten vorsieht. Art. 34 Satz 1 GG ist demzufolge keine haftungsbegründende, sondern nur eine haftungsverlagernde Norm[70], die die Passivlegitimation vom Amtsträger auf den Staat verlagert[71].

Das geltende System der Amtshaftung stellt sich damit als eine nur mittelbare Staatshaftung[72] dar, die durch eine Verknüpfung der deliktischen Anspruchsnorm des § 839 BGB oder gegebenenfalls § 18 StVG mit der Zurechnungsnorm des Art. 34 Satz 1 GG gekennzeichnet ist[73]. Ist unter den Voraussetzungen des § 839 Abs. 1 BGB oder § 18 StVG ein Schadensersatzanspruch gegen den Amtsträger zur Entstehung gelangt, so wird dieser auf den Staat übergeleitet, wenn die Voraussetzungen des Art. 34 Satz 1 GG vorliegen. Im Gegensatz zu dieser nur mittelbaren Staatshaftung steht die unmittelbare Staatshaftung, wie sie in den Instituten des enteignungsgleichen und enteignenden Eingriffs sowie dem Aufopfernden sowie dem Aufopferungsgleichen Eingriff im engeren Sinne ihren Ausdruck findet[74] und auch in § 1 Abs. 1 des vom Bundesverfassungsgerichts[75] für nichtig erklärten Staatshaftungsgesetzes[76] vorgesehen war. Eine unmittelbare Staatshaftung weist keine privat-deliktsrechtlichen Bezüge oder Wurzeln auf, sondern knüpft

---

[68] Dagtoglou in: Bonner Kommentar zum Grundgesetz, Art. 34, Rn. 15

[69] Jacobs, Staatshaftungsrecht, Rn. 29; Bryde in: v. Münch / Kunig, Grundgesetz-Kommentar, Art. 34, Rn. 11; Papier in: Maunz / Dürig, Grundgesetz, Art. 34, Rn. 12; Ossenbühl, Staatshaftungsrecht, S. 10; Staudinger/Schäfer, BGB, § 839, Rn. 26; Soergel / Glaser, BGB, § 839, Rn. 7

[70] BVerfGE 61, 149 (198)

[71] BVerwGE 13, 17 (23); 25, 138 (145f); BGHZ 1, 388 (391); 4, 10 (45); 34, 99 (104ff); Dagtoglou in: Kommentar zum Bonner Grundgesetz, Art. 34 Satz 1 GG, Rn. 43; Ossenbühl, Staatshaftungsrecht, S. 5f; Wolff / Bachof, Verwaltungsrecht I, § 64 II a

[72] Bonk in: Sachs, Grundgesetz, Art. 34, Rn. 3; Papier in: Isensee / Kirchhof, Handbuch des Staatsrechts, Band VI, § 157, Rn. 9

[73] Papier in: Maunz / Dürig, Grundgesetz, Art. 34, Rn. 17

[74] Bryde in: v. Münch / Kunig, Grundgesetz-Kommentar, Art. 34, Rn. 7; Papier in: Maunz / Dürig, Grundgesetz, Art. 34, Rn. 34f

[75] BVerfGE 61, 149ff

[76] Staatshaftungsgesetz vom 26. Juni 1981, BGBl. I S. 553

vielmehr an die rechtswidrige Ausübung öffentlicher Gewalt unabhängig vom Tätigwerden eines Amtswalters an[77]. Dementsprechend bewirkt die unmittelbare Staatshaftung auch keine befreiende Schuldübernahme, sondern ist als originäre öffentlich-rechtliche Haftung der Hoheitsträger konstruiert[78].

Die Ausgestaltung der Amtshaftung als mittelbare Staatshaftung ist keine zwingende Folge von Art. 34 Satz 1 GG, sondern ergibt sich aus der Entwicklungsgeschichte der Amtshaftung[79]. Das Bundesverfassungsgericht hat insoweit betont, daß Art. 34 Satz 1 GG zwar in seiner jetzigen Fassung eine unmittelbare Haftung nicht gebietet, ihr aber auch nicht entgegensteht[80]. Die Regelung einer unmittelbaren Staatshaftung steht demzufolge im Gestaltungsbereich des einfachen Gesetzgebers[81] und könnte inhaltlich auch über Art. 34 Satz 1 GG hinausgehen, der insoweit nur einen Mindestschutz gewährleistet[82]. Die Gestaltungsfreiheit des einfachen Gesetzgebers findet jedoch ihre Grenzen in der institutionellen Garantie der Staatshaftung durch Art. 34 Satz 1 GG[83]. Als Ausdruck des Rechtsstaatsprinzips[84] (Art. 20 Abs. 1 und 3 GG) gebietet sie es, eine staatliche Haftung für in Ausübung eines öffentlichen Amtes begangenes Recht zu garantieren und gleichzeitig dem Geschädigten einen leistungsfähigen Schuldner gegenüberzustellen[85]. Als notwendige Ergänzung der Rechtsschutzgarantie aus Art. 19 Abs. 4 GG, die Primärrechtsschutz in Form einer Rechtmäßigkeitskontrolle staatlichen Handelns gewährleistet[86], bietet Art. 34 Satz 1 GG sekundären Rechtsschutz durch die Zuerkennung eines Schadensersatzanspruchs durch die in Ausübung eines öffentlichen Amtes verursachten Schäden[87]. Demgegenüber ist die zweite Funktion der Haftungsübernahme, den Amtsträger bei leichtem Verschulden vor

---

77 Papier in: Maunz / Dürig, Grundgesetz, Art. 34, Rn. 17

78 Papier in: Münchner Kommentar, § 839, Rn. 8

79 Bonk in: Sachs, Grundgesetz, Art. 34, Rn. 53

80 BVerfGE 61, 149 (198f); zustimmend: Bonk in: Sachs, Grundgesetz, Art. 34, Rn. 53

81 Papier in: Maunz / Dürig, Grundgesetz, Art. 34, Rn. 14

82 Lerche, JuS 1961, S. 237 (240f); Dagtoglou in: Bonner Kommentar zum Grundgesetz, Art. 34, Rn. 31; BVerfGE 61, 149 (199)

83 Papier in: Maunz / Dürig, Grundgesetz, Art. 34, Rn. 13; Bonk in: Sachs, Grundgesetz, Art. 34, Rn. 3

84 Dagtoglou in: Kommentar zum Bonner Grundgesetz, Art. 34, Rn. 29; Rittstieg in: Alternativ-Kommentar, Art. 34 Rn. 5; Bonk in: Sachs, Grundgesetz, Art. 34, Rn. 8; Maurer, Allgemeines Verwaltungsrecht, § 25, Rn. 6; Stern, Staatsrecht I, § 20 IV 6; Bryde in: v. Münch / Kunig, Grundgesetz-Kommentar, Art. 34, Rn. 1

85 Dagtoglou in: Kommentar zum Bonner Grundgesetz, Art. 34, Rn. 2; Papier in: Münchner Kommentar, § 839 Rn. 101

86 BVerfGE 2, 225ff; 8, 45ff; 8, 326; 15, 282; 25, 365; 35, 401ff; 40, 42ff; 41,23ff; 43, 153; Dürig in: Maunz / Dürig, Grundgesetz, Art. 19 Abs. 4, Rn. 2; Schmidt-Bleibtreu / Klein, Grundgesetz, Art. 19, Rn. 16

87 Bonk in: Sachs, Grundgesetz, Art. 34, Rn. 7; Jacobs, Staatshaftungsrecht, Rn. 51

unangemessenen und seine Entscheidungsfreudigkeit beeinträchtigenden Haftungsrisiken zu bewahren[88], heute in den Hintergrund getreten[89].

a. Die Voraussetzungen des § 839 Abs. 1 BGB

Die Eigenhaftung des Beamten nach § 839 BGB sanktioniert Amtspflichtverstöße des Beamten bei Tätigkeiten sowohl im privatrechtlichen als auch im öffentlich-rechtlichen Funktionskreis des Staates[90]. Bei einem Amtspflichtverstoß im Zuge privatrechtlicher Tätigkeiten kann es zu keiner Haftungsüberleitung nach Art. 34 Satz 1 GG kommen[91], doch kommt eine Haftung des Staates bei privatrechtlicher Funktionswahrnehmung entsprechend den allgemeinen Zurechnungsnormen der §§ 31, 89, 831, 278 BGB in Betracht. Im Unterschied zu Art. 34 Satz 1 GG kommt diesen Normen jedoch kein schuldbefreiender Charakter zu, so daß es neben einer Haftung des Staates bei der grundsätzlichen Eigenhaftung des Beamten bleibt[92], der sich allerdings gemäß § 839 Abs. 1 Satz 2 BGB auf seine nur subsidiäre Haftung berufen kann[93]. Im Bereich des hoheitlichen Handelns verlagert Art. 34 Satz 1 GG dagegen die persönliche Haftung des Beamten auf die öffentliche Hand. Da Art. 34 Satz 1 GG insoweit kein anspruchsbegründender, sondern nur ein haftungsverlagernder Charakter zukommt, ist Voraussetzung eines Amtshaftungsanspruchs nach § 839 Abs. 1 BGB iVm. Art. 34 Satz 1 GG, daß sämtliche Voraussetzungen des § 839 BGB verwirklicht worden sind.

Aus § 839 Abs. 1 BGB folgt insbesondere das Erfordernis, daß der Amtsträger schuldhaft gehandelt haben muß. Die auf diese Weise zustandekommende Verbindung des Amtshaftungsanspruchs mit dem Verschuldenserfordernis ist mit rechtsstaatlichen Grundsätzen vereinbar, da das Rechtsstaatsprinzip zwar zwingend erfordert, rechtswidrige Eingriffe der öffentlichen Gewalt unabhängig vom Verschulden des Amtswalters zu unterlassen oder zu beseitigen, der einfache Gesetzgeber jedoch nicht dazu verpflichtet ist, darüber hinausgehende Schäden grundsätzlich und unabhängig von einem Verschulden zu ersetzen[94]. Vielmehr hat er die Möglichkeit, einen Schadensersatzanspruch dem Verschuldensprinzip zu unterwerfen[95]. Ist dementsprechend in zulässiger Weise Voraussetzung eine

---

88 RGZ 163, S. 89; 166, S. 7; 168 S. 158
89 Ossenbühl, Staatshaftungsrecht, S. 9
90 Papier in: Maunz / Dürig, Grundgesetz, Art. 34, Rn. 89
91 BGH NJW 1959, S. 985; BGHZ 43, 178ff; Kreft, Öffentlich- rechtliche Ersatzleistungen, § 839 BGB, Rn. 15; Dagtoglou in: Bonner Kommentar zum Grundgesetz, Art. 34, Rn. 45
92 Maurer, Allgemeines Verwaltungsrecht, § 25, Rn. 58
93 BGHZ 85, 393 (395f); 89, 263 (273f)
94 Papier in: Maunz / Dürig, Grundgesetz, Art. 34, Rn. 72
95 Papier in: Maunz / Dürig, Grundgesetz, Art. 34, Rn. 72

Amtshaftungsanspruchs nach § 839 Abs. 1 BGB iVm. Art. 34 Satz 1 GG ein schuldhaftes Handeln des Amtsträgers, so bestimmt sich die Fahrlässigkeit nach § 276 Abs. 1 Satz 2 BGB, der einen objektiven Verschuldensmaßstab festlegt mit der Folge, daß nicht auf den konkret handelnden Amtswalter, sondern auf den "pflichtgetreuen Durchschnittsbeamten" abzustellen ist[96]. Eine weitere Objektivierung erfolgt darüber hinaus über das sog. Organisationsverschulden, wonach Organisations- und Aufsichtsmängel innerhalb der Behörde dem Vorgesetzten (Behörden- oder Abteilungsleiter) angelastet werden, so daß auf die Feststellung des den Schaden verursachenden Amtswalters verzichtet werden kann[97].

Im Falle nur fahrlässiger Pflichtverletzung kommt nach der Rechtsprechung dem Staat wegen der Verbindung der Haftungsüberleitung nach Art. 34 Satz 1 GG mit § 839 BGB auch die Subsidiaritätsklausel des § 839 Abs. 1 Satz 2 BGB zugute[98]. § 839 Abs. 1 Satz 2 BGB bestimmt insoweit, daß im Falle fahrlässigen Handelns der Beamte nur in Anspruch genommen werden kann, wenn der Verletzte nicht auf andere Weise Ersatz zu erlangen vermag. Da die Subsidiaritätsklausel in erster Linie als beamtenschützende Vorschrift gedacht war[99], wird sie im Bereich der übergeleiteten Amtshaftung überwiegend als unbefriedigend empfunden[100]. Die neuere Rechtsprechung des Bundesgerichtshofs hat dementsprechend die Subsidiaritätsklausel für eine Reihe von Fällen einer Einschränkung unterworfen, wie etwa bei der Teilnahme am allgemeinen Straßenverkehr[101] oder bei der als Amtspflicht zu erfüllenden Straßenverkehrssicherungspflicht[102]. Eine weitere Einschränkung der Subsidiaritätsklausel erfolgt über eine einschränkende Auslegung des Tatbestandsmerkmals der "anderweitigen Ersatzmöglichkeit" in § 839 Abs. 1 Satz 2 BGB, wonach unter diese nicht mehr solche Ersatzmöglichkeiten fallen, die der Geschädigte selbst unter Aufbringung eigener Mittel oder durch von ihm verdiente Leistungen Dritter erlangt hat[103]. Darüber hinaus setzt die Verweisung

---

[96] BGHZ 73, 161 (164); 106, 323 (330); BGH NVwZ 1985, S. 258 (260); 1986, 504; zustimmend: Maurer, Allgemeines Verwaltungsrecht, § 25, Rn. 24; Bonk in: Sachs, Grundgesetz, Art. 34, Rn. 84

[97] BGH NJW 1964, S. 41 (44); BGHZ 66, 302 (312); BGH DVBl. 1978, S. 146f; BGH UPR 1986, S. 306 (308); Bonk in: Sachs, Grundgesetz, Art. 34, Rn. 85; Windthorst/ Sproll, Staatshaftungsrecht, § 7, Rn. 121

[98] BGHZ 13, 88 (103ff); 42, 176 (181); 61, 7 (16); 61, 101 (109ff); 61, 351; 85, 393 (395f); 89, 263 (273f)

[99] BGH NJW 1992, S. 2476

[100] Ossenbühl, Staatshaftungsrecht, S. 64; Bonk in: Sachs, Grundge- setz, Art. 34, Rn. 90; Papier in: Maunz / Dürig, Grundgesetz, Art. 34, Rn. 22f, 225ff

[101] BGH NJW 1977, S. 1238; BGH VersR 1979, S. 348; 1980, S. 939; NJW 1981, S. 623

[102] BGH NJW 1979, S. 2043; VersR 1980, S. 282; 1991, S. 72; zu weiteren Einschränkungen der Subsidiaritätsklausel vgl. Ossenbühl, Staatshaftungsrecht, S. 65ff

[103] BGHZ 70, 1; 79, 35; 85, 230

auf einen Dritten für den Geschädigten stets voraus, daß anderweitiger Ersatz alsbald erreichbar und insoweit eine zumutbare Alternative ist[104]. Im übrigen ist jedoch an der Subsidiaritätsklausel nach Ansicht des Bundesgerichtshofs festzuhalten mit der Folge, daß der Staat auf Kosten des Mitschädigers oder gegebenenfalls der Versicherung des Geschädigten privilegiert ist[105].

Aus der Verknüpfung der Amtshaftung mit der privatrechtlichen Haftung des Beamten folgt auch der Umfang des Amtshaftungsanspruchs: Nach allgemeiner Ansicht richtet sich der konkrete Inhalt der Haftung des Staates danach, was der Geschädigte auch von dem Beamten als Privatperson hätte verlangen können[106]. Ein Amtshaftungsanspruch kann demzufolge nur auf die Leistung vertretbarer Sachen - in der Regel auf Zahlung einer Entschädigung - gerichtet sein, nicht jedoch auf Vornahme einer Amtshandlung[107]. Die insoweit entstehenden Haftungslücken hat die verwaltungsgerichtliche Rechtsprechung[108] durch die Entwicklung des Folgenbeseitigungsanspruchs geschlossen, der grundsätzlich nicht auf eine Geldleistung, sondern auf die Herstellung tatsächlicher Zustände durch Beseitigung der unmittelbaren Folgen rechtswidrigen hoheitlichen Handelns gerichtet ist[109].

b. Die besonderen Anforderungen des Art. 34 Satz 1 GG

Stellt sich Art. 34 Satz 1 GG im Verhältnis zu § 839 Abs. 1 BGB als haftungsverlagernde, nicht jedoch als haftungsbegründende Norm dar[110], so ergeben sich aus dieser besonderen Konstruktion der Amtshaftung hinsichtlich der Haftungsüberleitung nach Art. 34 Satz 1 GG besondere Anforderungen, die teilweise mit den Voraussetzungen des § 839 Abs. 1 übereinstimmen, teilweise jedoch auch abweichen.

---

104 BGH NJW 1993, S. 1647

105 Maurer, Allgemeines Verwaltungsrecht, § 25, Rn. 30

106 BGHZ 34, 99 (105); Ossenbühl, Staatshaftungsrecht, S. 11; Papier in: Münchner Kommentar, § 839 BGB, Rn. 18; ders. in: Maunz / Dürig, Grundgesetz, Art. 34, Rn. 31; Windthorst/ Sproll, Staatshaftungsrecht, § 7, Rn. 135

107 BGHZ 34, S. 99 (105)

108 BVerwGE 28, 155; 69, 366; 82, 24; 94, 100

109 Rüfner in: Erichsen, Allgemeines Verwaltungsrecht, § 50, Rn. 27

110 BVerfGE 61, 149 (198); BVerwGE 13, 17 (23); 25, 138 (145f); BGHZ 1, 388 (391); 4, 10 (45); 34, 99 (104ff); Dagtoglou in: Bonner Kommentar zum Grundgesetz, Art. 34, Rn. 43; Ossenbühl, Staatshaftungsrecht, S. 5f; Wolff / Bachof, Verwaltungsrecht I, § 64 II a

aa. Staats- und haftungsrechtlicher Beamtenbegriff

Art. 34 Satz 1 GG knüpft eine Haftung daran, daß "jemand in Ausübung eines öffentlichen Amtes" eine Amtspflicht verletzt hat. Demgegenüber verwendet § 839 Abs. 1 Satz 1 BGB den Begriff des "Beamten". Geht es im Rahmen von § 839 Abs. 1 BGB um eine mögliche Eigenhaftung des Beamten, so kommt als Anspruchsgegner nur ein Beamter im staatsrechtlichen Sinne in Betracht. Hierbei muß es sich um eine solche Person handeln, die in einem öffentlich-rechtlichen Dienst- und Treueverhältnis zum Staat[111] oder zu einer anderen, mit Dienstherreneigenschaft ausgestatteten juristischen Person des öffentlichen Rechts steht, in das sie nach den geltenden Beamtengesetzen wirksam zum Beamten berufen worden ist[112]. Im Anwendungsbereich von Art. 34 Satz 1 GG wird der Beamtenbegriff über seinen eigentlichen staatsrechtlichen Gehalt hinaus jedoch im Sinne eines haftungsrechtlichen Beamtenbegriff interpretiert[113]. Beamter in diesem Sinn ist - unabhängig von seinem Status - jedermann, der hoheitlich tätig wird[114]. Wenn Art. 131 WRV - wie auch § 839 Abs. 1 Satz 1 BGB - im Gegensatz zu Art. 34 Satz 1 GG den Begriff des "Beamten" verwendete, so kann daraus nicht auf eine Erweiterung der Amtshaftung durch Art. 34 Satz 1 GG geschlossen werden, da die Unterscheidung in staats- und haftungsrechtlichen Beamtenbegriff erst durch die Änderung der Beamtengesetze seit 1933, die die Verleihung der Beamteneigenschaft formalisierten und wovon § 839 Abs. 1 BGB unberührt blieb, notwendig geworden ist[115].

Wenn Art. 34 Satz 1 GG die Haftungsüberleitung von der Ausübung eines öffentlichen Amtes abhängig macht, so ist der Begriff des "öffentlichen Amtes" unter Zugrundelegung der historischen Entwicklung der Amtshaftung im Sinne hoheitlichen Handelns zu verstehen[116]. Art. 131 WRV als Vorläufer von Art. 34 GG sprach insoweit nicht von der "Ausübung eines öffentlichen Amtes", sondern vom Handeln eines "Beamten in Ausübung der ihm anvertrauten öffentlichen Gewalt". Wenn Art. 34 Satz 1 GG sprachlich auch von dieser Formulierung abweicht, so läßt sich jedoch aus den Materialien zur Entstehungsgeschichte von Art. 34 GG entnehmen, daß die im Grundgesetz gewählte Fassung nur eine sprachliche, nicht jedoch eine inhaltliche Änderung darstellen sollte[117]. Da Rechtsprechung und

---

[111] Vgl. §§ 2 Abs. 1 BBG, § 2 Abs. 1 BRRG
[112] Ossenbühl, Staatshaftungsrecht, S. 14
[113] Papier in: Maunz / Dürig, Grundgesetz, Art. 34, Rn. 90; Bonk in: Sachs, Grundgesetz, Art. 34, Rn. 55
[114] Windthorst/ Sproll, Staatshaftungsrecht, § 7, Rn. 17
[115] Ossenbühl, Staatshaftungsrecht, S. 13, Fn. 11
[116] Maurer, Allgemeines Verwaltungsrecht, § 25, Rn. 12
[117] Dagtoglou, in: Kommentar zum Bonner Grundgesetz, Art. 34, Rn. 86; v. Mangoldt / Klein, Das Bonner Grundgesetz, Anm. II. 2.

Lehre hinsichtlich Art. 131 WRV seit jeher die Auffassung vertreten hatten, daß unter der Ausübung öffentlicher Gewalt nicht nur ein obrigkeitliches Tätigwerden, sondern auch die Ausübung "öffentlicher Fürsorge" zu verstehen sei[118], gilt auch für Art. 34 Satz 1 GG, daß von der Ausübung eines öffentlichen Amtes sowohl die obrigkeitliche als auch die schlicht-hoheitliche Verwaltungstätigkeit des Staates unter Ausklammerung der gesamten privatrechtlichen Funktionswahrnehmung erfaßt ist[119].

Unter Zugrundelegung der historischen Entwicklung ist dementsprechend ein Amtshaftungsanspruch immer dann gegeben, wenn im Verhältnis zum Bürger hoheitlich gehandelt worden ist[120]. Nicht ausschlaggebend ist hingegen, daß der Handelnde ein Amtsträger in dem Sinne ist, daß er ein Amt auf Lebenszeit oder doch für einen längeren Zeitraum innehat[121]. Beamte im haftungsrechtlichen Sinne können dementsprechend auch diejenigen Personen sein, die in einem sonstigen öffentlich-rechtlichen Dienstverhältnis[122] (Richter, Soldaten und Zivildienstleistende) oder in einem privatrechtlichen Dienstverhältnis[123] (Arbeiter und Angestellte des öffentlichen Dienstes) zu einer öffentlich-rechtlichen Körperschaft stehen. Gleiches gilt für öffentlich-rechtliche Amtsverhältnisse, die keine Dienstverhältnisse sind, wie die Rechtsverhältnisse der Minister[124], der Mitglieder der Bundes- und Landesregierungen[125], der Bürgermeister[126], der Mitglieder des Gemeinderats[127] sowie der Parlamentsabgeordneten[128]. Die Erweiterung vom staatsrechtlichen hin zum haftungsrechtlichen Beamtenbegriff ist Ausdruck der institutionellen Garantie des Art. 34 Satz 1 GG, der bei im öffentlich-rechtlichen Funktionskreis durch einen Amtsträger verursachten Schäden dem Geschädigten mit dem Staat einen leistungsfähigen Schuldner anstelle des leistungsschwächeren Amtsträgers gegenüberstellen will[129].

---

[118] Papier in: Maunz / Dürig, Grundgesetz, Art. 34, Rn. 107

[119] Ossenbühl, Staatshaftungsrecht, S. 13; Papier in: Maunz / Dürig, Grundgesetz, Art. 34, Rn. 107f

[120] Papier in: Münchner Kommentar zum Bürgerlichen Gesetzbuch, § 839, Rn. 90

[121] Ossenbühl, Staatshaftungsrecht, S. 12

[122] RG JW 1924, S. 192; BGH DRiZ 1963, S. 234; BGH NJW 1984, S. 118

[123] BGHZ 2, 350; BGH NJW 1984, S. 118

[124] BGHZ 14, 319 (321); 63, 319

[125] BGHZ 14, 319 (321); BGH NJW 1977, S. 713; BGH NJW 1980, S. 2700f

[126] BGHZ 76, S. 387 (393)

[127] BGHZ 84, 292; 106, 323 (330)

[128] OLG Hamburg DÖV 1971, S. 238; zustimmend: Maurer, Allgemeines Verwaltungsrecht, § 25, Rn. 13: Papier in: Maunz / Dürig, Grundgesetz, Art. 34, Rn. 94

[129] RGZ 96, 148

bb. Ausschluß der Amtshaftung bei fiskalischem und erwerbswirtschaftlichem Handeln des Staates

Das Eingreifen von Amtshaftungsgrundsätzen ist dann nicht geboten, wenn der Amtsträger die Amtspflichtverletzung nicht im hoheitlichen Funktionskreis, sondern vielmehr im privatrechtlichen Funktionskreis des Staates begangen hat, da der Staat im zuletzt genannten Bereich nicht vom öffentlich-rechtlichen "Sonderrecht" Gebrauch macht, sondern wie ein Privater auftritt. Ist das staatliche Handeln demnach mit dem einer Privatperson vergleichbar, so ist es gerechtfertigt, den Staat auch nur nach allgemeinem Zivilrecht für das Verschulden seiner Bediensteten haften zu lassen.

Zu den Bereichen, die ausschließlich durch die bürgerlich-rechtlichen Haftungsvorschriften bestimmt werden, gehören die fiskalischen Hilfsgeschäfte und die erwerbswirtschaftliche Betätigung der öffentlichen Hand[130]. Unter den fiskalischen Hilfsgeschäften sind diejenigen Geschäfte zu verstehen, die die Verwaltung tätigt, um sich die zur Erfüllung der ihr obliegenden Aufgaben benötigten Sachgüter wie Büromaterial, Fahrzeuge oder Verwaltungsgebäude zu beschaffen. Gleiches gilt für die Einstellung von Angestellten und Arbeitern im öffentlichen Dienst, deren Anstellung auf Grund privatrechtlicher Verträge erfolgt[131]. Der Ausschluß der Amtshaftung und der Verweis auf das Zivilrecht rechtfertigt sich im Falle fiskalischen Handelns dadurch, daß die öffentliche Hand mit dem Abschluß zivilrechtlicher Verträge nach außen genauso auftritt wie ein Privatmann[132]. Darüber hinaus dient der Abschluß der Verträge im fiskalischen Bereich nur mittelbar und nicht unmittelbar der Erfüllung von Verwaltungsaufgaben. Gleiches gilt für die erwerbswirtschaftliche Betätigung der öffentlichen Hand, bei der der Staat als Unternehmer im Wirtschaftsleben entweder durch eigene unternehmerische Tätigkeit oder über Handelsgesellschaften, die ganz oder teilweise in staatlicher Hand sind, teilnimmt[133]. Da der Staat diese Betätigung ebenso wie ein privater Unternehmer nach wirtschaftlichen Grundsätzen und in der Absicht der Gewinnerzielung vornimmt, richtet sich ihre rechtliche Bewertung ebenfalls ausschließlich nach Privatrecht[134].

---

[130] Maurer, Allgemeines Verwaltungsrecht, § 25, Rn. 56

[131] Maurer, Allgemeines Verwaltungsrecht, § 3, Rn. 7

[132] Papier in: Maunz / Dürig, Grundgesetz, Art. 34, Rn. 88; Maurer, Allgemeines Verwaltungsrecht, § 25, Rn. 56; Rüfner in: Erichsen, Allgemeines Verwaltungsrecht, § 48, Rn. 6

[133] Maurer, Allgemeines Verwaltungsrecht, § 3, Rn. 8

[134] Bonk in: Sachs, Grundgesetz, Art. 34, Rn. 51; Papier in: Maunz / Dürig, Grundgesetz, Art. 34, Rn. 88

In diesem Bereich haftet der Staat für leitende Beamte mit Organstellung nach §§ 823, 31, 89 BGB[135], für die übrigen Beamten nach § 831 BGB. Daneben ist eine Eigenhaftung des Beamten im staatsrechtlichen Sinne nach § 839 Abs. 1 BGB denkbar. Wegen der Subsidiaritätsklausel des § 839 Abs. 1 Satz 2 BGB haftet der Staat allerdings vorrangig[136]. Für nicht-beamtete Bedienstete gelten hinsichtlich einer Staatshaftung dieselben Grundsätze wie für Beamte (§§ 823, 31, 89; 831 BGB). Eine Eigenhaftung der nicht-beamteten Bediensteten nach § 839 BGB ist ausgeschlossen, da im privatrechtlichen Tätigkeitsfeld des Staates der haftungsrechtliche Beamtenbegriff nicht zur Anwendung kommt. Die nicht-beamteten Bediensteten haften in diesem Bereich jedoch nach allgemeinem Deliktsrecht (§ 823 BGB). Die Ansprüche gegen den Staat und den nicht-beamteten Bediensteten gelten nebeneinander, da die Subsidiaritätsklausel des § 839 Abs. 1 Satz 2 BGB nicht eingreift[137].

3. Die Ausübung eines öffentlichen Amtes (Art. 34 Satz 1 GG) durch Beamte und sonstige Behördenangehörige

Gemäß Art. 34 Satz 1 muß die schädigende Handlung "in Ausübung eines öffentlichen Amtes" erfolgen. Ein derartiges hoheitliches Handeln liegt jedenfalls immer dann vor, wenn die Schädigung durch eine Rechtshandlung in gesetzlich festgelegten oder anerkannten Formen des öffentlichen Rechts erfolgt ist[138]. Dies ist der Fall, wenn der Staat seine Aufgaben durch den Erlaß von Verwaltungsakten, Satzungen oder Verordnungen, den Abschluß öffentlich-rechtlicher Verträge oder in weiteren Handlungsformen des öffentlichen Rechts erfüllt[139]. Bei der Verwendung von Formen des öffentlichen Rechts ist das Eingreifen von Amtshaftungsgrundsätzen (§ 839 Abs. 1 Satz 1 BGB iVm. Art. 34 Satz 1 GG) geboten, weil die öffentliche Hand beim Einsatz öffentlich-rechtlicher Handlungsinstrumente gegenüber dem Bürger eine rechtliche Sonderstellung einnimmt, die sich in einer rechtlichen Überlegenheit manifestiert[140]. Diese Vorrangstellung äußert sich in der Verpflichtung des Betroffenen, der in der Rechtshandlung enthaltenen Anordnung Folge leisten zu müssen[141]. Das öffentliche Recht ist insoweit "Sonderrecht" des Trägers öffentlicher Gewalt, dessen Anwendung im Falle der Schadensverur-

---

135 Bonk in: Sachs, Grundgesetz, Art. 34, Rn. 51
136 BGHZ 85, 393 (395f); 89, 263 (273f)
137 Maurer, Allgemeines Verwaltungsrecht, § 25, Rn. 62
138 Windthorst/ Sproll, Staatshaftungsrecht, § 7, Rn. 42
139 Ossenbühl, Staatshaftungsrecht, S. 26
140 Windthorst/ Sproll, Staatshaftungsrecht, § 7, Rn. 43
141 Papier in: Münchner Kommentar, § 839, Rn. 125

sachung in öffentlich-rechtlichen Handlungsformen auch die Anwendung der Amtshaftungsgrundsätze als "Sonderhaftungsrecht"[142] nach sich zieht.

Besteht die aus haftungsrechtlicher Sicht zu beurteilende Handlung des Behördenangehörigen nicht in einer Rechtshandlung, sondern in einem Realakt, so versagt das Kriterium der Rechtsform, weil administrative Tathandlungen gerade keine Rechtsform aufweisen[143]. Entscheidend ist in diesen Fällen nicht das Kriterium der Rechtsform, sondern die vom Behördenangehörigen wahrgenommene Funktion[144]. Erfolgt der Realakt in Vollzug einer Norm, so kann die Zuordnung zum öffentlichen oder privaten Recht anhand der zur Rechtswegsabgrenzung im Rahmen von § 40 Abs. 1 VwGO entwickelten Theorien vorgenommen werden[145]: Nach der "modifizierten Subjektstheorie" gehören Rechtssätze dann dem öffentlichen Recht an, wenn sie ausschließlich einen Träger öffentlicher Gewalt als solchen berechtigen oder verpflichten[146]. Öffentliches Recht ist danach Sonderrecht des Staates, während vom Privatrecht all diejenigen Normen umfaßt werden, deren Zuordnungsobjekt jede Person, einschließlich des Staates als Privatrechtssubjekt sein kann[147]. Bei der vor allem vom Bundesgerichtshof[148] vertretenen "Subordinationstheorie" steht im Gegensatz zur modifizierten Subjektstheorie nicht die Qualifikation von Rechtsnormen, sondern von Rechtsverhältnissen im Vordergrund. Ein Rechtsverhältnis ist danach dann als öffentlich-rechtlich anzusehen, wenn es durch ein Über- und Unterordnung der Beteiligten gekennzeichnet ist, während vom Verhältnis der Gleichordnung geprägte Rechtsverhältnisse dem Privatrecht zuzuordnen sein sollen[149]. Daneben existiert die Interessentheorie, nach der zum öffentlichen Recht sämtliche Rechtsnormen zählen, die bezüglich eines bestimmten Sachverhalts eine Behörde verpflichten, für die Wahrung des Gemeinwohls gegenüber beteiligten Einzelinteressen zu sorgen[150]. Die genannten Theorien weisen allesamt gewisse Schwächen auf: So ist beispielsweise der Subordinationstheorie entgegenzuhalten, daß es auch eindeutig dem Privatrecht zuzuordnende Subordinationsverhältnisse - wie etwa das Kindschaftsverhältnis - gibt.

---

[142] Papier in: Maunz / Dürig, Grundgesetz, Art. 34, Rn. 111
[143] Ossenbühl, Staatshaftungsrecht, S. 32; Erichsen, Anm. in JR 1972, S. 130
[144] Windthorst/ Sproll, Staatshaftungsrecht, § 7, Rn. 19
[145] Bonk in: Sachs, Grundgesetz, Art. 34, Rn. 58; Papier in: Maunz / Dürig, Grundgesetz, Art. 34, Rn. 112ff; Maurer, Allgemeines Verwaltungsrecht, § 3, Rn. 14ff
[146] Wolff / Bachof, Verwaltungsrecht I, § 22 II c
[147] Büchner / Reinert, Einführung in das System der Staatshaftung, S. 28f
[148] BGHZ 14, 222 (227); BGH NJW 1957, S. 1597; BGHZ 53, 184 (186); hierzu bereits: RGZ 167, 281 (284f)
[149] Maurer, Allgemeines Verwaltungsrecht, § 3, Rn. 16
[150] Büchner / Reinert, Einführung in das System der Staatshaftung, Rn. 77

Unabhängig von diesen Schwächen besteht bei der rechtlichen Beurteilung von Realakten, die nicht im Vollzug einer bestimmten Norm ergehen, das Problem weniger in der Qualifikation von Rechtssätzen als vielmehr in der Frage, ob dem fraglichen Sachverhalt Rechtssätze des öffentlichen oder des privaten Rechts zuzuordnen sind[151]. Häufig läßt sich die Zuordnung derartiger Realakte nur nach dem mit den Realakten verfolgten Zweck und seinem Funktionszusammenhang beurteilen[152]. Auf diese Weise greifen auch in denjenigen Fällen Amtshaftungsgrundsätze ein, die - für sich allein betrachtet - nicht das besondere Gepräge hoheitsrechtlicher Tätigkeit aufweisen, sondern in ihrer äußeren Erscheinungsform den Tätigkeiten gleichen, wie sie von jedermann vorgenommen werden können und dürfen[153]. In der Entscheidung zur Amtshaftung bei der Teilnahme am Straßenverkehr[154] hat der Bundesgerichtshof die Einbeziehung derartiger Realakte damit gerechtfertigt, daß es im Hinblick auf Sinn und Zweck der Haftungsüberleitung nach Art. 34 Satz 1 GG nicht zulässig ist, Maßnahmen, die der Wahrnehmung und Durchführung einer bestimmten hoheitsrechtlichen Aufgabe dienen, einer unterschiedlichen rechtlichen Beurteilung zu unterziehen, je nachdem ob diese Maßnahme isoliert betrachtet, hoheitsrechtliche Tätigkeit darstellt oder ob sie zwar der Realisierung der hoheitlichen Aufgabe dient, aber doch bei völlig isolierter Betrachtungsweise als Einzelmaßnahme nicht unmittelbarer Ausdruck hoheitsrechtlicher Tätigkeit ist[155]. Insoweit führt der Bundesgerichtshof zutreffend aus, daß es der Zweck der Haftungsüberleitung nach Art. 34 Satz 1 GG - dem Geschädigten für alle Schäden, die er im Rahmen hoheitlicher Tätigkeit durch pflichtwidriges Verhalten erlitten hat, mit der öffentlichen Hand einen solventen Schuldner gegenüberzustellen - gebietet, die gesamte, einer bestimmten Aufgabe dienende Tätigkeit als eine Einheit zu betrachten. Eine Aufspaltung in einzelne Tätigkeitsakte und eine dementsprechend isolierte Betrachtung und rechtliche Würdigung solcher Einzelakte ist demzufolge ausgeschlossen. Die Teilnahme am Straßenverkehr stellt nach Ansicht des Bundesgerichtshofs dann ein Handeln in Ausübung eines öffentlichen Amtes dar (Art. 34 Satz 1 GG), wenn der Zweck der Fahrt selbst oder die Tätigkeit am Zielort der Wahrnehmung hoheitlicher Aufgaben dient[156] und zwischen dieser Zielsetzung und der schädigenden Handlung ein enger äußerer und innerer Zusammenhang besteht[157]. Teilweise wird die Teilnahme am Straßenverkehr hingegen grundsätzlich dem Privatrecht zugeordnet

---

[151] Papier in: Maunz / Dürig, Grundgesetz, Art. 34, Rn. 116; Maurer, Allgemeines Verwaltungsrecht, § 3, Rn. 20

[152] RGZ 158, 83 (93); BGHZ 16, 111 (112); 42, 176 (179); BGH NVwZ 1983, S. 763; Soergel/Glaser, BGB, § 839 BGB, Rn. 82

[153] BGHZ 42, 176f

[154] BGHZ 42, 176

[155] BGHZ 42, 176 (177f)

[156] BGHZ 21, 48 (51); BGH NJW 1977, S. 1238; BGH LM Art. 34 GG Nr. 25

[157] BGHZ 42, 176 (179f)

und eine öffentlich-rechtliche Tätigkeit nur bei den Fällen der Inanspruchnahme von Sonderrechten (§ 35 StVO) angenommen[158]. Unabhängig von dieser konkreten Einordnung der Teilnahme am Straßenverkehr läßt sich der Entscheidung des Bundesgerichtshofs jedoch der Grundsatz entnehmen, daß Realakte Behördenangehöriger, die nicht einer konkreten Rechtsnorm zuzuordnen sind, dann als Ausübung eines öffentlichen Amtes im Sinne von Art. 34 Satz 1 GG anzusehen sind, wenn die Zielsetzung, nach der der Amtswalter tätig wurde, dem hoheitlichen Aufgabenbereich zuzurechnen ist und zwischen Zielsetzung und Realakt ein so enger innerer und äußerer Zusammenhang besteht, daß der Realakt als dem Bereich der hoheitlichen Betätigung angehörend angesehen werden muß[159]. Wenn auch in diesen Fällen das Hoheitliche der Tätigkeit nach außen nicht ohne weiters erkennbar ist, so rechtfertigt es der Zweck der Haftungsüberleitung nach Art. 34 Satz 1 GG, auch in diesen Fällen Amtshaftungsgrundsätze (§ 839 Abs. 1 Satz 1 BGB iVm. Art. 34 Satz 1 GG) eingreifen zu lassen.

4. Die Ausübung eines öffentlichen Amtes durch Privatpersonen

Die öffentliche Hand erledigt die ihr obliegenden Verwaltungsaufgaben nicht nur durch eigene Behördenangehörige, sondern schaltet in zunehmendem Maße auch Private, also natürliche oder juristische Personen des Privatrechts[160] zur Erfüllung der ihr obliegenden öffentlichen Aufgaben ein. Dabei werden die privaten Kräfte sowohl im Bereich der obrigkeitlichen als auch der schlicht-hoheitlichen Verwaltung eingesetzt: So werden beispielsweise die Jagdaufseher gemäß § 25 Abs. 2 BJagdG in einer obrigkeitlichen Funktion[161] tätig. Gleichermaßen werden private Unternehmer im Bereich der Eingriffsverwaltung eingeschaltet, indem sie mit dem Abschleppen eines Fahrzeugs zur Durchführung einer Ersatzvornahme betraut werden[162]. Demgegenüber bedient sich die Verwaltung der Hilfe privater Kräfte zur Erfüllung von Aufgaben im Bereich der schlicht-hoheitlichen Verwaltung, wenn sie etwa einem Prüfingenieur für Baustatik[163] einen Prüfauftrag erteilt,

---

[158] Bender, Staatshaftungsrecht (3. Aufl. 1981), Rn. 24f; Maurer, Allgemeines Verwaltungsrecht, § 3, Rn. 22; Papier in: Maunz / Dürig, Grundgesetz, Art. 34, Rn. 132f; ders. in: Münchner Kommentar, § 839 BGB, Rn. 149f

[159] RGZ 158, 83 (93); BGHZ 16, 111 (112); BGH NJW 1962, S. 796f; BGH MDR 1992, S. 750; Papier in: Maunz / Dürig, Grundgesetz, Art. 34, Rn. 117; Ossenbühl, Staatshaftungsrecht, S. 27

[160] Ossenbühl, VVDStRL 29 (1971), S. 203

[161] Wolff / Bachof / Stober, Verwaltungsrecht II, § 104, Rn. 2

[162] Vgl. dazu BGH NJW 1993, S. 1258

[163] BVerwG DÖV 1972, S. 500; vgl. auch Steiner, Öffentliche Verwaltung durch Private, S. 129ff

einen Unternehmer mit Straßenbauarbeiten[164] beauftragt oder einen Schüler zur Hilfestellung im Turnunterricht[165] heranzieht.

Neben dem Tätigkeitsbereich können die genannten Beispiele der Aufgabenerfüllung durch Private in rechtlicher Hinsicht danach unterschieden werden, ob sie als Beliehene oder als sonstige Verwaltungshelfer handeln. Beliehenen werden durch oder aufgrund Gesetzes durch Verwaltungsakt oder verwaltungsrechtlichen Vertrag bestimmte hoheitliche Kompetenzen zur Wahrnehmung im eigenen Namen[166] übertragen. Nicht als Beliehene handeln dementsprechend die sogenannten selbständigen Privatunternehmer, die aufgrund zivilrechtlichen Vertrages - in der Regel eines Dienst- oder Werkvertrages gemäß §§ 611, 631 BGB - zur Aufgabenerfüllung herangezogen werden. Ebenfalls handelt es sich nicht um eine Beleihung, wenn der Staat die sog. unselbständigen Verwaltungshelfer zur Aufgabenerledigung heranzieht, da auch hier nicht bestimmte hoheitliche Kompetenzen zur Wahrnehmung im eigenen Namen übertragen werden. Neben den drei genannten Gruppen des Beliehenen, des selbständigen Privatunternehmers und des unselbständigen Verwaltungshelfers bedienen sich der Staat und andere Träger öffentlicher Gewalt noch weiterer Formen der Aufgabenerfüllung durch Private, so etwa im Falle der Indienstnahme Privater für Verwaltungsaufgaben oder bei der Tätigkeit der Immissionsschutzbeauftragten und ähnlichen Betriebsbeauftragten[167]. Für den Bereich der Amtshaftung sind jedoch vor allem die genannten Formen der Beleihung, der Heranziehung selbständiger Privatunternehmer und unselbständiger Verwaltungshelfer von Bedeutung. Im Zusammenhang mit der Einschaltung dieser privaten Kräfte zur Erfüllung öffentlicher Aufgaben gerät die Amtshaftung deswegen ins Blickfeld, weil Art. 34 Satz 1 GG das Eingreifen von Amtshaftungsgrundsätzen nicht vom Status der handelnden Person[168], sondern davon abhängig macht, ob "jemand in Ausübung eines ihm anvertrauten öffentlichen Amtes" den Schaden verursacht hat. Insoweit kann ein "öffentliches Amt" auch Privatpersonen anvertraut sein, ohne daß deren privater Status verändert werden würde[169].

---

164 BGHZ 48, 103

165 BGH VersR 1958, S. 705

166 Ossenbühl, Staatshaftungsrecht, S. 15; Wolff / Bachof / Stober, Verwaltungsrecht II, § 104 I; Stober, Wirtschaftsverwaltungsrecht, S. 229; Papier in: Münchner Kommentar, § 839 BGB, Rn.113; ders. in: Maunz / Dürig, Grundgesetz, Art. 34, Rn. 95; Bender, Staatshaftungsrecht (3. Aufl. 1981), Rn. 424

167 Zu den weiteren Formen der Beteiligung Privater an Verwaltungsaufgaben siehe: v. Heimburg, Verwaltungsaufgaben und Private; Steiner, Öffentliche Verwaltung durch Private; Ehlers, Verwaltung in Privatrechtsform

168 Maurer, Allgemeines Verwaltungsrecht, § 25, Rn. 12

169 Ossenbühl, JuS 1973, S. 421f; vgl. auch Scholz, NJW 1997, S. 14 (16)

a. Die Haftung des Staates bei der Einschaltung selbständiger Privatunternehmer zur Erfüllung öffentlicher Aufgaben

Zu der Gruppe der selbständigen Privatunternehmer gehören diejenigen privaten Kräfte, die außerhalb der organisierten Staatlichkeit und der öffentlichen Verwaltung stehen[170] und aufgrund eines zivilrechtlichen Vertrages - in der Regel eines Werk- oder Dienstvertrages (§§ 633, 611 BGB) - selbständige Hilfeleistungen für den Staat erbringen. Der Einsatz selbständiger Privatunternehmer erfolgt einerseits im Bereich der Eingriffsverwaltung, wenn etwa ein Unternehmer mit dem Abschleppen eines Fahrzeugs zur Durchführung einer Ersatzvornahme durch die Polizei beauftragt wird. Häufig werden die selbständigen Privatunternehmer jedoch auch zur Erfüllung von Aufgaben der schlicht-hoheitlichen Verwaltung herangezogen, wie beispielsweise bei öffentlichen Straßenbauarbeiten oder bei der Beauftragung mit dem Bau von technischen Anlagen für Zwecke der Daseinsvorsorge.

aa. Abgrenzung zu den übrigen privaten Helfern

Da die Einschaltung des Privatunternehmers aufgrund zivilrechtlichen Vertrages erfolgt, können diejenigen Fälle ausgeschieden werden, in denen der Private zur Mitwirkung an der Erfüllung der öffentlichen Aufgabe dadurch eingeschaltet wird, daß er als Nichtstörer verpflichtet oder kraft Gesetzes zur Erfüllung einer Verwaltungsaufgabe herangezogen wird. In diesen Fällen kommt es nicht zu einem Vertragsschluß zwischen dem Staat oder einem sonstigen Träger öffentlicher Gewalt und dem Privaten, sondern der Private wird vielmehr mittels Hoheitsakts zur Erfüllung der Aufgabe herangezogen. Die Aufgabenerfüllung beruht in diesen Fällen nicht auf einen freien Entschluß, während der selbständige Privatunternehmer frei darüber entscheiden kann, ob er den zivilrechtlichen Vertrag, auf Grund dessen er sich zur Aufgabenerfüllung verpflichtet, abschließen möchte oder nicht.

Die Tätigkeit des selbständigen Privatunternehmers ist aus haftungsrechtlicher Sicht ferner abzugrenzen von der eines Beliehenen. Beiden ist zwar gemeinsam, daß sie als juristische oder natürliche Personen des Privatrechts[171] an der Erfüllung öffentlicher Aufgaben mitwirken, der wesentliche Unterschied dieser beiden Erscheinungsformen der privaten Hilfeleistung ist jedoch darin zu sehen, daß dem Beliehenen durch oder aufgrund Gesetzes[172] durch Verwaltungsakt oder verwal-

---

[170] Papier in: Maunz / Dürig, Grundgesetz, Art. 34, Rn. 95
[171] Ossenbühl, VVDStRL 29 (1971), S. 137 (205)
[172] BVerwGE 29, 106

tungsrechtlichen Vertrag bestimmte hoheitliche Kompetenzen zur Wahrnehmung im eigenen Namen übertragen worden sind[173]. Damit erhält der Beliehene eine Kompetenz zur eigenverantwortlichen, abschließenden, bindenden Entscheidung auf dem Gebiete des öffentlichen Rechts[174]. Dieser Umschreibung des Beliehenenbegriffs liegt die sog. Rechtsstellungstheorie zugrunde, wonach Wesen der Beleihung die Ausstattung des Privaten mit echten Hoheitsbefugnissen ist[175]. Demgegenüber kann die Abgrenzung zum selbständigen Privatunternehmer nicht eindeutig vorgenommen werden, wenn man den Beleihungsbegriff unter Zugrundelegung der Aufgabentheorie[176] bestimmt. Danach ist die Beleihung dadurch gekennzeichnet, daß dem Privaten bestimmte staatliche Aufgaben im Wege der Delegation zugewiesen sind[177]. Prämisse der Aufgabentheorie ist die Existenz eines abgrenzbaren Bereichs materiell-rechtlicher staatlicher Aufgaben, von deren Wahrnehmung Private grundsätzlich ausgeschlossen sind[178]. Die Bezugnahme auf den staatlichen Aufgabenkreis bringt jedoch Schwierigkeiten bei der konkreten Anwendung der Aufgabentheorie mit sich, da der staatliche Aufgabenbereich in Ermangelung einer echten Staatsaufgabenlehre inhaltlich nicht bestimmbar ist und sich darüber hinaus die Aufgaben des Staates in einer demokratischen Gesellschaftsform wandeln[179]. Die Rechtsstellungstheorie vermeidet diese Schwierigkeiten, indem sie auf die Zuweisung von hoheitlichen Befugnissen an einen Privaten abstellt, die wegen des staatlichen Gewaltmonopols nur dann zulässig ist, wenn der Private gleichzeitig in das Verwaltungssystem organisatorisch eingegliedert wird[180]. Wesentlichster Unterschied zwischen dem Beliehenen und dem selbständigen Privatunternehmer ist dementsprechend, daß der Beliehene mit hoheitlichen Befugnissen ausgestattet ist und zum Verwaltungsträger wird, soweit sein hoheitlicher Kompetenzbereich reicht[181]. Demgegenüber sind dem selbständigen Privatunternehmer keine hoheitlichen Kompetenzen zur Wahrnehmung im eigenen Namen verliehen. Dem entspricht es, daß sich der selbständige Privatunternehmer im Gegensatz zum Beliehenen nur dann an der Erfüllung von Verwal-

---

173 Ossenbühl, Staatshaftungsrecht, S. 15; Wolff / Bachof / Stober, Verwaltungsrecht II, § 104 I.; Stober, Wirtschaftsverwaltungsrecht, S. 229; Papier in: Münchner Kommentar, § 839 BGB, Rn.113; ders. in: Maunz / Dürig, Grundgesetz, Art. 34, Rn. 95; Bender, Staatshaftungsrecht (3. Aufl. 1981), Rn. 424

174 Stober, Handbuch des Wirtschaftsverwaltungs- und Umweltrechts, S. 873

175 Vogel, Öffentliche Wirtschaftseinheiten in privater Hand, S. 81

176 Steiner, Öffentliche Verwaltung durch Private, S. 1ff und S. 46 ff

177 Steiner, Öffentliche Verwaltung durch Private, S. 46 sowie S. 11, Fn. 14

178 v. Heimburg, Verwaltungsaufgaben und Private, S. 31

179 Vogel, Öffentliche Wirtschaftseinheiten in privater Hand, S. 66; Stober, Handbuch des Wirtschaftsverwaltungs- und Umweltrechts, S. 871; Leisner, AöR 93 (1968), S. 161 (183); Steiner, DÖV 1970, S. 526; Ossenbühl, VVDStRL 29 (1971), S. 137 (159)

180 v. Heimburg, Verwaltungsaufgaben und Private, S. 34

181 Maurer, Allgemeines Verwaltungsrecht, § 23, Rn. 56

tungsaufgaben beteiligt, wenn er von der Behörde durch den Abschluß eines privatrechtlichen Vertrages dazu verpflichtet und angewiesen worden ist, während der Beliehene aus eigener Initiative heraus tätig wird[182].

Die Tätigkeit des selbständigen Privatunternehmers unterscheidet sich auch von der Beteiligung der sog. unselbständigen Verwaltungshelfer an der Erfüllung öffentlicher Aufgaben. Der unselbständige Verwaltungshelfer ist nur an der Erfüllung untergeordneter, gelegentlich anfallender Hilfstätigkeiten beteiligt[183] und erledigt die ihm übertragenen Aufgaben nur nach Weisung[184]. Beispielhaft sind die Tätigkeiten des im Turnunterricht Hilfestellung leistenden Schülers[185] oder des Schülerlotsens[186] zu nennen. Im Unterschied zu diesen unselbständigen Verwaltungshelfern handelt es sich bei den durch den Privatunternehmer zu erfüllenden Tätigkeiten um Aufgaben, die angesichts der zur Aufgabenerfüllung erforderlichen Kenntnisse und Mittel sowie der übernommenen Verantwortung nicht als nur untergeordnete und unwesentliche Verwaltungstätigkeit bezeichnet werden können[187]. Die dem selbständigen Privatunternehmer von der Behörde übertragenen Aufgaben stellen im Hinblick auf die technischen, finanziellen und personellen Anforderungen demgegenüber wesentliche und wichtige Verwaltungsaufgaben dar. Da die auftraggebende Körperschaft die Aufgaben dem selbständigen Privatunternehmer in der Regel deshalb überträgt, weil ihr die technischen und personellen Mittel fehlen, handelt der Unternehmer in der Regel auch selbständig und weisungsfrei.

Verursacht der Privatunternehmer bei der Ausführung der ihm qua privatrechtlichem Vertrag zur Erfüllung übertragenen Aufgabe einen Schaden, so kommen als Haftungssubjekte die beauftragende Körperschaft öffentlichen Rechts oder der Privatunternehmer selbst in Betracht. Eine Haftung des Staates kann sich hierbei aufgrund zivilrechtlicher oder öffentlich-rechtlicher Normen ergeben, wobei zur Begründung eines Amtshaftungsanspruchs gem. § 839 Abs. 1 BGB iVm. Art. 34 Satz 1 GG an unterschiedliche Handlungen angeknüpft werden kann: Zum einen sind Amtspflichtverletzungen möglich im Zusammenhang mit der Auswahl oder der Überwachung des Privatunternehmers durch einen Behördenangehörigen. In diesem Fall ist Grund für einen Amtshaftungsanspruch die in der unsorgfältigen Auswahl und Beaufsichtigung des Privaten zu sehende Pflichtverletzung durch den Amtswalter, nicht jedoch ist Haftungsgrund das Verschulden des Unterneh-

---

[182] Würtenberger, DAR 1983, S. 155 (159)
[183] Schimikowski, VersR 1984, S. 315f; Notthoff, NVwZ 1994, S. 771f
[184] Maurer, Allgemeines Verwaltungsrecht, § 23, Rn. 60
[185] BGH VersR 1958, S. 705
[186] OLG Köln, NJW 1968, S. 655
[187] Notthoff, NVwZ 1994, S. 771f

mers selbst. Dessen Verschulden kann jedoch dann Auslöser eines Amtshaftungsanspruchs sein, wenn er selbst in Ausübung eines öffentlichen Amtes (Art. 34 Satz 1 GG) gehandelt hat und dementsprechend als Beamter im haftungsrechtlichen Sinne anzusehen ist. Spricht man dem Privatunternehmer jedoch die Amtswaltereigenschaft ab, verbleibt die Möglichkeit, sein Verhalten der Behörde nach allgemeinen Grundsätzen zumindest zuzurechnen.

bb. Die Rechtsprechung des Bundesgerichtshofs zur Amtshaftung für selbständige Privatunternehmer im Bereich der schlicht-hoheitlichen Verwaltung

In der Rechtsprechung des Bundesgerichtshof ist die Frage nach einer öffentlich-rechtlichen Haftung im Rahmen eines Amtshaftungsanspruchs von Anfang an Gegenstand von Entscheidungen gewesen. Während zunächst überwiegend über die Haftung für Privatunternehmer, die im Bereich der schlicht-hoheitlichen Verwaltung eingeschaltet worden waren, entschieden werden mußte, hatte sich der Bundesgerichtshof erstmals im Jahre 1993 mit der Haftung für im Bereich der Eingriffsverwaltung eingeschaltete Privatunternehmer auseinanderzusetzen[188].

(1) Die Anfänge der Rechtsprechung des Bundesgerichtshofs

Die Frage nach einer staatlichen Haftung für durch Privatunternehmer verursachte Schäden hat den Bundesgerichtshof bereits früh beschäftigt. In der Nachkriegszeit wurden selbständige Privatunternehmer durch die Verwaltung auf Grundlage eines privatrechtlichen Dienst- oder Werkvertrages (§§ 611, 631 BGB) überwiegend zur Enttrümmerung von zerstörten Grundstücken eingeschaltet, um auf diese Weise durch baufällige Häuser drohende Gefahren zu beseitigen. In der ersten Entscheidung des Bundesgerichtshofs zur Enttrümmerung[189] klagte dabei der Ehemann einer Frau, die beim Passieren des enttrümmerten Grundstücks von einem vom Haus herabfallenden Mauerstück tödlich getroffen worden war. Der Unfall war darauf zurückzuführen, daß der Privatunternehmer das Grundstück nur unzureichend enttrümmert hatte.

---

[188] BGH NJW 1993, S. 1258

[189] BGH VersR 1953, S. 479; vgl. auch die Entscheidungen in BGH VersR 1960, S. 134; BGH VersR 1961, S. 33; KG NJW 1958, S. 185 sowie OLG Köln, VersR 1959, 113, denen jeweils derselbe Sachverhalt zugrundelag.

Der Bundesgerichtshof bejahte einen Amtshaftungsanspruch auf der Grundlage von § 839 Abs. 1 BGB iVm. Art. 131 WRV[190], weil die Behörde bei der Aufsicht über den Bauunternehmer und der Abnahme des Baus im baupolizeilichen Aufgabenkreis und damit in Ausübung ihrer Hoheitsgewalt tätig geworden ist[191]. Den Beamten des Bauaufsichtsamts und des mit ihm zusammenarbeitenden Trümmeramts ist insoweit entsprechend der allgemeinen Aufgabe der Polizei, von der Allgemeinheit und dem einzelnen Gefahren abzuwenden, die die öffentliche Sicherheit und Ordnung bedrohen, die Pflicht oblegen, so tätig zu werden, daß die erkennbaren Gefahrenherde für die Sicherheit des öffentlichen Verkehrs auf der Straße ausgeräumt wurden. Im konkreten Fall ist die Amtspflichtverletzung darin gesehen worden, daß die Beamten bei der über den Abbruch geführten Aufsicht und bei der Abnahme der Abbrucharbeiten die im Verkehr erforderliche Sorgfalt (§ 276 BGB) nicht beobachtet hatten, so daß vom Grundstück auch nach Beendigung der Arbeiten noch Gefahren drohten, die sich im Tod der Passantin verwirklicht hatten. Auslöser des Amtshaftungsanspruchs war demzufolge die Verletzung der Kontroll- und Überwachungspflicht durch einen Beamten der Bauaufsichtsbehörde, die sich vorliegend darin konkretisiert hat, bei der Abnahme die Arbeit des Unternehmers sorgfältig auf Fehler und andere Unzulänglichkeiten zu überprüfen.

Nicht ausdrücklich erörtert hat der Bundesgerichtshof die Frage, ob der Bauunternehmer selbst in Ausübung eines öffentlichen Amtes (Art. 34 Satz 1 GG) handelte. Indirekt ist dies jedoch verneint worden, weil im Rahmen der Prüfung einer anderweitigen Ersatzmöglichkeit (§ 839 Abs. 1 Satz 2 BGB) eine Haftung der Baufirma nach §§ 823 ff BGB wegen fahrlässigen Verstoßes gegen die Vertragspflicht, alle von dem Trümmergrundstück drohenden Gefahren zu beseitigen, in Betracht gezogen wurde[192]. Eine solche zivilrechtliche Eigenhaftung des Bauunternehmers ist jedoch nicht mehr denkbar, wenn der Unternehmer in "Ausübung eines öffentlichen Amtes" im Sinne von Art. 34 Satz 1 GG tätig wurde. Insoweit kann der von Ossenbühl[193] vertretenen Ansicht, wonach der Privatunternehmer - auch wenn er als Beamter im haftungsrechtlichen Sinne (Art. 34 Satz 1 GG) angesehen werden kann - selbst noch nach § 823 haften soll, nicht gefolgt werden[194]. Eine derartige Eigenhaftung eines Amtswalters kommt wegen

---

[190] Der Bundesgerichtshof zog Art. 131 WRV zur Anspruchsbegründung heran, weil Art. 34 GG zur Zeit des Unfalls noch nicht in Kraft getreten war. Das Berufungsgericht hatte den Anspruch hingegen auf Art. 34 GG gestützt.

[191] BGH VersR 1953, S. 479f

[192] BGH VersR 1953, S. 479f

[193] JuS 1973, S. 421 (423)

[194] Wie hier: BGH NJW 1993, S. 1258

des schuldbefreienden Charakters[195] von Art. 34 Satz 1 GG bzw. Art. 131 WRV nicht in Betracht. Aus der Prüfung eines deliktischen Anspruchs (§§ 823 ff BGB) gegen den privaten Unternehmer kann deshalb nur geschlossen werden, daß der Bundesgerichtshof den Unternehmer weder als Beamten im haftungsrechtlichen Sinne ansieht, noch dem Staat oder einer sonstigen Körperschaft des öffentlichen Rechts sein schädigendes Verhalten in irgendeiner Weise zurechnen lassen will, um auf diese Weise auch bei einem alleinigen Verschulden des Unternehmers einen Amtshaftungsanspruch begründen zu können. Auf der gleichen Linie liegt die Entscheidung des Kammergerichts[196] zur Haftung für einen zur Enttrümmerung eingeschalteten Privatunternehmer. Das Kammergericht prüft nicht, ob auch im Falle eines alleinigen Verschuldens des Bauunternehmers ein Amtshaftungsanspruch gegeben sein kann.

In einer weiteren Entscheidung zur Enttrümmerung von Grundstücken aus dem Jahre 1959 ist der Bundesgerichtshof erstmals direkt auf die Frage eingegangen, inwieweit ein Privatunternehmer selbst in Ausübung eines öffentlichen Amtes (Art. 34 Satz 1 GG) handeln kann[197]. Das OLG Köln[198] hatte als Vorinstanz die Auffassung vertreten, der auf der Basis eines zivilrechtlichen Werkvertrages (§ 631 BGB) mit der Enttrümmerung beauftragte Privatunternehmer genieße den Schutz des Art. 34 Satz 1 GG, weil § 1 des Nordrhein-westfälischen Enttrümmerungsgesetzes[199] den Gemeinden die Räumung der Trümmergrundstücke als Pflichtaufgabe übertrage[200]. Schalte die Gemeinde zur Erfüllung dieser Aufgabe einen privaten Unternehmer ein, so überträgt sie diesem nach Ansicht des OLG Köln für die betreffenden Arbeiten hoheitliche Gewalt. Insoweit ergebe sich kein Unterschied, ob die Gemeinde ihre hoheitlichen Aufgaben durch eigene oder fremde Kräfte wahrnimmt, da die Ausübung hoheitlicher Gewalt stets dann vorliege, wenn die Zielsetzung, in deren Rahmen die Tätigkeit erfolge, entweder unmittelbar mit dieser Betätigung im Zusammenhang stehe oder ihrem inneren Zusammenhang nach zum Bereich der hoheitlichen Betätigung gehöre[201]. Dem steht nach Ansicht des Gerichts nicht entgegen, daß ein Privatunternehmer tätig geworden ist, da die Gemeinde im Rahmen von § 839 Abs. 1 BGB iVm. Art. 34

---

195 Papier in: Maunz / Dürig, Grundgesetz, Art. 34, Rn. 87; Bender, Staatshaftungsrecht (3. Aufl. 1981), Rn. 389; Kreft, Öffent lich-rechtliche Ersatzleistungen, § 839 BGB, Rn. 22

196 KG NJW 1958, S. 185

197 BGH VersR 1960, S. 134

198 OLG Köln VersR 1959, S. 113

199 Gesetz vom 2.6.1948 in der Fassung des Gesetzes vom 2.5.1949 (GVBl NRW. 1949, S. 109)

200 OLG Köln, VersR 1959, S. 113 (115)

201 OLG Köln, VersR 1959, S. 113 (115) unter Bezugnahme auf Soergel, 8. Auflage II, § 839 BGB Anm. II

Satz 1 GG grundsätzlich für jeden hafte, den sie mit der Ausübung hoheitlicher Gewalt betraue[202].

Durch den Bundesgerichtshof wurde dieses Urteil mit der Begründung aufgehoben, der Privatunternehmer sei auf privatrechtlicher Grundlage (§ 631 BGB) beauftragt worden, so daß sich seine Tätigkeit nur auf dem Boden des Bürgerlichen Rechts abspiele und keinen hoheitlichen Charakter trage[203]. Allein aus der Tatsache, daß der Private in Erfüllung einer schlicht-hoheitlichen Pflichtaufgabe der Stadt tätig geworden sei, könne nicht darauf geschlossen werden, daß seine persönliche Inanspruchnahme nach §§ 823 ff BGB an Art. 34 Satz 1 GG scheitere[204]. Insoweit sei für den Amtshaftungsanspruch ausschlaggebend, daß aus der Tatsache, daß eine gegebene Zielsetzung auf hoheitlichem Gebiet liege, nicht folge, daß die öffentlich-rechtliche Körperschaft die ihr gesetzte Aufgabe immer nur im Wege hoheitlicher Betätigung erfüllen könne. Vielmehr komme der Behörde bei Tätigkeiten, die ihrer Natur nach auch auf bürgerlich-rechtlicher Grundlage und in einem Verhältnis der Gleichordnung vorgenommen werden können, nach dieser Ansicht ein Wahlrecht dahingehend zu, daß sie frei entscheiden könne, ob sie die Angelegenheiten hoheitsrechtlich oder privatrechtlich organisiere[205]. Entschließe sie sich zu einer privatrechtlichen Aufgabenerfüllung, indem sie einen Privatunternehmer mit der Erfüllung der Aufgabe betraue, so spiele sich nach Ansicht des Bundesgerichtshofs dessen gesamte Tätigkeit ausschließlich auf dem Boden des bürgerlichen Rechts ab und trage keinen hoheitlichen Charakter[206], es sei denn, der Privatunternehmer habe ihm übertragene, hoheitliche Befugnisse ausgeübt, was nach Ansicht des Bundesgerichtshofs bei der Enttrümmerung nicht der Fall sein soll[207].

Demzufolge kommt es nach Ansicht des Bundesgerichtshofs für die Ausübung eines öffentlichen Amtes (Art. 34 Satz 1 GG) entscheidend auf die Rechtsform

---

[202] OLG Köln, VersR 1959, S. 113 (115) unter Bezugnahme auf Palandt, BGB, 17. Auflage, § 839 Anm. 3a

[203] BGH VersR 1960, S. 134 (137) unter Bezugnahme auf den Aufsatz von Felix in: NJW 1957, S. 1547f

[204] BGH VersR 1960, S. 134 (137)

[205] BGH VersR 1960, S. 134 (137) unter Bezugnahme auf: BGHZ 9, 145 (147); 20, 102 (104); ebenso: BGH VersR 1961, S. 33; BGH VersR 1964, S. 1070 (1072); BGH VersR 1965, S. 562f; BGH VersR 1973, S. 417 (419); BGH NJW 1979, S. 101; BGH NJW 1979, S. 164; Maurer, Allgemeines Verwaltungsrecht, § 3, Rn. 9; § 28, Rn. 2; vgl. auch BGHZ 70, 212 (216) zu kommunalen Bauvorhaben außerhalb der hoheitlichen Verwaltung

[206] BGH VersR 1960, S. 134 (137); ebenso: VersR 1964, S. 1070 (1072); VersR 1965, S. 562; VersR 1967, S. 859f

[207] BGH VersR 1960, S. 134 (137) unter Bezugnahme auf den Aufsatz von Felix in: NJW 1957, S. 1547f

der Aufgabenerfüllung an. Entschließt die Behörde sich zu einer privatrechtlichen Aufgabenerfüllung, indem sie den Privatunternehmer auf zivilrechtlicher Basis zur Aufgabenerfüllung heranzieht, so liegt keine Ausübung eines öffentlichen Amtes im Sinne von Art. 34 Satz 1 GG durch den Privatunternehmer vor, da dieser grundsätzlich nur privatrechtlich handeln kann, wenn es sich nicht um einen beliehenen Unternehmer handelt. Mit dem Abstellen auf das Kriterium der Rechtsform der Aufgabenerfüllung geht einher, daß dem Charakter der vom Privatunternehmer wahrgenommenen Aufgabe keine Bedeutung beigemessen wird[208]. Insoweit ist es nach Ansicht des Bundesgerichtshofs unerheblich, ob der Unternehmer im Bereich der schlicht-hoheitlichen Verwaltung eine Pflichtaufgabe oder lediglich eine sonstige Aufgabe der Behörde erfüllt hat. In beiden Fällen haftet die Behörde bei Einschaltung eines Privatunternehmers auf zivilrechtlicher Basis allenfalls nach Zivilrecht oder aber der Geschädigte ist auf Ansprüche gegen den Privatunternehmer selbst verwiesen. Nach Ansicht des Bundesgerichtshofs ist diese Einschränkung der öffentlich-rechtlichen Haftung der Behörde im Bereich der Daseinsvorsorge notwendige Folge aus dem Wahlrecht der Behörde, Tätigkeiten, die ihrer Natur nach auch auf bürgerlich-rechtlicher Grundlage und in einem Verhältnis der Gleichordnung vorgenommen werden können, privatrechtlich oder öffentlich-rechtlich organisieren zu können[209]. Ist die Wahl zugunsten einer privatrechtlichen Organisationsform gefallen, so ist nach Ansicht der Rechtsprechung kein Raum mehr für eine öffentlich-rechtliche Haftung der Behörde, die ausschließlich an ein Verschulden des privaten Unternehmers anknüpft. Nach Ansicht des OLG Celle[210] spricht für einen Ausschluß der Amtshaftung in diesen Fällen darüber hinaus, daß der Unternehmer die Bauarbeiten nicht ausführt, um dadurch eine öffentliche Aufgabe zu erfüllen, sondern ausschließlich deshalb, um seiner Verpflichtung aus einem privaten Dienst- oder Werkvertrag nachzukommen.

Das Abstellen auf die Rechtsform der Aufgabenerfüllung führt dazu, daß nach der Rechtsprechung durch ein Verschulden nur auf Seiten des Privatunternehmers ein Amtshaftungsanspruch nicht ausgelöst werden kann, wenn der Unternehmer auf privatrechtlicher Grundlage zur Aufgabenerfüllung herangezogen wird. Daraus folgt jedoch nicht, daß bei Einschaltung von selbständigen Privatunternehmern eine öffentlich-rechtliche Haftung der Behörde nach Amtshaftungsgrundsätzen gänzlich ausgeschlossen ist. Vielmehr verbleibt nach der Rechtsprechung des Bundesgerichtshofs auch bei Einschaltung eines Privatunternehmers zur Erfüllung öffentlicher Aufgaben ein Bereich, in dem die Behörde hoheitlich handelt und bei dem sie im Falle einer eigenen Pflichtverletzung nach Amtshaftungsgrundsätzen

---

[208] BGH VersR 1960, S. 134 (137)
[209] BGH VersR 1960, S. 134 (137)
[210] OLG Celle, VersR 1968, S. 76

haftet[211]. Die Amtspflichten, die der Behörde bei Einschaltung eines Privatunternehmers zur Erfüllung einer hoheitlichen Aufgabe obliegen, lassen sich nach ihrem Entstehungsgrund unterscheiden: Knüpfen die Amtspflichten an die Einschaltung des Unternehmers an, so verpflichten sie die Behörde zur sorgfältigen Auswahl und Überwachung des Unternehmers[212] sowie zur ordnungsgemäßen Prüfung bei der Abnahme des von ihm erstellten Werks[213]. Andererseits obliegt der Behörde unabhängig vom Tätigwerden des Unternehmers die Pflicht, die vom Privatunternehmer durchzuführenden Arbeiten sorgfältig zu planen, anzuordnen und durchzuführen[214], so daß es nicht zu Schädigungen Dritter kommt. Auf diese der Behörde gegenüber dem Geschädigten obliegenden Amtspflichten hat nach Ansicht des Bundesgerichtshofs die zivilrechtliche Ausgestaltung des Innenverhältnisses mit dem Privatunternehmer keine Auswirkungen[215]. Kommt der von der Behörde zu erfüllenden Aufgabe hoheitlicher Charakter zu - wie dies etwa bei der Herstellung und Unterhaltung öffentlicher Wege der Fall ist[216] - so stellen sich nach Ansicht der Rechtsprechung die genannten Amtspflichten "jedenfalls" dem Geschädigten gegenüber als Ausübung hoheitlicher Staatsgewalt dar[217], wodurch sich durch die tatsächliche Durchführung der Arbeiten durch einen privaten Unternehmer nichts ändert[218]. Die zivilrechtliche Ausgestaltung des Innenverhältnisses betrifft danach allein die rechtliche Stellung des Bauunternehmers, berührt jedoch nicht die hoheitliche Stellung der Behörde gegenüber dem Geschädigten[219].

Im Ergebnis führt diese Rechtsprechung dazu, daß ein- und dieselbe Maßnahme für die Frage nach einer Haftung teils nach Zivilrecht, teils nach öffentlichem Recht zu beurteilen sein kann. Während der Bauunternehmer privatrechtlich handelt und in der Durchführung der Arbeiten durch ihn kein Handeln "in Ausübung eines öffentlichen Amtes" (Art. 34 Satz 1 GG) gesehen werden kann, handelt die Behörde selbst nach Ansicht der Rechtsprechung bei der Durchführung der Arbeiten hoheitlich[220], auch wenn die konkreten Maßnahmen durch einen Privatunter-

---

[211] BGH VersR 1964, S. 1070 (1073f); BGH VersR 1973, S. 417 (419)
[212] BGH VersR 1973, S. 417 (419)
[213] BGH VersR 1953, S. 479f
[214] BGH VersR 1964, S. 1070 (1073f); BGH VersR 1967, S. 859f; BGH VersR 1973, S. 417f
[215] BGH VersR 1964, S. 1070 (1074)
[216] BGH NJW 1962, S. 796; BGH VersR 1964, S. 1070 (1074); BGH VersR 1965, S. 562; BGH VersR 1973, S. 417
[217] BGH VersR 1964, S. 1070 (1073f); vgl. auch: BGH VersR 1953, S. 479f; BGH VersR 1967, S. 859f; BGH VersR 1973, S. 417 (419); BGH NVwZ 1984, S. 677; offengelassen in: BGH VersR 1965, S. 562f
[218] BGH VersR 1964, S. 1070 (1074)
[219] BGH VersR 1964, S. 1070 (1074)
[220] BGH VersR 1964, S. 1070 (1074)

nehmer durchgeführt werden. Ein Amtspflichtverstoß durch einen Behördenangehörigen soll nach dieser Ansicht bei der Durchführung von Bauarbeiten möglich sein, wenn sich bei Ausführung der Arbeiten durch den Unternehmer herausgestellt hätte, daß diese nicht ohne Beeinträchtigung von vermögenswerten Rechten des Geschädigten ablaufen können und die Bauarbeiten dennoch weitergeführt worden wären[221]. Anknüpfungspunkt eines eigenen Amtspflichtverstoß durch einen Behördenangehörigen ist in diesem Fall nicht ein aktives Tun, sondern vielmehr ein Unterlassen[222]. Dieses Untätigbleiben kann dann als Verletzung einer drittgerichteten Amtspflicht angesehen werden, wenn eine Pflicht zum Tätigwerden gerade auch dem Geschädigten gegenüber bestand[223]. Bei Bauarbeiten an öffentlichen Wegen ist dies dann der Fall, wenn es durch das Nichteinschreiten der Behörde zur Beeinträchtigung von vermögenswerten Rechten des Geschädigten kommen kann[224]. In der Entscheidung zum Brückenbau[225] hat der Bundesgerichtshof einen Amtshaftungsanspruch wegen Nichteinschreitens der Behörde nicht geprüft, sondern lediglich im Rahmen des gleichzeitig geprüften enteignungsgleichen Eingriffs ausgeführt, daß ein Unterlassen nicht geeignet sei, Entschädigungsansprüche wegen Eingriffs in das Eigentum auszulösen[226]. Da beim Amtshaftungsanspruch jedoch eine Pflichtverletzung auch bei einem Unterlassen gegeben sein kann[227], hätte im Rahmen des Amtshaftungsanspruchs geprüft werden müssen, inwieweit es durch das Untätigbleiben der Behörde zu einer Beeinträchtigung von vermögenswerten Rechten gekommen ist.

(2) Die Werkzeugtheorie des Bundesgerichtshofs

Der Bundesgerichtshof hat seine Auffassung, daß bei einem alleinigen Verschulden eines auf zivilrechtlicher Grundlage für den Staat tätig werdenden Privatunternehmers kein Anspruch aus Amtshaftung gegeben sein kann, am 18.05.1967 in der sog. "Stromkabelentscheidung"[228] gelockert. Dieser Entscheidung lag die privatrechtliche Beauftragung (§ 631 BGB) eines Privatunternehmers mit der Ausführung von Kanalisationsarbeiten zugrunde, bei denen es zu Beschädigungen an

---

221 BGH VersR 1964, S. 1070 (1074); vgl. auch OLG Zweibrücken VersR 1970, S. 263f

222 BGH VersR 1964, S. 1070 (1074)

223 BGH VerwRspr. Bd. 5, S. 319; BGH NJW 1962, S. 1245; OLG Celle DÖV 1972, S. 243; s. auch BGHZ 74, 144 (152f) zur Bankenaufsicht durch das Bundesaufsichtsamt für das Kreditwesen; zustimmend: Maurer, Allgemeines Verwaltungsrecht, § 25, Rn. 22

224 BGH VersR 1964, S. 1070 (1074)

225 BGH VersR 1964, S. 1070 (1074)

226 BGH VersR 1964, S. 1070 (1074)

227 BGH VerwRspr. Bd. 5, S. 319; BGH NJW 1962, S. 1245; OLG Celle, DÖV 1972, S. 243; Maurer, Allgemeines Verwaltungsrecht, § 25, Rn. 22

228 BGH VersR 1967, S. 859

Stromkabeln kam, so daß der Geschädigte seinen Betrieb vorübergehend stillegen mußte und dadurch einen Einnahmenausfall erlitt.

Der Bundesgerichtshof lehnte hier einen Amtshaftungsanspruch nach § 839 Abs. 1 BGB iVm. Art. 34 Satz 1 GG ab, weil die Behörde sich dazu entschlossen habe, die Kanalisationsarbeiten, die dem Bereich der Daseinsvorsorge zuzuordnen seien[229], nicht hoheitlich, sondern privatrechtlich zu erfüllen, was durch den Abschluß des Werkvertrags mit dem Privatunternehmer zum Ausdruck gekommen sei[230]. Ein Handeln des Unternehmers in Ausübung eines öffentlichen Amtes durch den Privatunternehmer wurde inzident abgelehnt, da im Rahmen der Subsidiaritätsklausel (§ 839 Abs. 1 Satz 2 BGB) ein zivilrechtlicher Schadensersatzanspruch gegen den Unternehmer geprüft wurde[231]. Wegen des schuldbefreienden Charakters[232] der Haftungsübernahme nach § 839 Abs. 1 BGB iVm. Art. 34 Satz 1 GG kann daraus geschlossen werden, daß der Privatunternehmer nach Ansicht des Bundesgerichtshof bei der Vornahme der Arbeiten nicht in Ausübung eines öffentlichen Amtes gehandelt hat.

Im Rahmen eines Anspruchs aus enteignungsgleichem Eingriff führte das Gericht zur Hoheitlichkeit des Eingriffs jedoch aus, daß unter gewissen Voraussetzungen auch im Falle des Tätigwerdens eines Privatunternehmers ein hoheitlicher Eingriff seitens der Behörde vorliegen könne[233]. Zwar könne aus der Tatsache allein, daß die Bauarbeiten an einer Kanalisationsanlage eine öffentlich-rechtliche Pflicht[234] der Behörde darstellten, nicht per se auf einen hoheitlichen Eingriff durch die öffentliche Hand geschlossen werden, weil die Stadt insoweit die Wahl habe, ob sie ihre Aufgaben öffentlich-rechtlich oder privatrechtlich erledigen wolle[235]. Übertrage die Behörde die Arbeiten an einen Privatunternehmer, so habe sie sich für eine privatrechtliche Erfüllung der Aufgabe entschieden. In diesen Fällen soll jedoch trotz Tätigwerden des Privatunternehmers ein hoheitlicher Eingriff seitens der Behörde gegeben sein, wenn diese "durch die Art ihres Vorgehens, insbesondere durch bindende Weisungen und andere starke Einflußnahmen sich in einer Weise der Baufirma bedient und sich damit in einer Weise betätigt, daß sie das

---

[229] BGH VersR 1967, S. 859 (861); Ebenso: BGH LM Nr. 15a zu Art. 14 GG; BGH WM 1970, S. 1405; OLG Düsseldorf, VersR 1972, S. 158

[230] BGH VersR 1967, S. 859f unter Bezug auf BGH VersR 1960, S. 134

[231] BGH VersR 1967, S. 859 (860ff)

[232] Papier in: Maunz / Dürig, Grundgesetz, Art. 34, Rn. 87; Bender, Staatshaftungsrecht (3. Aufl. 1981), Rn. 389; Kreft, Öffentlich-rechtliche Ersatzleistungen, § 839 BGB, Rn. 22; a.A. Ossenbühl, JuS 1973, S. 421 (423)

[233] BGH VersR 1967, S. 859 (861)

[234] BGH VersR 1967, S. 859 (861); BGH LM Nr. 15a zu Art. 14 GG; BGH WM 1970, S. 1405; OLG Düsseldorf, VersR 1972, S. 158

[235] BGH VersR 1967, S. 859 (861)

Verhalten der Firma gegen sich wie eigenes gelten lassen muß, weil es dann so angesehen werden kann, als ob sie eine hoheitliche Maßnahme durch ein Werkzeug oder einen Mittler ausführen läßt"[236]. Liegen diese Kriterien vor, so geht der Bundesgerichtshof davon aus, daß die Behörde trotz der Einschaltung des Privatunternehmers im Rahmen hoheitlicher Gewalt tätig geworden ist[237]. In der Folge hat der Bundesgerichtshof diese Kriterien auch auf die Frage nach der Haftung der Behörde für ein Verschulden des Privatunternehmers im Rahmen eines Amtshaftungsanspruchs übertragen[238].

Die Bezugnahme auf die rechtliche Ausgestaltung des Innenverhältnisses und das Zusprechen eines Amtshaftungsanspruchs im Falle des Vorliegens einer Weisung rechtfertigt sich nach Ansicht des Bundesgerichtshofs daraus, daß der dem Privaten zu machende Schuldvorwurf um so geringer ist, je stärker die Einwirkung durch eine staatliche Stelle bei der Ausführung der Arbeiten gewesen ist[239]. Unter welchen Voraussetzungen dabei Einwirkungen der Behörde auf den Unternehmer als "Weisungen" oder "andere starke Einflußnahmen" angesehen werden können, hat der Bundesgerichtshof nicht anhand abstrakter Kriterien zu klären versucht, sondern es finden sich lediglich einige Beispielsfälle, in welchen Fällen vom Vorliegen bzw. Nichtvorliegen einer Weisung auszugehen ist.

So hätte im "Stromkabelfall"[240] eine die Staatshaftung auslösende Weisung nach Ansicht des Gerichts dann vorgelegen, wenn die Stadt die Baufirma angewiesen hätte, den Bagger in einer bestimmten Art einzusetzen, ohne Rücksicht auf fremde Versorgungsleitungen, weil die Stadt alle solche Leitungen festgestellt hat[241]. Als nicht ausreichend für die Annahme einer Weisung wurde jedoch die bloße Festlegung einer Trasse angesehen, weil die Baufirma dadurch in keiner Weise genötigt wurde, den Graben so auszuheben, daß fremde Versorgungsleitungen gefährdet oder gar beschädigt wurden[242]. Ebenfalls soll es nach Ansicht des Bundesgerichtshofs nicht ausreichend sein, wenn die Behörde die gesamte Planung

---

[236] BGH VersR 1967, S. 859 (861); ebenso: BGHZ 48, 98 (103); BGH LM BGB § 909 Nr. 2; BGH VersR 1973, S. 417f; BGH VersR 1974, S. 243 zu (§ 831 BGB); BGH VersR 1976, S. 776f; BGH NJW 1980, S. 1679; BGH BB 1980, S. 1824; BGH NJW 1981, S. 50f; BGH VersR 1984, S. 443f; BGH MDR 1986, S. 220; BGH JZ 1994, S. 784 (785); OLG Zweibrücken, VersR 1970, S. 263; OLG Düsseldorf VersR 1972, S. 158f; vgl. auch BGH NJW 1993, S. 1258f

[237] BGH NJW 1980, S. 1679

[238] BGH NJW 1970, S. 2220f; BGH NJW 1980, S. 1679; Dem Bundesgerichtshof folgend: OLG Zweibrücken, VersR 1970, S. 263; OLG Düsseldorf, VersR 1972, S. 158f

[239] BGH VersR 1964, S. 859 (861)

[240] BGH VersR 1959, S. 859 (861)

[241] BGH VersR 1967, S. 859 (861)

[242] BGH VersR 1967, S. 859 (861); BGH VersR 1973, S. 417f

vorgegeben, sowie den Bauablauf und die Art der Bauausführung vorgeschrieben hat[243]. Nach Ansicht des OLG Düsseldorf[244] ist es ferner als Indiz für ein weisungsfreies Tätigwerden eines Bauunternehmers anzusehen, wenn sich der Unternehmer vertraglich verpflichtet hat, alle zur Sicherung der Baustelle erforderlichen Maßnahmen unter eigener Verantwortung zu treffen[245]. Gleichermaßen folgt ein weisungsabhängiges Tätigwerden nicht allein aus der Tatsache, daß die Behörde die Bauarbeiten im Rahmen der allgemein üblichen Bauüberwachung beaufsichtigt[246].

Bejaht wird die Werkzeugeigenschaft des privaten Unternehmers von der Rechtsprechung überwiegend dann, wenn die Weisung bereits im Vertrag schriftlich fixiert worden ist und es aufgrund der Weisung unmittelbar zum Schadenseintritt gekommen ist. So verhielt es sich bei öffentlichen Straßenbauarbeiten, bei denen bestimmte bauliche Anlagen durch die private Baufirma nur nach einer entsprechenden Weisung durch die Behörde beseitigt und geändert werden durften[247]. In einem weiteren Fall wurde die Werkzeugeigenschaft bejaht, weil der Unternehmer aufgrund bindender Weisungen der Stadt bei der Vergabe des Auftrags verpflichtet gewesen ist, von der Stadt erstellte Höhenpläne beim Bau einer Erschließungsstraße einzuhalten[248]. Die Festlegung bereits zum Zeitpunkt des Vertragsschlusses ist Ausfluß der Tatsache, daß der Bundesgerichtshof das Vorliegen einer bindenden Weisung voraussetzt, um eine Haftungsübernahme zu begründen, da durch die vertragliche Fixierung der verbindliche Charakter der Weisung untermauert wird.

Neben den "bindenden Weisungen" hat der Bundesgerichtshof jedoch auch "andere starke Einflußnahmen" für die Haftungsverlagerung als ausreichend angesehen[249]. Auch dieser Begriff ist nicht anhand abstrakter Kriterien umschrieben worden, sondern es findet sich lediglich in einer Entscheidung ein Hinweis darauf, wann eine solche Einflußnahme gegeben sein kann. In der Entscheidung zu Staubimmissionen beim Autobahnbau[250] ließ die Bundesrepublik Deutschland als Eigentümerin eines Autobahngeländes Straßenbauarbeiten durch eine mittels

---

[243] BGH MDR 1986, S. 220
[244] VersR 1972, S. 158f
[245] OLG Düsseldorf, VersR 1972, S. 158f
[246] OLG Düsseldorf, VersR 1972, S. 158f
[247] BGH VersR 1973, S. 417f
[248] BGH NJW 1980, S. 1679
[249] BGH VersR 1967, S. 859 (861)
[250] BGHZ 48, 98. Diese Entscheidung wird fälschlicherweise häufig als diejenige bezeichnet, in der der Bundesgerichtshof die Werkzeugtheorie begründet habe. Tatsächlich wurde die Werkzeugtheorie in der in BGH VersR 1967, S. 859 veröffentlichten Entscheidung vom 18.05.1967 entwickelt. Die Entscheidung BGHZ 48, 98 datiert hingegen vom 15.06.1967.

Werkvertrag (§ 631 BGB) beauftragte Firma durchführen. Infolge der Bauarbeiten kam es auf den angrenzenden Feldern zu Stauablagerungen, die die Pflege- und Erntearbeiten verteuerten und zu einem erhöhten Maschinenverschleiß führten. Bei der Prüfung der Frage, ob ein nachbarrechtlicher Ausgleichsanspruch oder ein Anspruch aus enteignendem Eingriff gegeben sei, führte der Bundesgerichtshof aus, daß trotz Tätigwerden des Unternehmers auf privatrechtlicher Basis für die Zuordnung der die Staubimmissionen verursachenden Bauarbeiten zum hoheitlichen Bereich spreche, daß "die Tatsache, daß die Aufsicht über die Bauarbeiten in den Händen der Autobahn-Neubauamtes H.(...) lag, es nicht als völlig ausgeschlossen erscheinen (läßt), daß diese Stelle in so weitgehendem Maße auf die Durchführung der Arbeiten Einfluß nahm, daß sie in dem hier interessierenden Zusammenhang die Arbeiten der Baufirma wie eigene gegen sich gelten lassen und es so angesehen werden muß, wie wenn die Firma K. lediglich als Werkzeug der öffentlichen Behörde bei der Durchführung ihrer hoheitlichen Aufgabe tätig geworden wäre"[251].

Unter "anderen starken Einflußnahmen" im Sinne der Werkzeugtheorie sind demzufolge die Maßnahmen einer Behörde zu verstehen, die zwar keine Weisungen sind, aber von der Intensität der Einflußnahme her vergleichbar sind. Entscheidend dürfte dabei das Kriterium der Aufsicht durch die Behörde sein, durch die eine jederzeitige Steuerung der Baumaßnahmen ermöglicht wird. Dies kann daraus geschlossen werden, daß in einer weiteren Entscheidung zu den Staubimmissionen beim Autobahnbau[252] das Vorliegen eines hoheitlichen Eingriffs nicht erörtert worden ist, da im Gegensatz zu der zuerst genannten Entscheidung die Aufsicht über die Arbeiten nicht in den Händen des Autobahnamtes lag. Dementsprechend wurde lediglich ein nachbarrechtlicher, nicht jedoch ein öffentlich-rechtlicher Entschädigungsanspruch geprüft[253].

Diese - im Schrifttum als "Werkzeugtheorie"[254] bezeichnete - Rechtsprechung führt gegenüber den vorangegangenen Entscheidungen im Grundsatz zu einer erweiterten Haftung des Staates bei Einschaltung privater Kräfte zur Erfüllung öffentlicher Aufgaben. Während zuvor die Amtshaftung ausgehend von dem Grundsatz, daß das Kriterium der Rechtsform allein entscheidend für die Beurteilung der Ausübung eines öffentlichen Amtes (Art. 34 Satz 1 GG) durch den Privatunternehmer ist, allein wegen des Verschuldens eines auf privatrechtlicher

---

[251] BGHZ 48, 98 (103) unter Bezugnahme auf das Urteil vom 18. Mai 1967 = VersR 1967, S. 859

[252] BGH WM 1968, S. 580

[253] BGH WM 1968, S. 580f

[254] Papier in: Maunz / Dürig, Grundgesetz, Art. 34, Rn. 98; Schmikowski, VersR 1984, S. 315 (317); Steinberg / Lubberger, Aufopferung, S. 269; Gotzen, VR 1994, S. 170

Grundlage eingeschalteten Privatunternehmers generell abgelehnt wurde[255], ist nach der Werkzeugtheorie eine Haftung des Staates in den Fällen möglich, in denen der Unternehmer als "Werkzeug" der Behörde anzusehen ist.

Insoweit wird unter Verweis auf das Wahlrecht der Behörde, Aufgaben der schlicht-hoheitlichen Verwaltung in den Formen des öffentlichen Rechts oder des Privatrechts zu erfüllen, am Kriterium der Rechtsform der Aufgabenerfüllung mit der Folge festgehalten, daß der Privatunternehmer auch bei Anwendung der Werkzeugtheorie nicht als Beamter im haftungsrechtlichen Sinne (Art. 34 Satz 1 GG) angesehen wird, sondern der Behörde sein Verhalten "wie eigenes"[256] zugerechnet[257] wird. Insoweit erscheint es unzutreffend, wenn Kühlhorn[258] die Werkzeugtheorie als Versuch bezeichnet, "den Privaten selbst als Amtswalter" zu qualifizieren. Daß über die Werkzeugtheorie nur eine Zurechnung des Verschuldens des Privatunternehmers in den behördlichen Bereich erfolgt, nicht jedoch der Unternehmer als Beamter im haftungsrechtlichen Sinne qualifiziert wird, ergibt sich neben den insoweit eindeutigen Formulierungen einer "Zurechnung" des Verhalten "wie eigenes" auch daraus, daß der Privatunternehmer in keiner Entscheidung als Beamter im haftungsrechtlichen Sinne oder als in Ausübung eines öffentlichen Amtes handelnd bezeichnet wird. Die Werkzeugtheorie ermöglicht es vielmehr nur, auch bei privatrechtlicher Aufgabenerfüllung das Handeln des Privatunternehmers der ihn beauftragenden Behörde dergestalt zuzurechnen, daß diese selbst als hoheitlich handelnd angesehen werden kann. Ist das zivilrechtliche Innenverhältnis derart ausgestaltet, daß die Behörde durch Weisungen und andere Einflußnahmen das Handeln des Privatunternehmers bis zu einem gewissen Grad steuern kann, so soll die Durchführung der Aufgabe trotz der privatrechtlichen Form der Aufgabenerfüllung als öffentlich-rechtlich angesehen werden können, mit der Folge daß auch bei einem alleinigen Verschulden eines als "Werkzeug" anzusehenden Privatunternehmers Amtshaftungsansprüche (§ 839 Abs. 1 BGB iVm. Art. 34 Satz 1 GG) gegeben sein können.

---

[255] BGH VersR 1953, S. 479; VersR 1960, S. 134; VersR 1961, S. 33; VersR 1964, S. 1070; BGH VersR 1965, S. 562

[256] BGH VersR 1967, S. 859 (861); BGHZ 48, 98 (103); BGH VersR 1973, S. 417f

[257] Ausdrücklich für den Amtshaftungsanspruch: BGH NJW 1980, S. 1679 sowie BGH JZ 1994, S. 784f

[258] Kühlhorn, Haftung für die durch Verwaltungshilfe Privater entstandenen Schäden, S. 120, Fn. 362

cc. Die Rechtsprechung des Bundesgerichtshof zur Einschaltung von Privatunternehmern im Bereich der Eingriffsverwaltung

In den genannten Entscheidungen hatte sich der Bundesgerichtshof im Zusammenhang mit den selbständigen Privatunternehmern ausschließlich mit der Aufgabenübertragung im Bereich der schlicht-hoheitlichen Verwaltung zu befassen. Demgegenüber hatten die Untergerichte auch über die Haftung für Privatunternehmer, die zur Aufgabenerfüllung im Bereich der Eingriffsverwaltung eingesetzt worden waren, zu entscheiden[259]. Im Vordergrund stand dabei die Haftung für Unternehmer, die von der Behörde mit dem Abschleppen von verbotswidrig geparkten Fahrzeugen beauftragt worden waren und dabei Schäden an den Pkws verursacht hatten[260]. Die selbständigen Privatunternehmer sowie die Fahrer der Abschleppwagen werden dabei nicht als Beliehene tätig, weil eine Beleihung mit hoheitlichen Kompetenzen nur durch Gesetz oder aufgrund eines Gesetzes erfolgen kann und es vorliegend bereits an einer hinreichenden gesetzlichen Grundlage fehlt[261].

In den Entscheidungen der Instanzgerichte wurden dabei die Klagen auf Zuerkennung eines Amtshaftungsanspruchs wegen eines Verschuldens des Unternehmers durchgängig mit der Begründung abgelehnt, dieser habe bei seiner Tätigkeit nicht in Ausübung eines öffentlichen Amtes (Art. 34 Satz 1 GG) gehandelt. Das OLG Nürnberg[262] führte insoweit aus, daß zwar die Zielsetzung der Polizei, die öffentliche Sicherheit durch Ausschaltung verkehrsunsicherer Fahrzeuge aus dem Verkehr zu erhalten, eindeutig hoheitlicher Natur sei, daß das eigentliche Abschleppen jedoch - da durch einen privaten Unternehmer auf der Grundlage eines zivilrechtlichen Vertrages durchgeführt - eine privatwirtschaftlich bleibende Tätigkeit darstelle, bei der die Behörde dem Unternehmer nicht die Ausübung hoheitlicher Gewalt übertragen habe. Das OLG Nürnberg bezieht sich dabei ausdrücklich auf die zur Enttrümmerung von Grundstücken ergangene Rechtsprechung des Bundesgerichtshofs[263], nach der es einer Gemeinde freistehe, zu entscheiden, ob sie ihre Aufgaben mit öffentlich-rechtlichen oder mit privatrechtlichen Mitteln erfüllen wolle. Diese vom Bundesgerichtshof für den Bereich der schlicht-hoheitlichen

---

[259] OLG Nürnberg, JZ 1967, S. 61; AG Düsseldorf, JZ 1967, S. 62; LG München 1978, S. 48; OLG Düsseldorf, VersR 1982, S. 246 (248)

[260] OLG Nürnberg, JZ 1967, S. 61; LG München, NJW 1978, S. 48; OLG Düsseldorf, MDR 1982, S. 246 (248)

[261] BGH VersR 1978, S. 1141; BVerwG DÖV 1973, S. 244f; Bettermann, Anm. in DVBl. 1971, S. 116f; Würtenberger, DAR 1983, S. 155 (159f); ders., Anm. in JZ 1993, S. 1003; Osterloh, Anm. JuS 1994, S. 175

[262] OLG Nürnberg, JZ 1967, S. 61

[263] BGH VersR 1953, S. 479; BGH LM Nr. 2 zu § 909 BGB

Verwaltung entwickelten Grundsätze werden auf die Eingriffsverwaltung mit der Folge übertragen, daß eine unmittelbare Ausübung hoheitlicher Gewalt vorliegen soll, wenn sich die Polizei ein eigenes Abschleppfahrzeug hält, eine nur mittelbare Ausübung hoheitlicher Gewalt jedoch, wenn ein privater Unternehmer mit dem Abschleppen betraut wird[264]. Dementsprechend soll die Abschleppfirma für die von ihr verursachten Schäden nach § 823 BGB selbst haften[265]. Eine Haftung der den Unternehmer beauftragenden Behörde soll hingegen nur dann in Betracht kommen, wenn eine unzuverlässige Abschleppfirma mit dem Abschleppen des Kraftfahrzeuges betraut und infolge Verschuldens des Abschleppunternehmers das Kraftfahrzeug beschädigt wurde[266]. In diesem Fall ist der Amtshaftungsanspruch jedoch gemäß § 839 Abs. 1 Satz 2 BGB subsidiär gegenüber einer Eigenhaftung des Abschleppunternehmers[267]. In einer im Jahre 1977 ergangenen Entscheidung des LG München gelangt dieses Gericht ebenfalls zu der Ansicht, daß dem Abschleppunternehmer kein öffentliches Amt im Sinne von Art. 34 Satz 1 GG anvertraut[268] und der Unternehmer somit selbst für die Schadenszufügung nach § 823 BGB verantwortlich ist. Insoweit wird auf die vom Bundesgerichtshof für den Bereich der schlicht-hoheitlichen Verwaltung vorgenommenen Trennung in den eigentlichen Charakter der Aufgabe und den Charakter der Durchführung der Aufgabe[269] mit der Begründung zurückgegriffen, die Aufspaltung zwischen öffentlich-rechtlicher Entscheidung und privatrechtlicher Durchführung sei dem Rechtssystem nicht fremd, wobei auf die "zweistufigen Verwaltungstätigkeiten" verwiesen wird.

---

264 OLG Nürnberg JZ 1967, S. 61

265 OLG Nürnberg, JZ 1967, S. 61f; LG Düsseldorf, VersR 1980, S. 980f; OLG Düsseldorf, VersR 1982, S. 248; zustimmend: Staudinger-Schäfer, § 839 BGB, Rn. 30; Götz, Allgemeines Polizei- und Ordnungsrecht, Rn. 303; ablehnend: Medicus, Anm. JZ 1967, S. 63f; Ossenbühl, VVDStRL 29 (1971), S. 137 (200); ders., JuS 1973, S. 421 (423); ders. Staatshaftungsrecht, S. 19ff; Kühlhorn, Haftung für die durch Verwaltungshilfe Privater entstandenen Schäden, S. 109f und S. 115ff; Würtenberger, DAR 1983, S. 155 (160); Ehlers, Verwaltung in Privatrechtsform, S. 504f; Krohn / Papier, Aktuelle Fragen der Staatshaftung und der öffentlich-rechtlichen Entschädigung, S. 5f; Papier in: Maunz / Dürig, Grundgesetz, Art. 34, Rn. 26, 98f; Schimikowski, VersR 1984, S. 315 (317f); Seibert, JuS 1985, S. 625 (631); Burmeister, JuS 1989, S. 256 (259); Würtenberger, Anm. in JZ 1993, S. 1003

266 OLG Nürnberg, JZ 1967, S. 61f

267 Vgl. Würtenberger, DAR 1983, S. 155 (159)

268 LG München, NJW 1978, S. 48 unter Bezugnahme auf: Maunz, in Maunz / Dürig, Art. 34, Rn. 15; Dagtoglou in: Bonner Kommentar zum Grundgesetz, Art. 34, Rn. 97; OLG Nürnberg OLGZ 1966, S.405 = OLG JZ 1967, S. 61; ebenso: OLG Düsseldorf, MDR 1982, S. 246 (248)

269 LG München, NJW 1978, S. 48 unter Bezugnahme auf BGH NJW 1960, S. 335 = VersR 1960, S. 134

Eine grundsätzlich andere Auffassung zu dieser Problematik hat der Bundesgerichtshof in der Entscheidung vom 21.1.1993 vertreten[270], in der er sich erstmals mit der Frage nach einer Haftung für Abschleppunternehmer, die im Bereich der Eingriffsverwaltung eingeschaltet werden, befaßt hat. Die insoweit in der genannten Entscheidung zitierten Urteile hatten sich im Zusammenhang mit der Abschleppproblematik nur mit der Frage der sachgerechten Auswahl der Privatunternehmer auseinanderzusetzen[271] bzw. konnten die Frage nach einer Haftung unentschieden lassen, da dem Kläger Schadensersatz schon aus anderen Gründen geleistet werden mußte[272].

In der Entscheidung des Bundesgerichtshofs vom 21.1.1993[273] war ein Abschleppunternehmen durch die Polizei beauftragt worden, einen nach einem Unfall im Straßengraben liegengebliebenen Pkw zu bergen und abzuschleppen. Dabei kam es zur Schädigung einer anderen Verkehrsteilnehmerin, die mit ihrem Wagen an einem durch den Fahrer des Abschleppunternehmens über ihre Fahrbahnseite gespannten Abschleppseil hängen blieb. Hierbei wurde der Fahrer des Abschleppunternehmens durch Beamte des polizeilichen Vollzugsdienstes überwacht. Die Klägerin machte einen Anspruch gegen den Fahrer des Abschleppwagens nach § 18 StVG geltend. Die Frage nach dem Eingreifen von Amtshaftungsgrundsätzen erlangt nur dann Bedeutung, wenn ein vom Halter unterscheidbarer Fahrer den Schaden verursacht hat, da nur der Anspruch aus Verschuldenshaftung nach § 18 StVG von § 839 Abs. 1 BGB iVm. Art. 34 Satz 1 GG verdrängt wird, während dies bei der Gefährdungshaftung des Fahrzeughalters nach §§ 7 ff StVG nicht der Fall ist[274]

Die Vorinstanz hatte das Nichteingreifen öffentlich-rechtlicher Haftungsvorschriften (§ 839 Abs. 1 BGB iVm. Art. 34 Satz 1 GG) damit begründet, dem Fahrer des Abschleppwagens sei durch die Beauftragung mit dem Bergungsvorgang kein öffentliches Amt anvertraut worden[275]: Zwar habe die Polizei bei der Beauftragung der Abschleppfirma in Ausübung hoheitlicher Gewalt gehandelt, daraus folge jedoch nicht schon, daß der Fahrer des Abschleppwagens bei der Durchführung des Auftrages hoheitlich tätig geworden sei. Aus der hoheitlichen Zielsetzung allein könne nicht geschlossen werden, daß auch die zur Erreichung des

---

270 BGH NJW 1993, S. 1258; vgl. dazu: Würtenberger, Anm. in JZ 1993, S. 1003; Schmidt, LM Nr. 179 zu Art. 34 S. 1 GG; Osterloh, Anm. in JuS 1994, S. 175; Gotzen, VR 1994, S. 170

271 BGH NJW 1977, S. 628

272 BGH NJW 1978, S. 2502

273 BGH NJW 1993, S. 1258

274 BGH NJW 1993, S. 1258f unter Bezugnahme auch BGHZ 50, 271 (273); 113, 164

275 Vgl. zur Entscheidung des OLG Hamm als Vorinstanz die Ausführungen des BGH in NJW 1993, S. 1258f

Ziels eingesetzten Mittel hoheitlichen Charakter haben müßten. Vielmehr sei die Rechtsform entscheidend, die die Behörde im konkreten Fall gewählt habe. Da hier die Polizei eine private Firma mittels privatrechtlichen Vertrages beauftragt habe, könne nicht davon ausgegangen werden, daß dem Fahrer des Abschleppunternehmens ein öffentliches Amt anvertraut worden sei[276].

Der Bundesgerichtshof[277] hat dieses Urteil mit der Begründung aufgehoben, daß "sich die öffentliche Hand jedenfalls im Bereich der *Eingriffs*verwaltung[278] der Amtshaftung für fehlerhaftes Verhalten ihrer Bediensteten grundsätzlich nicht dadurch entziehen (kann), daß sie die Durchführung einer von ihr angeordneten Maßnahme durch privatrechtlichen Vertrag auf einen privaten Unternehmer überträgt"[279]. Zur Begründung wird ausgeführt, daß sich die Beurteilung, ob ein auf privatrechtlicher Grundlage herangezogener Unternehmer als Beamter im haftungsrechtlichen Sinne angesehen werden könne, nach dem Charakter der jeweils wahrgenommenen Aufgabe sowie nach der Sachnähe der übertragenen Tätigkeit zu dieser Aufgabe und dem Grad der Einbindung des Unternehmers in den behördlichen Pflichtenkreis richte[280]. Es liege um so näher, den Privaten als Beamten im haftungsrechtlichen Sinn anzusehen, je stärker der hoheitliche Charakter der übertragenen Aufgabe hervortrete, je enger die Verbindung zwischen der übertragenen Tätigkeit und der von der Behörde zu erfüllenden hoheitlichen Aufgabe und je begrenzter der Entscheidungsspielraum des Unternehmers sei.

Auf den konkreten Fall bezogen bedeutet dies, daß es sich bei der Anordnung, das Unfallfahrzeug zu bergen und abzuschleppen, um eine Maßnahme der Eingriffsverwaltung handelt, die die Polizei im Interesse der öffentlichen Sicherheit und Ordnung anstelle des Eigentümers und Fahrers des Fahrzeugs vornimmt. Die Sachnähe der an den Privaten übertragenen Tätigkeit zu dieser Aufgabe ergibt sich daraus, daß der Bergungsvorgang die eigentliche Ersatzvornahme darstellt. Die Voraussetzung der Einbindung des Privaten in den behördlichen Pflichtenkreis wird deshalb als gegeben angesehen, weil die Polizeibeamten die Unfallstelle abgesichert und den Bergungsvorgang überwacht hatten. Dies soll "möglicherweise" auch dann nicht anders sein, wenn die Polizeibeamten bei der Bergung nicht zugegen gewesen und keine Maßnahmen zur Sicherung der Bergungsstelle getroffen hätten. Der Bundesgerichtshof bezeichnet es als "naheliegend, daß es insoweit für die Einbindung des Fahrers des Abschleppwa-

---

[276] Vgl. die Ausführungen in: BGH NJW 1993, S. 1258f

[277] BGH NJW 1993, S. 1258ff

[278] Hervorhebung im Urteil

[279] BGH NJW 1993, S. 1258 (S. 1259 linke Sp. unten) unter Berufung auf den Aufsatz von Würtenberger, DAR 1983, S. 155 (160)

[280] BGH NJW 1993, S. 1258f

gens in die hoheitliche Vollstreckungshandlung genügt, daß die Beamten schon im Interesse gefährdeter Verkehrsteilnehmer *verpflichtet*[281] waren, die Bergung zu überwachen und die dazu erforderlichen Sicherheitsmaßnahmen - auch im Verhältnis zum Fahrer des Abschleppwagens - zu treffen"[282]. Daraus folgt nach Ansicht des Bundesgerichtshofs gleichermaßen, daß dem Fahrer des Abschleppwagens bei der Durchführung des Bergungsauftrages von Rechts wegen nur ein sehr begrenzter Entscheidungsspielraum zustand; seine Stellung wird als "derjenigen eines Verwaltungshelfers angenähert"[283] bezeichnet.

Die Erheblichkeit der genannten drei Kriterien - Charakter der zu erfüllenden Aufgabe, Sachnähe der übertragenen Tätigkeit zu dieser Aufgabe sowie die Einbindung des Privaten in den behördlichen Pflichtenkreis - wird damit begründet, daß der hoheitliche Charakter der getroffenen Maßnahme außer Zweifel stünde, wenn die Bergung durch die Polizei mit eigenen Mitteln durchgeführt worden wäre[284]. Insoweit könne auch aus Sicht der Klägerin als durch den Bergungsvorgang unmittelbar geschädigter Verkehrsteilnehmerin die rechtliche Beurteilung als Vollstreckungsmaßnahme nicht davon abhängen, ob die Polizei selbst oder ein Dritter in Gegenwart der Beamten die Maßnahme durchgeführt hat[285], weil der Private gleichsam als "Erfüllungsgehilfe"[286] der Polizei tätig werde. Bei einer derartigen Sachlage soll nach Ansicht des Bundesgerichtshofs die Beauftragung der Firma auf privatrechtlicher Grundlage für die Beurteilung, ob der Fahrer des Abschleppwagens als Beamter im haftungsrechtlichen Sinne gehandelt hat, unerheblich sein. Für die staatshaftungsrechtliche Würdigung des Vorgangs kommt es danach allein auf das Verhältnis zwischen der für die Bergungsmaßnahme verantwortlichen Polizei und der Geschädigten an, also auf das nach außen manifestierte Handeln als "Erfüllungsgehilfe" des Trägers öffentlicher Gewalt[287].

Wenn es in der konkreten Fallgestaltung um die Haftung für ein Verschulden des Fahrers des Abschleppwagens ging, so überträgt der Bundesgerichtshof die neu entwickelten Grundsätze ausdrücklich auch auf die selbständigen Privatunternehmer[288]. Insoweit enthält das Urteil hinsichtlich der Haftung bei Einschaltung

---

[281] Hervorhebung im Urteil

[282] BGH NJW 1993, S. 1258 (1259, re. Sp.)

[283] BGH NJW 1993, S. 1258 (1259, re. Sp. Mitte)

[284] BGH NJW 1993, S. 1258f

[285] BGH NJW 1993, S. 1258 (1259, re. Sp. oben); vgl. auch die entgegengesetzte Auffassung des OLG Nürnberg, JZ 1967, S. 61 (62 re.Sp.oben)

[286] BGH NJW 1993, S. 1258 (1259 re.Sp. Mitte) unter Bezugnahme auf Papier in: Münchner Kommentar zum BGB, § 839, Rn. 118; Würtenberger, DAR 1983, S. 155 (160f); Ossenbühl, Staatshaftungsrecht, S. 21; ders., JuS 1973, S. 421 (423); Medicus, JZ 1967, S. 63f

[287] BGH NJW 1993, S. 1258 (1259 re.Sp.)

[288] Vgl. BGH NJW 1993, S. 1258f

von Privatunternehmern im Bereich der Eingriffsverwaltung wesentliche Unterschiede zur Rechtsprechung, die für den Bereich der schlicht-hoheitlichen Verwaltung ergangen ist.

Der dogmatisch wichtigste Unterschied ist darin zu sehen, daß das Fehlverhalten des Unternehmers der Behörde nicht mehr nur zugerechnet wird, sondern dieser vielmehr als Beamter im haftungsrechtlichen Sinne (Art. 34 Satz 1 GG) angesehen wird[289]. Mit dieser rechtlichen Qualifizierung des Unternehmers geht der Verzicht auf die Anwendung der Werkzeugtheorie einher: Hätte der Bundesgerichtshof der Entscheidung die Werkzeugtheorie zugrundegelegt, so wäre ein Amtshaftungsanspruch nicht gegeben gewesen, weil der Fahrer des Abschleppunternehmens nicht nach konkreten Weisungen handelte[290] und es für die Annahme der Werkzeugeigenschaft nicht schon ausreicht, daß der Unternehmer bei seiner Tätigkeit von Behördenangehörigen beaufsichtigt worden ist[291]. Über das Kriterium der "Einbindung des Unternehmers in den behördlichen Pflichtenkreis"[292], das mit der Überwachung des Privaten durch die Polizeibeamten begründet wird, wird zwar auch auf Einwirkungsmöglichkeiten seitens der Behörde abgestellt, dieses ist jedoch nur eines der entscheidungserheblichen Kriterien des Bundesgerichtshofs und insoweit auch nicht identisch mit den Voraussetzungen der Werkzeugtheorie. Aus dem Verzicht auf die Anwendung der Werkzeugtheorie folgt gleichermaßen, daß es nach Ansicht des Bundesgerichtshofs für die staatshaftungsrechtliche Würdigung des Vorgangs allein auf das Verhältnis zwischen der für die Bergungsmaßnahme verantwortlichen Polizei und der geschädigten Klägerin ankommt, also auf das nach außen manifestierte Handeln als "Erfüllungsgehilfe" des Trägers öffentlicher Gewalt[293]. Dem entspricht es, wenn im Gegensatz zum Bereich der schlicht-hoheitlichen Verwaltung der Beauftragung des Privatunternehmers auf privatrechtlicher Grundlage keine Bedeutung hinsichtlich des Eingreifens der Amtshaftungsgrundsätze beigemessen wird[294].

Nicht hinreichend deutlich wird anhand der Entscheidung des Bundesgerichtshofs, inwieweit die gewonnenen Grundsätze auf den gesamten Bereich der Eingriffsverwaltung, d.h. insbesondere auch auf die Lösung angrenzender Fälle - wie etwa bei Schäden anläßlich des weiteren Transports des geborgenen Fahrzeugs[295]

---

[289] BGH NJW 1993, S. 1258 (1259 li. und re. Sp. jew. unten)
[290] Vgl. auch Würtenberger, JZ 1993, S. 1003f
[291] OLG Düsseldorf, VersR 1972, S. 158f
[292] BGH NJW 1993, S. 1258 (1259, li. Sp. unten)
[293] BGH NJW 1993, S. 1258 (1259 re. Sp.)
[294] BGH NJW 1993, S. 1258 (1259, re. Sp. Mitte)
[295] Schmidt, Anm. in LM Nr. 179 zu Art. 34 Satz 1 GG, Bl. 1106; Osterloh, Anm. in JuS 1994, S. 175

- übertragen werden können. Für eine Anwendung der genannten Kriterien auf den gesamten Bereich der Eingriffsverwaltung spricht, daß der Bundesgerichtshof den Grundsatz aufstellt, daß die öffentliche Hand sich jedenfalls im Bereich der Eingriffsverwaltung einer öffentlich-rechtlichen Haftung nicht durch Beauftragung eines Privatunternehmers entziehen können soll[296]. Andererseits wird diese Aussage durch das Wort "grundsätzlich" relativiert, wobei die haftungsrechtliche Beurteilung im folgenden hauptsächlich von der Einbindung des Privaten in den behördlichen Pflichtenkreis abhängig gemacht wird. Allerdings enthält das Urteil seinerseits hinsichtlich des Kriteriums der Einbindung des Privaten keine verbindlichen Aussagen für weitere Fallkonstellationen aus dem Bereich der Eingriffsverwaltung, da eine Einbindung zwar einerseits von der Überwachung des Unternehmers durch die Beamten am Unfallort abhängig gemacht wird, später diese Aussage jedoch dadurch relativiert wird, daß eine Einbindung "möglicherweise" auch dann angenommen werden kann, wenn der Unternehmer nicht durch Behördenangehörige überwacht worden ist, jedoch eine Überwachungs- und Sicherungspflicht seitens der Behörde bestanden hätte[297].

Da das Urteil des Bundesgerichtshofs zur Eingriffsverwaltung ergangen ist, enthält es gleichermaßen keine Aussagen über die zukünftige Beurteilung von Fällen aus dem Bereich der schlicht-hoheitlichen Verwaltung. In einem ein Jahr nach der Entscheidung zum Abschleppfall ergangenen Urteil[298] hat der Bundesgerichtshofs jedoch angedeutet, inwieweit die Rechtsprechung auch auf die schlicht-hoheitliche Verwaltung übertragen werden kann: In diesem Fall hatte der Bundesgerichtshof zu entscheiden, inwieweit ein staatlicher Abwasserverband für die fehlerhafte Planung und Konstruktion eines Pumpkraftwerks durch einen aufgrund eines privatrechtlichen Vertrages beauftragten Ingenieurs haftet. Dabei erwägt der Bundesgerichtshof einerseits eine Zurechnung des Verschuldens nach den Grundsätzen der Werkzeugtheorie[299], andererseits wird unter Verweis auf die zum Abschleppfall ergangene Entscheidung[300] jedoch auch ausgeführt, der Ingenieur könne dann als in Ausübung eines öffentlichen Amtes (Art. 34 Satz 1 GG) handelnd angesehen werden, wenn er in einer so engen Verbindung mit der vom Verband zu erfüllenden hoheitlichen Aufgabe gestanden und bei der Planung einen derartig begrenzten eigenen Entscheidungsspielraum gehabt habe, daß es gerechtfertigt sei, ihn als "Beamten" im haftungsrechtlichen Sinne anzusehen[301]. Demzufolge gibt der Bundesgerichtshof die Werkzeugtheorie für den Bereich der

---

[296] BGH NJW 1993, S. 1258 (1259, li. Sp. unten)
[297] BGH NJW 1993, S. 1258 (1259, re. Sp. Mitte)
[298] BGH JZ 1994, S. 784 (785, re. Sp. unten)
[299] BGH JZ 1994, S. 784 (785, re. Sp. unten)
[300] BGH NJW 1993, S. 1268ff
[301] BGH JZ 1994, S. 784 (785, re. Sp. unten)

schlicht-hoheitlichen Verwaltung nicht auf, sondern untersucht kumulativ, ob das Verhalten des Unternehmers nach den Kriterien der Werkzeugtheorie der Behörde zugerechnet werden kann oder ob die zur Eingriffsverwaltung entwickelten Kriterien der engen Verbindung und des engen Entscheidungsspielraums auf seiten des Privaten erfüllt sind und dieser folglich als Beamter im haftungsrechtlichen Sinne angesehen werden kann.

dd. Beurteilung der Rechtsprechung zur Haftung für selbständige Privatunternehmer

Während die Grundsätze der Rechtsprechung zur Haftung für selbständige Privatunternehmer im Bereich der schlicht-hoheitlichen Verwaltung zunächst auf allgemeine Zustimmung gestoßen sind[302], später dann jedoch immer breitere Ablehnung erfahren haben[303], besteht Einigkeit darüber, daß die Rechtsprechung zur Haftung im Bereich der Eingriffsverwaltung zumindest im Ergebnis zutreffend ist[304].

(1) Der Bereich der schlicht-hoheitlichen Verwaltung

Der Bundesgerichtshof hat seine Rechtsprechung, daß der Privatunternehmer im Bereich der Eingriffsverwaltung grundsätzlich als Beamter im haftungsrechtlichen Sinne (Art. 34 Satz 1 GG) anzusehen ist[305], nur bedingt auf die Einschaltung von

---

[302] Dagtoglou in: Bonner Kommentar zum Grundgesetz, Art. 34, Rn. 37f; Maunz in: Maunz / Dürig, Grundgesetz, Art. 34, Rn. 16; Wolff / Bachof, Verwaltungsrecht I, § 64 II c 3; Bender, Staatshaftungsrecht (2. Aufl. 1974), S. 164, Fn. 495; Drews / Wacke / Vogel / Martens, Gefahrenabwehr I, (8. Auflage), S. 315; Staudinger / Schäfer, BGB, (10./11. Aufl.), § 839 Anm. 90; Zustimmend aus neuerer Zeit: Kreissl, NVwZ 1994, S. 349

[303] Medicus, JZ 1967, S. 63f; Kühlhorn, Haftung für die durch Verwaltungshilfe Privater entstandenen Schäden, S. 109f, 115ff; Ossenbühl, VVDStRL 29, (1971), S. 137 (200); ders., Staatshaftungsrecht, S. 21ff; ders., JuS 1973, S. 421 (423); Papier in: Maunz / Dürig, Grundgesetz, Art. 34, Rn. 98f; ders. in: Münchner Kommentar zum BGB, § 839, Rn. 118; Jacobs, Staatshaftungsrecht, Rn. 154; Schäfer / Bonk, Staatshaftungsgesetz, § 12, Rn. 15; Würtenberger, DAR 1983, S. 155 (160); Ehlers, Verwaltung in Privatrechtsform, S. 505; Seibert, JuS 1985, S. 625 (631f); Krohn / Papier, Aktuelle Fragen der Staatshaftung, S. 5f; Burmeister, JuS 1989, S. 256 (259); Steinberg / Lubberger, Aufopferung - Enteignung und Staatshaftung, S. 268ff; Achterberg / Püttner, Besonderes Verwaltungsrecht, Bd. 2, S. 457ff; Würtenberger / Heckmann / Riggert, Polizeirecht in Baden-Württemberg, Rn. 491; Notthoff, NVwZ 1994, S. 771 ff

[304] Würtenberger, JZ 1993, S. 1003 (Anm.); Kreissl, NVwZ 1994, S. 349; Gotzen, VR 1994, S. 170; Notthoff, NVwZ 1994, S. 771

[305] BGH NJW 1993, S. 1258 (1259 li. Sp. unten)

Privatunternehmern im Bereich der schlicht-hoheitlichen Verwaltung übertragen[306], ohne allerdings auf die Anwendung der Werkzeugtheorie zu verzichten.

Wenn es im übrigen dabei bleibt, daß eine Haftung nach Amtshaftungsgrundsätzen an der Rechtsform der Aufgabenerfüllung, d.h. der Beauftragung des Unternehmers auf zivilrechtlicher Grundlage, scheitert, so führt diese Rechtsprechung im Ergebnis dazu, daß bei Einschaltung eines Privatunternehmers zur Erfüllung öffentlicher Aufgaben die Geltendmachung eines Amtshaftungsanspruchs nach § 839 Abs. 1 BGB iVm. Art. 34 Satz 1 GG dann ausgeschlossen ist, wenn die Behörde sich nicht selbst einen Amtspflichtverstoß zu Schulden hat kommen lassen oder der Privatunternehmer nicht als Werkzeug der Behörde anzusehen ist. Angesichts der Tatsache, daß der auf zivilrechtlicher Basis eingeschaltete Privatunternehmer überwiegend selbständig und weisungsfrei tätig wird[307], haftet die öffentliche Hand in der Regel wegen eines Verschuldens des Privatunternehmers nur ausnahmsweise nach Amtshaftungsrecht. Aufgrund der selbständigen Vorgehensweise des Unternehmers ist auch das für den Bereich der Eingriffsverwaltung entwickelte - und lediglich in der Entscheidung vom 27.1.1994[308] auch auf den Bereich der schlicht-hoheitlichen Verwaltung übertragene - Kriterium des "begrenzten eigenen Entscheidungsspielraums" im Bereich der schlicht-hoheitlichen Verwaltung wirkungslos und wird in der Konsequenz nicht zu einer Haftungserweiterung der öffentlichen Hand führen. Dies bestätigt auch ein Blick auf die im Bereich der Amtshaftung gefällten Entscheidungen, in denen nur in einem Fall von einer Werkzeugeigenschaft des Unternehmers ausgegangen wurde und eine Haftung des Staates für das Verschulden des Unternehmers nach Amtshaftungsgrundsätzen erfolgte[309]. Dem entspricht es, wenn der Bundesgerichtshof selbst die Bejahung der Voraussetzungen der Werkzeugtheorie im Zusammenhang mit der Tätigkeit eines selbständigen Privatunternehmers als "ausnahmsweise Fallgestaltung"[310] bezeichnet.

Im Schrifttum ist deshalb auch der Vorwurf erhoben worden, die Anwendung der Werkzeugtheorie ermuntere die Behörden zu einer "Flucht ins Privatrecht"[311], da es der Staat bei Zugrundelegung der Werkzeugtheorie selbst in der Hand habe, durch die Vergabe möglichst weisungsfreier Aufträge an einen Privatunternehmer

---

[306] BGH JZ 1994, S. 784
[307] Notthoff, NVwZ 1994, S. 771f
[308] BGH JZ 1994, S. 784f
[309] So in: BGH NJW 1980, S. 1679
[310] BGH NJW 1971, S. 2220f
[311] Schimikowsky, VersR 1984, S. 315 (317); Notthoff, NVwZ 1994, S. 771f

eine öffentlich-rechtliche Haftung auszuschließen[312]. Papier[313] bezeichnet den Ausschluß der Amtshaftung in diesem Zusammenhang deshalb auch als "rechtspolitisch unvertretbar, rechtsdogmatisch nicht zwingend und zu rechtssystematisch untragbaren Ergebnissen" führend.

Durch den Ausschluß der Amtshaftung in weiten Bereichen der schlicht-hoheitlichen Verwaltung ist der Geschädigte - will er Ansprüche gegen Staat geltend machen - allein auf das Zivilrecht verwiesen. Wird allein an eine Handlung des Privatunternehmers angeknüpft, so kommt eine zivilrechtliche Haftung nach § 831 BGB wegen vermuteten Auswahl- und Überwachungsverschuldens seitens der Behörde nur dann in Betracht, wenn der Unternehmer als Verrichtungsgehilfe der Behörde anzusehen ist. In diesem Fall kann sich die öffentliche Hand der Haftung jedoch dadurch entziehen, daß sie den Entlastungsbeweis für die sorgfältige Auswahl und Überwachung des Unternehmers antritt (§ 831 Abs. 1 Satz 2 BGB). Zur Annahme der Verrichtungsgehilfeneigenschaft des Privatunternehmers ist erforderlich, daß er als eine Hilfsperson angesehen werden kann, die im Hinblick auf eine Tätigkeit höherer oder niederer, entgeltlicher oder unentgeltlicher Art Weisungen unterlegen ist[314].

Von der Rechtsprechung[315] wird das Weisungsrecht im Sinne von § 831 BGB als Befugnis umschrieben, die Tätigkeit des Handelnden jederzeit beschränken, entziehen oder nach Zeit und Umfang bestimmen zu können, wobei das Schwergewicht der Beurteilung auf Umfang und Zeit liegt. Unter Zugrundelegung dieser Definition wird der selbständige Privatunternehmer nur in Ausnahmefällen als Verrichtungsgehilfe der Behörde anzusehen sein[316], da ihm zwar in der Regel ein äußerer zeitlicher Rahmen zur Erfüllung der Aufgabe vorgegeben ist, er im übrigen aber frei darin ist, wie er die konkreten Arbeiten ausführen möchte, insbesondere nach welchem zeitlichen Ablauf. Auch kann die Weisungsgebundenheit nicht schon darin gesehen werden, daß dem Privaten die schuldrechtliche Verpflichtung obliegt, die geschuldete Leistung zu erbringen[317], vielmehr ist eine

---

312 Medicus, JZ 1967, S. 63f; Schröder, JuS 1969, S. 25 (27); Kühlhorn, Haftung für die durch Verwaltungshilfe Privater entstandenen Schäden, S. 109f, 115ff; Ossenbühl, Staatshaftungsrecht, S. 21ff; ders., JuS 1973, S. 421 (423); Papier in: Maunz / Dürig, Grundgesetz, Art. 34, Rn. 98f; ders. in: Münchner Kommentar zum BGB, § 839, Rn. 118; Jacobs, Staatshaftungsrecht, Rn. 154; Würtenberger, DAR 1983, S. 155 (160); Ehlers, Verwaltung in Privatrechtsform, S. 505

313 Papier in: Maunz / Dürig, Grundgesetz, Art. 34, Rn. 99

314 Palandt-Thomas, Bürgerliches Gesetzbuch, § 831 Rn. 6

315 BGHZ 45, 313

316 BGH VersR 1953, S. 479; BGH VersR 1960, S. 134 (136); BGH VersR 1964, S. 1070 (1072); OLG Düsseldorf, VersR 1972, S. 158f

317 Jauernig-Teichmann, BGB, § 831 2.a)aa)

umfassende Abhängigkeit der Hilfsperson im Hinblick auf die Erbringung ihrer Tätigkeit vonnöten[318].

Vergleicht man diese Merkmale des Verrichtungsgehilfen mit denen der Werkzeugtheorie, so zeigt sich, daß sie im wesentlichen identisch sind. Auch im Rahmen eines Amtshaftungsanspruchs soll das Handeln des Privaten der Behörde nur dann zuzurechnen sein, wenn er im Hinblick auf seine Tätigkeit dem Einfluß der Behörde untersteht und weisungsgebunden handelt. Diese Übereinstimmung in den Haftungsvoraussetzungen führt dazu, daß der Staat bei Einschaltung eines selbständigen Privatunternehmers in der Regel weder nach öffentlichem Recht (§ 839 Abs. 1 BGB iVm. Art. 34 Satz 1 GG) noch nach Zivilrecht (§ 831 BGB) haftet, weil der Unternehmer aufgrund seiner selbständigen Handlungsweise weder als "Werkzeug" noch als Verrichtungsgehilfe angesehen werden kann. Im übrigen haftet der Staat nur dann nach Amtshaftungsgrundsätzen, wenn der Geschädigte beweisen kann, daß die Behörde sich bei der Auswahl, Überwachung oder Abnahme des Werks einen Amtspflichtverstoß zuschulden hat kommen lassen. Gleiches gilt für eine zivilrechtliche Haftung nach §§ 823 ff BGB wegen eines Auswahl-, Überwachungs- oder Organisationsverschuldens[319].
Einem derartigen Ausschluß der Amtshaftung in weiten Bereichen der schlicht-hoheitlichen Verwaltung bei einem gleichzeitigen Verweis auf das Zivilrecht stehen erhebliche dogmatische Bedenken entgegen: So läßt sich Art. 34 Satz 1 GG keine Beschränkung dahingehend entnehmen, daß eine Staatshaftung für Privatunternehmer nur dann erfolgen soll, wenn der Private als Werkzeug der Behörde anzusehen ist. Vielmehr kann der Wortlaut des Art. 34 Satz 1 GG - bei Außerachtlassung seiner Entstehungsgeschichte - auch dahingehend ausgelegt werden, daß er eine unmittelbare Verantwortlichkeit des jeweiligen Trägers öffentlicher Gewalt begründet[320]. Insoweit gebietet Art. 34 Satz 1 GG zwar keine unmittelbare Haftung, steht ihr aber auch nicht entgegen[321]. Nach dem geltenden System stellt sich die Staatshaftung jedoch als eine übergeleitete Beamtenhaftung dar und setzt demzufolge einen durch einen Amtsträger verursachten Amtspflichtverstoß voraus[322]. Im Gegensatz zu § 839 Abs. 1 BGB verwendet Art. 34 Satz 1 GG jedoch nicht den Begriff des Beamten, sondern läßt es ausreichen, daß "jemand in Ausübung eines ihm anvertrauten öffentlichen Amtes" einen Schaden verursacht. Durch diesen Verzicht auf den spezifisch beamtenrechtlichen Täterbegriff[323] wird

---

[318] Jauernig-Teichmann, BGB, § 831 2.a)aa)
[319] BGH DB 1965, S. 324; NJW 1963, S. 904; ebenso: Palandt-Thomas, BGB, § 823, Rn. 158; vgl. auch: Kötz, Deliktsrecht, S. 135
[320] Bonk in: Sachs, Grundgesetz, Art. 34, Rn. 53
[321] BVerfGE 61, 149 (198f)
[322] Papier in: Maunz / Dürig, Grundgesetz, Art. 34, Rn. 24
[323] Papier in: Maunz / Dürig, Grundgesetz, Art. 34, Rn. 99

es möglich, eine Haftungsübernahme auch für nicht-beamtete Personen in Betracht zu ziehen, insbesondere auch für die zur Erfüllung öffentlicher Aufgaben eingeschalteten selbständigen Privatunternehmer.

Insoweit begegnet es Bedenken, wenn der Bundesgerichtshof die Haftung für selbständige Privatunternehmer ausschließlich davon abhängig machen will, wie das Innenverhältnis zwischen der Behörde und dem Unternehmer ausgestaltet ist und in der Regel eine öffentlich-rechtliche Haftung der Behörde an der Beauftragung des Unternehmers auf zivilrechtlicher Basis (§§ 611, 631 BGB) scheitern läßt. Gegen diese Vorgehensweise spricht, daß mit dem Innenverhältnis zwischen Verwaltung und Unternehmer und dem Außenverhältnis zwischen Verwaltung und Geschädigtem zwei verschiedene rechtliche Ebenen bestehen[324], die vollkommen unabhängig voneinander sind[325]. Unter dem Aspekt der Rechtssicherheit ist vor allem von Bedeutung, wie sich aus der Sicht des Geschädigten die vom Privatunternehmer durchgeführte Maßnahme darstellt. Der Geschädigte geht in der Regel davon aus, daß sich die Verwaltung des Privatunternehmers lediglich als technischen Ausführungsorgans bedient und auf dem Privatrechtsweg bloß die tatsächlichen Voraussetzungen zur Erfüllung der ihr obliegenden hoheitlichen Aufgaben schafft[326]. Die Beauftragung des Unternehmers stellt sich lediglich als interner Beschaffungsvorgang[327] dar, der allerdings - im Unterschied zur Fiskalverwaltung - der Aufgabenerfüllung im öffentlich-rechtlichen Pflichtenkreis dient. Diese Einbeziehung des Unternehmers in den öffentlichen Aufgabenkreis bleibt für den Geschädigten jedoch ein verwaltungsinterner Vorgang, so daß für ihn nach außen in erster Linie die Behörde auftritt[328]. Dies gilt um so mehr, als der Privatunternehmer ausschließlich deshalb tätig wird, um seine Pflicht aus dem zivilrechtlichen Vertrag zu erfüllen[329]. Dementsprechend kann allein von der zivilrechtlichen Ausgestaltung des Innenverhältnisses nicht auf den Ausschluß der Amtshaftung geschlossen werden. Dem entspricht es, daß nach einhelliger Ansicht eine öffentlich-rechtliche Haftung des Staates für die Angestellten und Arbeiter im öffentlichen Dienst nicht daran scheitert, daß deren Arbeitsverträge - und damit das Innenverhältnis zur Behörde - zivilrechtlich[330] ausgestaltet sind[331].

---

[324] Leisner, AöR 93 (1968), S. 161 (182); Ossenbühl, DÖV 1971, S. 513 (522f); Hoffmann-Becking, JuS 1972, S. 509
[325] Hoffmann-Becking, JuS 1972, S. 509; Weißen, JA 1980, S. 477 (479)
[326] Weißen, JA 1980, S. 477 (479)
[327] So auch Weißen, JA 1980, S. 477 (479)
[328] Weißen, JA 1980, S. 477 (479)
[329] So auch OLG Celle, VersR 1968, S. 76 (re.Sp. unten)
[330] Maurer, Allgemeines Verwaltungsrecht, § 3, Rn. 7
[331] Ossenbühl, JuS 1973, S. 421 (423); Seibert, JuS 1985, S. 625 (631)

Soweit der Ausschluß der öffentlich-rechtlichen Haftung des Staates nach § 839 Abs. 1 BGB iVm. Art. 34 Satz 1 GG mit dem Wahlrecht der Behörde, Aufgaben der schlicht-hoheitlichen Verwaltung privatrechtlich oder öffentlich-rechtlich erfüllen zu können, begründet wird, ist dies in dieser Allgemeinheit nicht zutreffend, da es die Verwaltung ansonsten grundsätzlich selbst in der Hand hätte, über das Haftungsregime zu entscheiden, dem ihr Handeln unterstellt sein soll[332]. Ein derartiger Zweck kann jedoch der Zuerkennung eines Wahlrechts zumindest nicht ausschließlich entnommen werden. Vielmehr dient das Wahlrecht in erster Linie dazu, diejenige Form auswählen zu können, in der sich die öffentliche Aufgabe am besten und effektivsten erfüllen läßt[333]. Von einer effektiven Verwaltungsarbeit profitiert aber auch der Bürger, sei es, daß die Aufgabenerfüllung durch den Privatunternehmer kostengünstiger durchgeführt werden kann, sei es, daß durch die Entlastung der Verwaltung seine Anträge schneller bearbeitet werden. Ist somit Zweck des Wahlrechts auch die Besserstellung des Bürgers, so ist nicht nachvollziehbar, daß der Ausübung des Wahlrechts durch die Behörde zugunsten der zivilrechtlichen Aufgabenerledigung grundsätzlich die Konsequenz folgen soll, daß gleichzeitig auch das Eingreifen öffentlich-rechtlicher Haftungsnormen ausgeschlossen wird. Dies gilt um so mehr, als sich die Verwaltung bei einem solchen Vorgehen sich dem eigens zu ihrer Disziplinierung geschaffenen öffentlich-rechtlichen Rechtsregime entziehen könnte[334]. Darüber hinaus ist unbestritten, daß die Wahl der Rechtsform im Ermessen der Verwaltung liegt[335]. Intendiert die Verwaltung mit der Einschaltung privater Kräfte jedoch in erster Linie den Ausschluß der öffentlich-rechtlichen Haftung, so handelt es sich hierbei um eine rechtswidrige Ausübung des Ermessens, die angesichts der erheblichen Nachteile einer nur zivilrechtlichen Haftung auch nicht dadurch aufgehoben werden kann, daß auch noch weitere sachgerechte Gründe - wie etwa die Effizienz des Verwaltungshandelns - mitentscheidend waren.

Hinsichtlich der haftungsrechtlichen Auswirkungen der zivilrechtlichen Ausgestaltung des Innenverhältnisses gilt es des weiteren zu beachten, daß die Behörde in der Regel keine andere Wahl hat, als den Unternehmer mittels zivilrechtlichen Vertrages zu verpflichten. Ein öffentlich-rechtlicher Vertrag im Sinne von § 54 VwVfG liegt in diesen Fällen nicht vor, da durch die Heranziehung des Unternehmers auf vertraglicher Grundlage nicht eine unmittelbare Änderung oder Aus-

---

[332] Ehlers in: Erichsen, Allgemeines Verwaltungsrecht, § 2, Rn. 38

[333] Maurer, Allgemeines Verwaltungsrecht, § 3, Rn. 9

[334] Ehlers in: Erichsen, Allgemeines Verwaltungsrecht, § 2, Rn. 38

[335] Vgl. BVerwGE 13, 47 (54); BVerwGE MDR 1976, S. 874f; NJW 1990, S. 134; NJW 1993, S. 2695 (2697); NJW 1994, S. 1169; BGHZ 37, 1; 91, 84 (86); 115, 311 (313); Gries / Willebrand, JuS 1990, S. 103ff; Maurer, Allgemeines Verwaltungsrecht, § 3, Rn. 9; Ehlers in: Erichsen, Allgemeines Verwaltungsrecht, § 2, Rn. 33

gestaltung einer öffentlich-rechtlichen Berechtigung oder Verpflichtung selbst geregelt wird, sondern der Vertrag nur ihrer Erfüllung dient[336]. Auch eine hoheitliche Heranziehung des Privatunternehmers als Nichtstörer ist allenfalls im Bereich der Eingriffsverwaltung denkbar, wenn die Polizei etwa einen zufällig vorbeikommenden Abschleppunternehmer durch Verwaltungsakt zum Abschleppen eines den Verkehr unmittelbar gefährdenden Fahrzeugs verpflichtet[337]. Eine Inanspruchnahme als Nichtstörer setzt jedoch aus Gründen der Verhältnismäßigkeit voraus, daß eine Störungsbeseitigung durch die Behörde durch eigene Bedienstete oder auf vertraglicher Grundlage mit dem Abschleppunternehmer nicht möglich ist[338]. Im Bereich der schlicht-hoheitlichen Verwaltung bleibt es jedoch dabei, daß die Behörde auf den Abschluß privatrechtlicher Verträge zwingend angewiesen ist, so daß aus der zivilrechtlichen Ausgestaltung des Innenverhältnisses allein nicht schon auf den Ausschluß der Amtshaftungsgrundsätze geschlossen werden kann.

Das Abstellen auf die rechtliche Ausgestaltung des Innenverhältnisses - insbesondere auf das Vorhandensein von Weisungen - begegnet darüber hinaus Bedenken, weil auf diese Weise die Haftungslage aus Sicht des Geschädigten verunsichert wird[339]. Dieser weiß nicht, ob der Unternehmer aufgrund einer Weisung gehandelt hat oder ob die Behörde starken Einfluß auf dessen Arbeit genommen hat und wer folglich der richtige Anspruchsgegner ist, so daß den Geschädigten ein nicht unerhebliches Prozeßkostenrisiko trifft. Der Bundesgerichtshof berücksichtigt diese fehlende Einblicksmöglichkeit des Geschädigten in das Innenverhältnis nur teilweise im Rahmen der Subsidiaritätsklausel des § 839 Abs. 1 Satz 2 BGB[340]. Insoweit kann der Geschädigte im Rahmen eines Amtshaftungsanspruchs nicht auf eine anderweitige Ersatzmöglichkeit durch Inanspruchnahme des Privatunternehmers nach § 823 BGB verwiesen werden, da es ihm im Hinblick auf seine Unkenntnis der Ausgestaltung des Innenverhältnisses nicht zuzumuten und durch die Vorschrift des § 839 Abs. 1 Satz 2 BGB auch nicht geboten ist, einen Prozeß gegen den Bauunternehmer zu führen[341]. Im übrigen bleibt es jedoch bei den geäußerten Bedenken hinsichtlich des Prozeßkostenrisikos. Dies

---

[336] Kopp, Verwaltungsverfahrensgesetz, § 54, Rn. 11; vgl. auch OVG Münster, NVwZ 1991, S. 61

[337] Windthorst/ Sproll, Staatshaftungsrecht, § 7, Rn. 32

[338] Vgl. Art. 10 Abs. 1 Nr. 3 des Bayerischen Polizeiaufgabengesetz vom 14. September 1990 (GVBl. S. 397, BayRS 2012-1-1-I)

[339] Ossenbühl, JuS 1973, S. 421; Ehlers, S. 505; Steinberg / Lubberger, Aufopferung - Enteignung und Staatshaftung, S. 269f; Gotzen, VR 1994, S. 170 (171f); Notthoff, NVwZ 1994, S. 771f

[340] BGH NJW 1971, S. 2220 (2222); siehe auch: Kühlhorn, Haftung für die durch Verwaltungshilfe Privater entstandenen Schäden, S. 117

[341] BGH NJW 1971, S. 2220 (2222)

gilt umso mehr, als durch die Rechtsprechung bislang keine genaue Definition der Voraussetzungen des Weisungserteilens und der Einflußnahme durch Beaufsichtigung erfolgt ist, sondern lediglich Beispielsfälle genannt werden, so daß auf Seiten des Geschädigten ein erhebliches, über das normale Maß hinausgehendes Prozeßrisiko selbst bei Kenntnis der genauen rechtlichen Ausgestaltung des Innenverhältnisses besteht.

Die Werkzeugtheorie begegnet darüber hinaus im Hinblick auf Art. 34 Satz 1 GG Bedenken, soweit der Bundesgerichtshof eine Zurechnung der Tätigkeit des Privatunternehmers bzw. seines Verschuldens in den behördlichen Bereich vornimmt[342]. Zwar findet auch im Rahmen von Art. 34 Satz 1 GG eine Zurechnung des Verschuldens eines Amtswalters dahingehend statt, daß nicht dieser, sondern der Staat oder eine sonstige Körperschaft öffentlichen Rechts haftet. Die Werkzeugtheorie qualifiziert den privaten Unternehmer jedoch nicht als Amtswalter[343], sondern rechnet sein Verhalten lediglich dem behördlichen Bereich zu. Dies wird auch dadurch belegt, daß der Unternehmer in keiner Entscheidung als in Ausübung eines öffentlichen Amtes (Art. 34 Satz 1 GG) handelnd oder als Beamter im haftungsrechtlichen Sinne bezeichnet wird. Darüber hinaus spricht der Bundesgerichtshof davon, daß der Behörde das Verschulden "wie eigenes"[344] "zugerechnet"[345] werden müsse. Wenn nach der Werkzeugtheorie demzufolge fremdes Verschulden lediglich zugerechnet wird, so verstößt dies gegen den Grundsatz, daß Art. 34 Satz 1 GG die Amtshaftung nur bei einem Verschulden eines Amtswalters, nicht jedoch bei einem Verschulden von Hilfspersonen des Amtswalters vorsieht[346]. Anders als im Rahmen verwaltungsrechtlicher Schuldverhältnisse, wo die Verletzung vertraglicher Pflichten auch durch Erfüllungsgehilfen des Schuldners möglich ist (§ 278 BGB), knüpft die Amtshaftung an einen Amtspflichtverstoß an. Einen solchen kann jedoch im Gegensatz zu einer Vertragsverletzung immer nur der Amtswalter selbst, nicht jedoch eine von ihm eingeschaltete Hilfsperson begehen, es sei denn, diese wäre selbst als Beamte im haftungsrechtlichen Sinne (Art. 34 Satz 1 GG) anzusehen. Demzufolge kann eine öffentlich-rechtliche Haftung im Rahmen von § 839 Abs. 1 BGB iVm. Art. 34 Satz 1 GG, die an ein Verschulden des Privaten anknüpft, dogmatisch zutreffend nur damit begründet werden, daß der Private selbst als Amtswalter im Sinne von Art. 34 Satz 1 GG anzusehen ist.

---

342 BGH NJW 1980, S. 1679; JZ 1994, S. 784f

343 A.A. insoweit Kühlhorn, Haftung für die durch Verwaltungshilfe Privater entstandenen Schäden, S. 120, Fn. 362

344 BGH VersR 1967, S. 859 (861); BGHZ 48, 98 (103); VersR 1973, S. 417f

345 BGH NJW 1980, S. 1679; JZ 1994, S. 784f

346 Kühlhorn, Haftung für die durch Verwaltungshilfe Privater entstandenen Schäden, S. 115

Darüber hinaus begegnet die Werkzeugtheorie Bedenken, soweit sie durch den Bundesgerichtshof damit begründet wird, daß der dem Privatunternehmer zu machende Schuldvorwurf als um so geringer anzusehen sei, je größer der Einfluß der Behörde gewesen ist[347]. Diese Aussage ist im Ergebnis zwar zutreffend, dennoch ist sie nicht geeignet, das Eingreifen oder den Ausschluß von Amtshaftungsgrundsätzen zu begründen. Der Bundesgerichtshof läßt insoweit außer Betracht, daß Hauptzweck einer Haftungsüberleitung vom Privaten auf den Staat das Anliegen ist, dem Geschädigten mit dem Staat einen solventen Schuldner gegenüberzustellen[348], wenn ihm durch einen Amtsträger ein Schaden in Ausübung eines öffentlichen Amtes zugefügt worden. Das zweite Motiv für eine Haftungsübernahme, den Amtsträger bei leichtem Verschulden vor Regreßansprüchen zu schützen[349] und auf diese Weise seine Entscheidungsbereitschaft zu fördern, ist im Bereich der schlicht-hoheitlichen Verwaltung im Hinblick auf den selbständigen Privatunternehmer weitestgehend ohne Bedeutung. Für den Bereich der Eingriffsverwaltung kann dies anders zu beurteilen sein, weil es dort häufig auf schnelle Entscheidungen ankommt, die auch der Unternehmer frei von der Furcht vor haftungsrechtlichen Konsequenzen treffen soll[350]. Im Bereich der schlicht-hoheitlichen Verwaltung besteht ein solches Bedürfnis nach einer Stärkung der Entscheidungsfreude des Unternehmers jedoch in der Regel nicht. Demzufolge kommt dem Grad des Verschuldens durch den Privatunternehmer keine Bedeutung für die Entscheidung über eine Haftungsübernahme zu; die Bewertung des Verschuldens des Privaten ist im Bereich der öffentlich-rechtlichen Haftung ausschließlich für einen eventuellen Innenregreß der Behörde gegen den Privaten gemäß Art. 34 Satz 2 GG von Bedeutung, wenn dieser als Beamter im haftungsrechtlichen Sinne anzusehen ist.

(2) Der Bereich der Eingriffsverwaltung

In der Entscheidung vom 21.1.1993 zur Haftung für den Fahrer eines Abschleppunternehmens[351] vertritt der Bundesgerichtshof die Ansicht, daß die öffentliche Hand sich für fehlerhaftes Verhalten ihrer Bediensteten im Bereich der Eingriffsverwaltung grundsätzlich nicht dadurch entziehen kann, daß sie die Durchführung einer von ihr angeordneten Maßnahme durch privatrechtlichen Vertrag auf einen privaten Unternehmer überträgt.

---

[347] BGH VersR 1967, S. 859 (861)

[348] Dagtoglou in: Kommentar zum Bonner Grundgesetz, Art. 34, Rn. 2; Bettermann, GR III/2, S. 830f; Papier in: Isensee / Kirchhof, Handbuch des Staatrechts, Band VI, § 157, Rn. 12

[349] RGZ 163, 89; 166, 7; 168, 158

[350] Schimikowski, VersR 1984, S. 315 (317)

[351] BGH NJW 1993, S. 1258ff

Soweit diese Ansicht darauf beruht, daß im Bereich der Eingriffsverwaltung eingeschaltete Unternehmer als Beamte im haftungsrechtlichen Sinne anzusehen sind[352], ist dieser rechtlichen Qualifizierung des Privaten zuzustimmen. Insoweit scheitert nach Ansicht der Rechtsprechung eine Amtshaftung, die ausschließlich an ein Verschulden des Privatunternehmers anknüpft, im Gegensatz zum Bereich der schlicht-hoheitlichen Verwaltung nicht schon daran, daß der Unternehmer aufgrund eines zivilrechtlichen Vertrages für die Behörde tätig geworden ist[353].

Soweit das Eingreifen öffentlich-rechtlicher Haftungsvorschriften (auch) damit begründet wird, daß es auf den Charakter der übertragenen Aufgabe ankommt, berücksichtigt der Bundesgerichtshof in zutreffender Weise, daß es im Rahmen von Art. 34 Satz 1 GG nicht darauf ankommt, welchen rechtlichen Status die handelnde Person hat[354], d.h., es unerheblich ist, ob sie aufgrund der Beamtengesetze zum Beamten ernannt ist. Vielmehr ist entscheidend, welche Art von Aufgaben der Privatunternehmer erfüllt. Zutreffend führt der Bundesgerichtshof aus, daß es für die staatshaftungsrechtliche Würdigung des Vorgangs allein auf das Verhältnis zwischen der für die Bergungsmaßnahme verantwortlichen Polizei und der geschädigten Klägerin, also auf das nach außen manifestierte Handeln als "Erfüllungsgehilfe" des Träger öffentlicher Gewalt ankommt[355]. Die Verwendung des Begriffes "Erfüllungsgehilfe" ist in diesem Zusammenhang jedoch zumindest mißverständlich, da dieser Begriff der Zurechnungsnorm des § 278 BGB entnommen wurde und die Rechtsprechung dementsprechend dahingehend interpretiert werden könnte, daß das schadensverursachende Verhalten des Unternehmers lediglich einem Träger öffentlicher Gewalt, der nicht identisch mit einer haftenden Körperschaft sein muß, zugerechnet würde. Daß dies jedoch nicht der Fall ist, wird durch die mehrmalige Bezeichnung des Privaten als "Beamten im haftungsrechtliche Sinne"[356] belegt. Bei Zugrundelegung dieser zutreffenden rechtlichen Qualifizierung des Privatunternehmers wird dessen Handeln jedoch gerade nicht einem Amtswalter zugerechnet, sondern vielmehr der Unternehmer selbst als in Ausübung eines öffentlichen Amtes (Art. 34 Satz 1 GG) handelnd angesehen.

Die Rechtsprechung zur Haftung im Bereich der Eingriffsverwaltung begegnet jedoch Bedenken, soweit die haftungsrechtliche Beamteneigenschaft neben dem Charakter der wahrzunehmenden Aufgabe von der Sachnähe der übertragenen Tätigkeit zu der zu erfüllenden Aufgabe und dem Grad der Eingliederung des

---

352 BGH NJW 1993, S. 1258 (1259, li. u. re. Sp. unten)

353 BGH NJW 1993, S. 1258 (1259, re. Sp. Mitte)

354 Maurer, Allgemeines Verwaltungsrecht, § 25, Rn. 12; Papier in: Maunz / Dürig, Grundgesetz, Art. 34, Rn. 90

355 BGH NJW 1993, S. 1258 (1259, re. Sp. Mitte)

356 BGH NJW 1993, S. 1258 (1259, li. und re. Sp. unten)

Unternehmers in den behördlichen Bereich abhängig gemacht wird[357]. Beiden Kriterien läßt sich bereits allgemein entgegenhalten, daß sie keine Trennschärfe aufweisen, sondern vielmehr "generalklauselartig und schwammig"[358] sind. Unter dem Aspekt der Rechtssicherheit ist die Verwendung derart unbestimmter Begriffe bedenklich und ungeeignet, über das Eingreifen öffentlich-rechtlicher Haftungsnormen zu entscheiden.

Dies gilt um so mehr, als der Bundesgerichtshof in seinem Urteil keine oder nur unklare Aussagen darüber macht, wie die beiden genannten Kriterien zu verstehen sind. So finden sich zur "Sachnähe" keine weiteren Aussagen und auch die Ausführungen zur Einbindung des Privatunternehmers in den behördlichen Bereich enthalten keine eindeutigen Festlegungen. So soll für eine Einbindung sprechen, daß die Beamten die Bergung überwachten und Maßnahmen zur Sicherung des Unfallorts trafen[359]. Andererseits wird es als "naheliegend" bezeichnet, daß es für die Einbindung des Privaten in die behördliche Vollstreckungsmaßnahme genügt, daß die Beamten schon im Interesse gefährdeter Verkehrsteilnehmer verpflichtet waren, die Bergung zu überwachen und die dazu erforderlichen Sicherungsmaßnahmen zu treffen[360]. Insoweit begegnet das Kriterium der Einbindung nicht nur wegen seiner fehlenden Aussagekraft, sondern unter einem weiteren Aspekt Bedenken: Wird es als naheliegende Erwägung bezeichnet, daß auch eine nur abstrakt bestehende Überwachungspflicht für eine Einbindung in das behördliche Handeln ausreichend sein soll, so knüpft ein Amtshaftungsanspruch in diesem Fall nicht mehr an ein Handeln des Privatunternehmers, sondern vielmehr an eine Vernachlässigung der Überwachungspflicht seitens der Behörde an. In diesem Fall steht jedoch nicht mehr die Qualifikation des Unternehmers als Beamten im haftungsrechtlichen Sinn zur Diskussion, da bereits ein Amtspflichtverstoß durch einen Behördenangehörigen ursächlich für den Schaden geworden ist.

Wenn der Bundesgerichtshof des weiteren ausführt, daß aus der Überwachungspflicht zugleich folge, daß der eingeschaltete Private bei der Durchführung des Bergungsvorgangs über einen nur sehr begrenzten Entscheidungsspielraum verfügte und seine Stellung dementsprechend einem Verwaltungshelfer angenähert gewesen sei[361], so wird dadurch die Annahme einer haftungsrechtlichen Beamteneigenschaft des privaten Unternehmers letztlich auch davon abhängig gemacht, inwieweit der Private selbständig tätig werden durfte oder nicht. Insoweit kann die Rechtsprechung dahingehend interpretiert werden, daß eine Haftung für

[357] BGH NJW 1993, S. 1258 (1259, li. Sp. unten)
[358] Würtenberger, Anm. in JZ 1993, S. 1001 (1004)
[359] BGH NJW 1993, S. 1258 (1259, re. Sp. Mitte)
[360] BGH NJW 1993, S. 1258 (1259, re. Sp. Mitte)
[361] BGH NJW 1993, S. 1258 (1259, re.Sp.)

Privatunternehmer im Bereich der Eingriffsverwaltung dann ausscheiden soll, wenn ihm bei der Erfüllung einer Maßnahme im Bereich der Eingriffsverwaltung in rechtlicher Hinsicht ein größerer Entscheidungsspielraum zusteht. Dies hätte insbesondere für die Fälle Auswirkungen, in denen der Schaden nicht beim Bergungs- oder Abschleppvorgang selbst, sondern beim weiteren Transport durch den Unternehmer verursacht worden ist[362], da der Unternehmer in diesem Bereich über einen größeren Entscheidungsspielraum verfügt, als beim konkreten Bergungsvorgang. Wenn auf diese Weise diejenigen schadensverursachenden Handlungen ausgeklammert werden sollen, die nicht zum konkreten Bergungsvorgang gehören, so spaltet der Bundesgerichtshof einen einheitlichen Lebenssachverhalt hinsichtlich der haftungsrechtlichen Beurteilung unnatürlich auf. Ein derartiger Ausschluß der Amtshaftung ist jedoch mit dem Sinn und Zweck der Haftungsüberleitung nach Art. 34 Satz 1 GG, dem Schuldner bei hoheitlichem Handeln des Staates einen solventen Schuldner gegenüberzustellen, nicht vereinbar.

ee. Die Anwendung von § 831 BGB auch im Bereich des Amtshaftungsanspruchs (§ 839 Abs. 1 BGB iVm. Art. 34 Satz 1 GG)

Unter Bezugnahme auf die Rechtsprechung des Bundesgerichtshofs - insbesondere auf die Werkzeugtheorie - wird die Haftungsfrage bei der Einschaltung privater Kräfte zur Erfüllung öffentlicher Aufgaben teilweise dahingehend gelöst, daß § 831 BGB auch auf den Amtshaftungsanspruch angewendet wird[363]. Insoweit wird eine Zweiteilung dahingehend vorgenommen, daß eine Haftung für Amtswalter nach § 839 Abs. 1 BGB iVm. Art. 34 Satz 1 GG einerseits und für private Hilfspersonen nach § 839 Abs. 1 iVm. § 831 BGB iVm. Art. 34 Satz 1 GG andererseits vorgenommen wird. Als Amtswalter im Sinne von Art. 34 Satz 1 GG werden nur diejenigen privaten Kräfte angesehen, die mit hoheitlichen Kompetenzen beliehenen wurden, so daß dem selbständigen Privatunternehmer sowie dem unselbständigen Verwaltungshelfer, die nicht mit hoheitlichen Kompetenzen beliehen worden sind, folglich kein öffentliches Amt im Sinne von Art. 34 Satz 1 GG anvertraut worden sein soll[364]. Nach dieser Auffassung soll ein Amtshaftungsanspruch beim Verschulden der zuletzt genannten Personen jedoch dann gegeben sein, wenn diese als Verrichtungsgehilfen (§ 831 BGB) des sie beauftragenden Amtswalters anzusehen sind, weil § 831 BGB auch im Rahmen eines Amtshaftungsanspruchs gelte[365]. Dies wird damit begründet, daß dieses Haftungssystem

---

[362] Osterloh, Anm. in JuS 1994, S. 475

[363] Püttner, Festschrift für Lange, (1992), S. 697 (699); Kreissl, NVwZ 1994, S. 349 (350ff)

[364] Kreissl, NVwZ 1994, S. 349f

[365] Püttner, Festschrift für Lange (1992), S. 697 (699); Kreissl, NVwZ 1994, S. 349f

auch der Rechtsprechung des Bundesgerichtshofs zugrundeliege, da im Rahmen der Werkzeugtheorie die Kriterien des § 831 BGB Anwendung finden würden[366].

Bereits in dieser Bewertung der Rechtsprechung des Bundesgerichtshofs ist dieser Auffassung nicht zuzustimmen: Würde der Bundesgerichtshof im Rahmen der Werkzeugtheorie tatsächlich § 831 BGB anwenden, so dürfte das Verschulden des Unternehmers der Behörde nicht zugerechnet werden, sondern vielmehr müßte Anknüpfungspunkt einer Haftung ein vermutetes Eigenverschulden der Behörde bei der Auswahl und Überwachung des Unternehmers sein. Tatsächlich spricht der Bundesgerichtshof jedoch davon, daß die Behörde das Vorgehen des Privaten gegen sich "wie eigenes"[367] gelten lassen müßte. Diese Formulierung ist sprachlich und inhaltlich der des § 278 BGB, nicht jedoch der des § 831 BGB angenähert, da bei § 831 gerade kein fremdes Verschulden "wie eigenes" zugerechnet wird, sondern Anknüpfungspunkt einer Haftung ein vermutetes, eigenes Verschulden des Geschäftsherrn bei der Auswahl und Überwachung des Verrichtungsgehilfen ist.

Darüber hinaus steht der genannten Auffassung entgegen, daß § 831 BGB im Rahmen einer öffentlich-rechtlichen Haftung des Staates nicht anwendbar ist[368], da § 839 BGB die Beamtenhaftung für schuldhaftes Verhalten erschöpfend regelt[369]. Hinsichtlich der Vorschrift des § 831 BGB kann dies damit begründet werden, daß § 839 BGB in erster Linie eine den Beamten schützende Vorschrift ist[370]. Zwar wird einerseits durch § 839 BGB die Haftung des Beamten gegenüber § 823 BGB dadurch erweitert, daß die Haftung auf Vermögensschäden erstreckt wird, wenn eine Amtspflichtverletzung begangen worden ist[371]. Im übrigen enthält § 839 BGB jedoch zahlreiche Schutzvorschriften zugunsten des Beamten, wie die Subsidiaritätsklausel (§ 839 Abs. 1 Satz 2 BGB), das Spruchrichterprivileg (§ 839 Abs. 2 BGB) sowie die Regelung eines Mitverschuldens des Geschädigten im Fall vorsätzlicher oder fahrlässiger Nichteinlegung von Rechtsmitteln (§ 839 Abs. 3 BGB). Aus dieser Konstruktion von § 839 BGB läßt sich eine gesetzgeberische Wertung dahingehend entnehmen, daß § 839 BGB vor allem dem Schutze des Beamten dienen soll. Durch eine Anwendung von § 831 BGB insoweit würde jedoch der gegenteilige Effekt erzielt werden, da der Beamte in diesen Fällen zusätzlich für ein vermutetes Eigenverschulden bei der Auswahl und

[366] Kreissl, NVwZ 1994, S. 349 (351)
[367] BGH VersR 1967, S. 859 (861); BGHZ 48, (103); BGH VersR 1973, S. 417f
[368] RGZ 154, 117; BGHZ 3, 301; 13, 25; Palandt-Thomas, BGB, § 831, Rn. 5 und § 839, Rn. 1
[369] BGHZ (GrZS) 34, 99
[370] BGHZ 13, 25 (28)
[371] Palandt-Thomas, BGB, § 839, Rn. 1

Überwachung unselbständiger Hilfspersonen haften müßte. Nach § 839 BGB haftet er dagegen für die Verletzung derartiger Sorgfaltspflichten nur bei nachgewiesenem Verschulden. Im übrigen würde die Anwendung von § 831 BGB dazu führen, daß es im Ergebnis nicht zu einer öffentlich-rechtlichen Haftung für selbständige Unternehmer kommen könnte, da diese nur selten als Verrichtungsgehilfen, d.h. als weisungsabhängige, unselbständige Hilfspersonen, anzusehen sind. Insoweit gelten auch hier die schon zur Werkzeugtheorie des Bundesgerichtshofs geäußerten Bedenken.

ff. Privatunternehmer als Beamter im haftungsrechtlichen Sinn bei Tätigwerden im öffentlich-rechtlichen Pflichtenkreis der Behörde

Zur Begründung einer öffentlich-rechtlichen Haftung für das Verschulden selbständiger Privatunternehmer bieten sich dogmatisch zwei Wege an: Entweder wird davon ausgegangen, daß der private Unternehmer selbst Beamter im haftungsrechtlichen Sinne ist (Art. 34 Satz 1 GG) oder aber sein Verschulden wird der Behörde derart zugerechnet, daß diese trotz Einschaltung des Privatunternehmers selbst als hoheitlich handelnd angesehen wird. Den zuletzt genannten Weg beschreitet der Bundesgerichtshof im Bereich der schlicht-hoheitlichen Verwaltung unter Anwendung der Werkzeugtheorie, wenn ausgeführt wird, die Stadt müsse sich "das Vorgehen des Privatunternehmers wie eigenes zurechnen lassen"[372]. Zwar handelt es sich bei den Gemeinden um Gebietskörperschaften (vgl. Art. 2 Abs. 2 Satz 1 BayGO), die haftende Körperschaften im Sinne von Art. 34 Satz 1 GG sein können, so daß diesen im Rahmen von Art. 34 Satz 1 GG das Verschulden eines Amtswalters zur Begründung eines Amtshaftungsanspruchs ebenfalls zugerechnet wird. Allerdings ergibt sich in Zusammenschau mit den übrigen zur Werkzeugtheorie ergangenen Entscheidungen, daß der Privatunternehmer auch bei Anwendung der Werkzeugtheorie nicht zum Amtswalter im Sinne von Art. 34 Satz 1 GG wird. Dies wird dadurch belegt, daß auch im Falle von Behörden, die selbst keine haftenden Körperschaften im Sinne von Art. 34 Satz 1 GG sind, das Verschulden "wie eigenes zugerechnet"[373] wird. Darüber hinaus wird der Privatunternehmer in keiner Entscheidung als Beamter im haftungsrechtlichen Sinne bezeichnet.

Die Haftung des Staates nach Amtshaftungsgrundsätzen mit einer Zurechnung des Verschuldens in den behördlichen Bereich im Sinne der Werkzeugtheorie zu begründen, ist jedoch mit dem geltenden System der Amtshaftung nicht vereinbar, da Art. 34 Satz 1 GG ausdrücklich nur eine Haftung für Fehler des Amtswalters

---

[372] BGH NJW 1980, S. 1679 (li. Sp.)
[373] BGH VersR 1967, S. 859 (861)

selbst vorsieht, nicht jedoch für das Verschulden von Hilfspersonen des Amtswalters[374]. Anders als im Rahmen von Vertragsverhältnissen, bei denen das Verschulden einer Hilfsperson gemäß § 278 BGB zugerechnet wird und bei denen haftungsauslösendes Element die Verletzung der sich aus dem Schuldverhältnis ergebenden Pflichten ist, knüpft der Amtshaftungsanspruch an die Verletzung von Amtspflichten an[375]. Wenn auch Vertragspflichten immer nur den am Vertragsverhältnis beteiligten Parteien obliegen, so ist dadurch nicht ausgeschlossen, daß auch Hilfspersonen der Parteien diese verletzen können, wie die Zurechnungsnorm des § 278 BGB zum Ausdruck bringt. Wenn demgegenüber unter den Amtspflichten im Sinne von Art. 34 Satz 1 GG die persönlichen Verhaltenspflichten des Amtsträgers in Bezug auf seine Amtsführung zu verstehen sind[376], so folgt daraus zwangsläufig, daß die Verletzung einer derart persönlichen Pflicht nur durch den Amtsträger selbst und nicht durch dessen Hilfsperson erfolgen kann. Insoweit ist es aus dogmatischer Sicht unzutreffend, wenn die Rechtsprechung im Bereich der Eingriffsverwaltung[377] und Teile der Literatur[378] den Privatunternehmer einerseits als "Beamten im haftungsrechtlichen Sinne" (Art. 34 Satz 1 GG) bezeichnen, und dies andererseits damit begründen, daß er als "Erfüllungsgehilfe" des Trägers öffentlicher Gewalt tätig geworden sei[379]. Das Eingreifen von öffentlich-rechtlichen Haftungsgrundsätzen läßt sich im Zusammenhang mit einem Verschulden des Privatunternehmers allein mit dessen haftungsrechtlicher Beamteneigenschaft (Art. 34 Satz 1 GG) begründen, ein Rückgriff auf Zurechnungsnormen verbietet sich insoweit. Dementsprechend kommt es bei einem alleinigen Verschulden des Privatunternehmers immer und nur dann zum Eingreifen öffentlich-rechtlicher Haftungsnormen (§ 839 Abs. 1 BGB iVm. Art. 34 Satz 1 GG), wenn dieser als Beamter im haftungsrechtlichen Sinne gehandelt hat.

---

[374] Kühlhorn, Haftung für die durch Verwaltungshilfe Privater entstandenen Schäden, S. 115

[375] vgl. Papier in: Maunz / Dürig, Grundgesetz, Art. 34, Rn. 66

[376] Bender, Staatshaftungsrecht, Rn. 487; Papier in: Münchner Kommentar, § 839, Rn. 6 und 165; ders. in: Maunz / Dürig, Grundgesetz, Art. 34, Rn. 18; Ossenbühl, Staatshaftungsrecht, S. 30f

[377] BGH NJW 1993, S. 1258f

[378] Papier in: Maunz / Dürig, Grundgesetz, Art. 34, Rn. 26 u. 99, ders. in: Münchner Kommentar zum BGB, § 839, Rn. 118; ders. in: Isensee / Kirchhof, Handbuch des Staatsrechts, Bd. VI, § 157, Rn. 21; Krohn / Papier, Aktuelle Fragen der Staatshaftung und der öffentlich-rechtlichen Entschädigung, 5f; Würtenberger, DAR 1983, S. 155 (160); Gotzen, VR 1994, S. 170 (172); Steinberg / Lubberger, Aufopferung - Enteignung und Staatshaftung, S. 270

[379] BGH NJW 1993, S. 1258 (1259 re. Sp.) unter Berufung auf: Papier in: Münchner Kommentar, § 839 BGB, Rn. 118; Würtenberger, DAR 1983, S. 155 (160f)

(1) Statusunabhängiger Amtsbegriff

Das geltende Haftungsrecht ist bestimmt durch die Existenz eines besonderen Amtshaftungstatbestandes (§ 839 Abs. 1 BGB iVm. Art. 34 Satz 1 GG) und der allgemeinen zivilrechtlichen Haftungsvorschriften nach §§ 823 ff BGB[380]. Dabei greift das öffentlich-rechtliche Haftungsregime im Gegensatz zur privatrechtlichen Haftung ein, wenn der Schaden durch jemanden in Ausübung eines öffentlichen Amtes (Art. 34 Satz 1 GG) verursacht worden ist.

Insoweit scheitert eine öffentlich-rechtliche Haftung des Staates für durch einen Privatunternehmer verursachte Schäden nicht schon daran, daß der Privatunternehmer kein Beamter im staatsrechtlichen Sinne ist. Wenn Art. 34 Satz 1 GG gegenüber § 839 Abs. 1 Satz 1 BGB auf den Begriff des Beamten zugunsten der Formulierung "in Ausübung eines öffentlichen Amtes" verzichtet, so wird dadurch der Anwendungsbereich der Amtshaftung nicht auf Beamte im staatsrechtlichen Sinne, die unter Aushändigung einer Ernennungsurkunde in das Beamtenverhältnis berufen worden sind, beschränkt, sondern die öffentliche Hand haftet vielmehr immer dann nach öffentlichem Recht, wenn "jemand" den Schaden in Ausübung eines öffentlichen Amtes verursacht hat[381]. Entscheidend für die Ausübung eines öffentlichen Amtes ist demzufolge nicht der Status der handelnden Person[382], so daß als Amtsträger im Sinne von Art. 34 Satz 1 GG nicht nur die Beamten im staatsrechtlichen Sinne, sondern vielmehr auch diejenigen Personen, die in einem sonstigen öffentlich-rechtlichen Dienst[383]- oder Amtsverhältnis[384] oder in einem privatrechtlichen Dienstverhältnis[385] zu einer öffentlich-rechtlichen Körperschaft stehen, angesehen werden können. Dementsprechend ist es möglich, jede Person - unabhängig etwa von ihrem Alter[386] - als Beamten im haftungsrechtlichen Sinne anzusehen, wenn ihr die Ausübung eines öffentlichen Amtes (Art. 34 Satz 1 GG) anvertraut worden ist. Wenn auf diese Weise der Stellung der handelnden Person keine Bedeutung zukommt und eine öffentlich-rechtliche Haftung nach § 839

---

[380] Schröder, JuS 1969, S. 25 (27)

[381] Rüfner in: Erichsen, Allgemeines Verwaltungsrecht, § 48, Rn. 12

[382] Maurer, Allgemeines Verwaltungsrecht, § 25, Rn. 12; Ossenbühl, JuS 1973, S. 421; Gotzen, VR 1994, S. 170; Bender, Staatshaftungsrecht (2. Aufl. 1974), Rn. 423

[383] RG JW 1924, S. 192; BGH DRiZ 1963, 234; BGHZ 87, 253; Papier in: Maunz / Dürig, Grundgesetz, Art. 34, Rn. 93

[384] BGHZ 14, 319 (321); BGH NJW 1977, S. 713; BGHZ 78, 41 (44) für die Rechtsverhältnisse der Mitglieder der Bundes- und Landesregierungen; BGHZ 76, 387 (393) für die Bürgermeister; BGH WM 1970, S. 1252 (1255); 1975, 630 (633) für die Mitglieder von Gemeinderäten

[385] BGHZ 2, 350; BGHZ 87, 253

[386] Vgl. OLG Köln, NJW 1968, S. 655 zu minderjährigen Schülerlotsen; LG Rottweil, NJW 1970, S. 474f; Staudinger / Schäfer, Bürgerliches Gesetzbuch, § 839, Rn. 65

Abs. 1 BGB iVm. Art. 34 Satz 1 GG beim Verschulden des Privatunternehmers folglich nicht an dessen Status als Privatrechtsperson scheitert, so hängt das Eingreifen öffentlich-rechtlicher Haftungsnormen davon ab, ob durch den Privatunternehmer ein öffentliches Amt ausgeübt worden ist oder nicht.

(2) Funktionsbezogene Auslegung des Amtsbegriffs

Der Rechtsprechung des Bundesgerichtshofs läßt sich bei der Beurteilung der Tätigkeit selbständiger Unternehmer keine einheitliche Auslegung des Tatbestandsmerkmals "in Ausübung eines öffentlichen Amtes" entnehmen: Während im Bereich der Eingriffsverwaltung[387] der Charakter der wahrgenommenen Aufgabe, die Sachnähe der Tätigkeit des Privaten zu dieser Aufgabe sowie die Einbindung in den behördlichen Pflichtenkreis konstituierend für den Amtsbegriff im Sinne von Art. 34 Satz 1 GG sein sollen und der Privatunternehmer bei Erfüllung dieser drei Kriterien als Beamter im haftungsrechtlichen Sinne bezeichnet wird[388], wird im Bereich der schlicht-hoheitlichen Verwaltung die Ausübung eines öffentlichen Amtes durch den Unternehmer mit der Begründung abgelehnt, aufgrund der zivilrechtlichen Beauftragung spiele sich die gesamte Tätigkeit des Privaten allein auf dem Boden des Privatrechts ab[389]. Nur in Ausnahmefällen wird eine öffentlichrechtliche Haftung unter Zugrundelegung der Werkzeugtheorie mit einer Zurechnung des Verschuldens des Privatunternehmers in den Bereich der Verwaltung begründet[390], ohne daß der Privatunternehmer in diesen Fällen jedoch als Beamter im haftungsrechtlichen Sinne (Art. 34 Satz 1 GG) angesehen würde.

Entgegen der Rechtsprechung können die Bereiche der Eingriffsverwaltung und der schlicht-hoheitlichen Verwaltung jedoch einheitlich behandelt werden, wenn der Begriff des öffentlichen Amtes im Sinne von Art. 34 Satz 1 GG funktionsbezogen[391] ausgelegt wird. Eine derart funktionsbezogene Auslegung des Begriffs des öffentlichen Amtes folgt einerseits aus einem Vergleich mit der Vorschrift des § 839 Abs. 1 Satz 1 BGB, die diese Formulierung nicht enthält. Nach § 839 Abs. 1 Satz 1 BGB kommt eine Eigenhaftung des Beamten bei jedem Amtspflichtverstoß in Betracht, unabhängig davon, ob der Beamte öffentlich-rechtlich oder im

---

[387] BGH NJW 1993, S. 1258f

[388] BGH NJW 1993, S. 1258f

[389] BGH VersR 1960, S. 134 (137) unter Bezugnahme auf den Aufsatz von Felix in: NJW 1957, S. 1547f

[390] BGH NJW 1980, S. 1679

[391] Papier in: Münchner Kommentar, § 839 BGB, Rn. 79f; Maurer, Allgemeines Verwaltungsrecht, § 25, Rn. 12; Ossenbühl, Staatshaftungsrecht, S. 14ff; Steinberg / Lubberger, Aufopferung - Enteignung und Staatshaftung, S. 266; Schimikowski, VersR 1984, S. 315; Gotzen, VR 1993, S. 170f

privatrechtlich geregelten Funktionskreis gehandelt hat[392]. Indem Art. 34 Satz 1 BGB die Haftungsüberleitung von der Ausübung eines öffentlichen Amtes abhängig macht, werden im Unterschied zu § 839 Abs. 1 Satz 1 BGB nicht diejenigen Amtspflichtverstöße umfaßt, die in Wahrnehmung privatrechtlicher Funktionen, d.h. insbesondere im Bereich der fiskalischen Hilfsgeschäfte und der erwerbswirtschaftlichen Betätigung der öffentlichen Hand erfolgen, erfaßt[393].

Bei einer funktionsbezogenen Auslegung des Amtsbegriffs richtet sich das Eingreifen von Amtshaftungsgrundsätzen - anders als bei der Werkzeugtheorie - nicht danach, wie das Innenverhältnis zwischen der Behörde und dem Privatunternehmer ausgestaltet ist, sondern legt den Schwerpunkt auf die nach außen durch den Privatunternehmer wahrgenommene Funktion. Dadurch muß der Geschädigte nicht beweisen, daß der Schaden aufgrund einer Weisung oder anderer starker Einflußnahmen erfolgt ist. Gegenüber der Rechtsprechung zur Haftung im Rahmen der Eingriffsverwaltung kann eine funktionsbezogene Auslegung des Amtsbegriffs im Sinne von Art. 34 Satz 1 GG auf die generalklauselartigen Begriffe der "Sachnähe" sowie der "Eingliederung in den behördlichen Pflichtenkreis" verzichten. Das Eingreifen öffentlich-rechtlicher Haftungsgrundsätze kann insoweit allein anhand der nach außen erkennbar wahrgenommenen Funktion ermittelt werden.

(3) Beschränkung der Haftung auf eine Funktionswahrnehmung im öffentlich-rechtlichen Pflichtenkreis der Behörde

Über die Amtshaftung nach Art. 34 Satz 1 GG soll dem Geschädigten im Gegensatz zur Haftung nach §§ 823 ff BGB dann Schadensersatz durch den Staat geleistet werden, wenn der Schaden im öffentlich-rechtlichen Funktionskreis des Staates verursacht worden ist[394]. Ein Tätigwerden im öffentlich-rechtlichen Funktionskreis des Staates ist nicht schon immer dann anzunehmen, wenn die vom Unternehmer durchgeführte Maßnahme einer hoheitlichen Zielsetzung dient[395].

Gegen eine derart strikt funktionsbezogene Auslegung des Tatbestandsmerkmals "in Ausübung eines öffentlichen Amtes" im Sinne von Art. 34 Satz 1 GG spricht, daß auf diese Weise der Staat für das Verschulden des Privatunternehmers auch in den Fällen haften müßte, in denen er zwar unmittelbar eine öffentliche Aufgabe erfüllt, die betreffenden Maßnahmen jedoch gleichermaßen von einem Privaten

---

[392] Papier in: Maunz / Dürig, Grundgesetz, Art. 34, Rn. 89
[393] Papier in: Maunz / Dürig, Grundgesetz, Art. 34, Rn. 88
[394] Papier in: Maunz / Dürig, Grundgesetz, Art. 34, Rn. 108
[395] So aber Schimikowski, VersR 1984, S. 315 (317)

durchgeführt werden können, wie dies etwa bei schlichten Baumaßnahmen der Fall ist[396]. Gegen eine Amtshaftung in diesen Fällen spricht, daß bei derartigen staatlichen Tätigkeiten sich keine als solche nach außen ohne weiteres erkennbare typische Hoheitsmaßnahme manifestiert[397], da die Beziehung vom Geschädigten zum Staat nicht durch eine - wenn auch nur gewisse - Subordination des Bürgers unter die öffentliche Gewalt geprägt ist[398]. Tritt der Staat bei öffentlichen Bauvorhaben demnach wie ein privater Bauherr nach außen auf, so ist es nach dem Sinn und Zweck der Amtshaftung nicht geboten, ihn im Vergleich zum privaten Bauherrn stärker haften zu lassen[399]. Dies geschieht jedoch, wenn im Zusammenhang mit der Tätigkeit des Privatunternehmers allein auf die hoheitliche Zielsetzung, aufgrund derer er tätig geworden ist, abgestellt wird und der Unternehmer dementsprechend im Falle von Baumaßnahmen, die unmittelbar der Erfüllung öffentlicher Aufgaben dienen, als Beamter im haftungsrechtlichen Sinne (Art. 34 Satz 1 GG) anzusehen wäre. Demgegenüber ist der private Bauherr für ein Verschulden des Bauunternehmers nur dann verantwortlich, wenn dieser als Verrichtungsgehilfe im Sinne des § 831 BGB anzusehen ist, was aufgrund der selbständigen Tätigkeitsweise nur selten der Fall ist.

Dieses Beispiel macht deutlich, daß die öffentlich-rechtlichen Haftungsvorschriften im Gegensatz zur zivilrechtlichen Haftung nach dem Sinn und Zweck der Haftungsüberleitung nach § 839 Abs. 1 Satz 1 BGB iVm. Art. 34 Satz 1 GG immer nur dann eingreifen sollen, wenn der Träger öffentlicher Gewalt, der den Privatunternehmer eingeschaltet hat, in seiner Stellung als Hoheitsträger betroffen ist[400]. Dies ist bei der Einschaltung von Privatunternehmern dann der Fall, wenn der Unternehmer im öffentlich-rechtlichen Pflichtenkreis der Behörde tätig geworden ist[401]. Eine Begrenzung der Haftung auf eine Funktionswahrnehmung im öffentlich-rechtlichen Pflichtenkreis rechtfertigt sich daraus, daß der Staat nur dann nach öffentlichem Recht haften soll, wenn er gegenüber dem Geschädigten eine Sonderstellung eingenommen hat[402], die dadurch charakterisiert ist, daß er zur Erfüllung der ihm obliegenden Aufgabe nach Maßgabe des öffentlichen Rechts verpflichtet ist. Wird der Unternehmer im Bereich dieses öffentlich-rechtlichen Pflichtenkreises tätig, so ist ihm stets ein öffentliches Amtes anvertraut worden[403]. Das Anvertrauen eines öffentlichen Amtes kann insoweit als tat-

---

[396] Ossenbühl, Staatshaftungsrecht, S. 23; Würtenberger, Anm. in JZ 1993, S. 1001 (1004)
[397] Ossenbühl, Staatshaftungsrecht, S. 23
[398] Papier in: Maunz / Dürig, Grundgesetz, Art. 34, Rn. 227
[399] Weißen, JA 1980, S. 477 (479); Ossenbühl, Staatshaftungsrecht, S. 23
[400] Notthoff, NVwZ 1994, S. 771f
[401] Papier in: Maunz / Dürig, Grundgesetz, Art. 34, Rn. 26, 98f
[402] Papier in: Maunz / Dürig, Grundgesetz, Art. 34, Rn. 111
[403] Papier in: Maunz / Dürig, Grundgesetz, Art. 34, Rn. 26, 98f

sächlicher Vorgang angesehen werden, bei dem es auf die Art, Zulässigkeit und rechtliche Wirksamkeit der Übertragung nicht ankommt[404]. Für den Geschädigten stellt sich die Sachlage auch bei einem Tätigwerden des Privatunternehmers so dar, daß die Behörde die ihr obliegende jeweilige öffentlich-rechtliche Pflicht auch öffentlich-rechtlich erfüllen will, weil sich die Beauftragung des Privatunternehmers lediglich als interner Beschaffungsvorgang darstellt[405], der allerdings - im Unterschied zur Fiskalverwaltung - der Aufgabenerfüllung im öffentlich-rechtlichen Pflichtenkreis dient. Trotz Tätigwerden des Privatunternehmers erfüllt aus der Sicht des Bürgers der Unternehmer allein eine öffentlich-rechtliche Pflicht der Behörde[406]. Dies gilt um so mehr, als der Privatunternehmer ausschließlich deshalb tätig wird, um seine Pflicht aus dem zivilrechtlichen Vertrag zu erfüllen[407].

Der öffentlich-rechtliche Pflichtenkreis des Staates, in dem der Staat zur Aufgabenerfüllung nach Maßgabe des öffentlichen Rechts verpflichtet ist, erstreckt sich auf sämtliche Aufgaben im Bereich der Eingriffsverwaltung. Hier kommt dem Staat aufgrund des Gewaltmonopols die alleinige Berechtigung zur Aufgabenerfüllung zu. Aus diesem Grund kann insoweit auch nicht aus der Wahl der Behörde, den Privatunternehmer auf zivilrechtlicher Basis zur Erfüllung einer derartigen Pflichtaufgabe - wie etwa einer Vollstreckungshandlung zum Zwecke der Gefahrenabwehr - darauf geschlossen werden, daß gleichzeitig damit auch eine öffentlich-rechtliche Haftung ausgeschlossen wäre[408]. Insoweit gilt es zu beachten, daß es dem Staat im Bereich der obrigkeitlichen Verwaltung nicht gestattet ist, die Kompetenzen ganz oder teilweise aus der Hand zu geben[409]. Nur aufgrund von Beleihungstatbeständen ist es denkbar, bestimmte Zuständigkeiten organisatorisch in privatrechtliche Formen zu überführen[410]. Diesbezüglich gilt es jedoch zu beachten, daß der Beliehene durch die Übertragung der Erfüllung einer Staatsaufgabe funktionell wie organisatorisch zu einem Teil der öffentlichen Verwaltung wird[411]. Wenn es der öffentlichen Hand dementsprechend außerhalb derartiger Beleihungstatbestände verwehrt ist, ihre Kompetenzen im Bereich der obrigkeitli-

---

[404] Zuleeg, DÖV 1970, S. 627; zustimmend: Würtenberger, Anm. in JZ 1993, S. 1001 (1004 re.Sp); Ossenbühl, Staatshaftungsrecht, S. 19

[405] So auch Weißen, JA 1980, S. 477 (479)

[406] Weißen, JA 1980, S. 477 (479)

[407] So auch OLG Celle, VersR 1968, S. 76 (re.Sp. unten)

[408] Ossenbühl, Staatshaftungsrecht, S. 20f; Würtenberger, DAR 1983, S. 155 (159ff); Schimikowski, VersR 1984, S. 315 (317f)

[409] Ehlers, Verwaltung durch Private, S. 505f

[410] Scholz, NJW 1997, S. 14f

[411] Maurer, Allgemeines Verwaltungsrecht, § 23, Rn. 56; Scholz, NJW 1997, S. 14f

chen Verwaltung[412] ganz oder teilweise aus der Hand zu geben, so folgt daraus, daß die Wahl zugunsten einer privatrechtlichen Heranziehung von selbständigen Privatunternehmern im Bereich der Eingriffsverwaltung haftungsrechtlich keine Auswirkungen hat[413]. Vielmehr ist der Privatunternehmer stets dann als in Ausübung eines öffentlichen Amtes (Art. 34 Satz 1 GG) handelnd anzusehen, wenn die Behörde die ihr obliegende Pflicht zur Aufgabenerfüllung nicht aus der Hand geben darf, weil es sich bei der Aufgabenerfüllung durch den Privatunternehmer in diesen Fällen lediglich um eine "Vollzugsmodalität"[414] handelt. Entscheidend ist insoweit ausschließlich der materielle Charakter einer Aufgabe als öffentlich-rechtliche Pflichtaufgabe[415], der auch nicht durch die Wahl zugunsten einer privatrechtlichen Form der Aufgabenerfüllung beeinflußt wird. Insoweit kommt der Mitwirkung des Privatunternehmers im Bereich des öffentlich-rechtlichen Pflichtenkreises lediglich instrumentale, nicht jedoch aufgabenmäßig-konstitutive Bedeutung zu[416].

Auf diese Weise werden neben den Tätigkeiten, bei denen ein Privatunternehmer im Bereich der Eingriffsverwaltung eingeschaltet wird, auch diejenigen Tätigkeiten erfaßt, die ordnungs- oder sonderpolizeilichen Charakter[417] haben. Schaltet die Behörde zur Erfüllung derartiger Aufgaben einen Privatunternehmer ein, so ist dieser bei seiner Tätigkeit als in Ausübung eines öffentlichen Amtes (Art. 34 Satz 1 GG) handelnd anzusehen.

Zu denken ist insbesondere an den Bereich der Verkehrsregelungpflicht im Sinne der StVO, bei der es sich nach allgemeiner Ansicht um eine der Behörde obliegende Tätigkeit im öffentlich-rechtlichen Pflichtenkreis handelt[418]. Beauftragt die Behörde den Unternehmer beispielsweise mit der Herstellung und Aufstellung einer Ampelanlage[419] oder der Anbringung von Verkehrsschildern[420], so zieht eine Pflichtverletzung durch den Unternehmer - etwa eine fehlerhafte Programmierung der Ampelanlage[421] - in diesem Bereich das Eingreifen von Amtshaftungs-

---

[412] Ehlers, Verwaltung in Privatrechtsform, S. 505, Fn. 460; siehe auch Würtenberger, DAR 1983, S. 155 (160f)

[413] Ehlers, Verwaltung in Privatrechtsform, S. 505

[414] Burmeister, JuS 1989, S. 256 (260)

[415] Würtenberger, DAR 1983, S. 155 (161)

[416] Scholz, NJW 1997, S. 14 (16)

[417] BGHZ 69, 128 (131); Bender, Staatshaftungsrecht (3. Aufl. 1981), Rn. 851f

[418] BGH DVBl. 1970, S. 497; NJW 1971, 2220; Ossenbühl, Staatshaftungsrecht, S. 29; Papier in: Maunz / Dürig, Grundgesetz, Art. 34, Rn. 138

[419] BGH NJW 1971, S. 2220

[420] BGH NJW 1974, S. 453

[421] BGH DÖV 1971, S. 786; Ossenbühl, JuS 1973, S. 421ff; Bender, Staatshaftungsrecht (3. Aufl. 1981), Rn. 852; Papier in: Maunz / Dürig, Grundgesetz, Art. 34, Rn. 139

grundsätzen nach sich, da sowohl die Herstellung und Aufstellung von Ampelanlagen als auch die Anbringung von Verkehrsschildern dem Bereich der Verkehrsregelung zuzuordnen sind[422]. Eine öffentlich-rechtliche Haftung für durch den Privatunternehmer verursachte Schäden in diesem Bereich kann mit denselben rechtlichen Erwägungen wie für den Bereich der Eingriffsverwaltung, begründet werden: Auch im Bereich der Verkehrsregelung ist es der öffentlichen Hand wegen des öffentlich-rechtlichen Charakters der Verkehrsregelungspflicht nicht gestattet, die Kompetenzen ganz oder teilweise aus der Hand zu geben. Demzufolge hat die Heranziehung des Unternehmers auf zivilrechtlicher Basis keine Auswirkungen auf den öffentlich-rechtlichen Charakter der Pflicht, so daß es auch bei der Einschaltung eines Privaten in diesem Bereich beim Eingreifen öffentlich-rechtlicher Haftungsnormen bleibt. Insoweit ist der Unternehmer, der in Erfüllung der der Behörde als öffentlich-rechtliche Pflicht obliegenden Verkehrsregelungspflicht tätig wird, als Beamter im haftungsrechtlichen Sinne (Art. 34 Satz 1 GG) anzusehen[423].

Auch im Bereich der schlicht-hoheitlichen Verwaltung existieren Aufgaben, die als Pflichtaufgaben nach Maßgabe des öffentlichen Rechts zu erfüllen sind. Die zum öffentlich-rechtlichen Pflichtenkreis zählenden Pflichtaufgaben können dabei anhand der gesetzlichen Vorschriften ermittelt werden: So sehen für die Gemeinden die Gemeindeordnungen sowie weitere Gesetze teilweise die Erledigung von öffentlich-rechtlichen Aufgaben zwingend vor. Als Pflichtaufgaben sind in Bayern etwa die Trinkwasserversorgung (Art. 57 Abs. 2 GO) oder die Abfallentsorgung zu nennen (Art. 3 Abs. 1 Satz 1 BayAbfAnlG). Den Landkreisen und kreisfreien Gemeinden obliegt in Bayern ferner die Errichtung und Unterhaltung von Krankenhäusern als öffentlich-rechtliche Pflichtaufgabe (Art. 51 Abs. 3 Nr. 1 LkrO iVm. Art. 9 Abs. 1 Satz 2 GO). Im Bereich derartiger öffentlich-rechtlicher Pflichtaufgaben gelten hinsichtlich der Einschaltung eines Privatunternehmers dieselben Grundsätze wie im Bereich der Eingriffsverwaltung: Entschließt sich die öffentliche Hand dazu, die ihr aufgrund öffentlichen Rechts als Pflichtaufgaben auferlegten Aufgaben unter Einschaltung eines Privaten erledigen zu lassen, so folgt aus der gesetzgeberischen Bewertung der Aufgabe als öffentlich-rechtliche Pflichtaufgabe, daß die Wahl zugunsten der privatrechtlichen Form der Aufgabenerfüllung keine Auswirkungen auf die öffentlich-rechtliche Haftung (§ 839 Abs. 1 BGB iVm. Art. 34 Satz 1 GG) der öffentlich-rechtlichen Körperschaften hat. Zwar bleibt es der öffentlichen Hand unbenommen, die Pflichtaufgaben auch unter Einschaltung privater Kräfte zu erfüllen. Nimmt der Staat im Bereich der öffentlich-rechtlichen Pflichtaufgaben jedoch den Vorteil einer Arbeitsteilung

---

[422] Ossenbühl, Staatshaftungsrecht, S. 29; Papier in: Maunz / Dürig, Grundgesetz, Art. 34, Rn. 139

[423] So auch Papier in: Maunz / Dürig, Grundgesetz, Art. 34, Rn. 26 und 98f

in Anspruch, so muß er auch das Risiko tragen, daß der Unternehmer schuldhaft rechtlich geschützte Interessen des Bürgers verletzt[424].

Dies folgt aus dem Sinn und Zweck einer Anerkennung des Formenwahlrechts, das in erster Linie dazu dienen soll, daß die öffentliche Hand die ihr obliegenden Aufgaben effizient erledigt[425]. Damit dient das Wahlrecht mittelbar auch dem Bürger, der durch schnellere Bearbeitung seiner Anträge oder durch Einsparung von Verwaltungskosten von der privatrechtlichen Form der Aufgabenerfüllung profitiert. Die rechtlichen Auswirkungen eines derartigen Wahlrechts finden jedoch ihre Grenzen im Grundsatz der Rechtsstaatlichkeit[426]. Da insoweit auch die Staatshaftung nach Art. 34 Satz 1 GG ein wesentlicher Ausdruck des Rechtsstaatsprinzips ist[427], bedeutet dies, daß die Entscheidung der Behörde zugunsten einer privatrechtlichen Form der Aufgabenerfüllung dann haftungsrechtlich ohne Bedeutung ist, wenn die zu erfüllende Aufgabe der öffentlichen Hand durch den Gesetzgeber als öffentlich-rechtliche Pflicht auferlegt worden ist. Auf diese Weise werden aus dem Bereich der öffentlich-rechtlichen Haftung gleichermaßen diejenigen Maßnahmen der öffentlichen Hand im Bereich der schlicht-hoheitlichen Verwaltung ausgeklammert, bei denen der Staat gegenüber dem Bürger keine Sonderstellung, die aus der Pflicht zur Aufgabenerfüllung folgt, einnimmt. Zu denken ist insbesondere an schlichte Baumaßnahmen, wie etwa den Bau eines Theaters. Auch wenn es sich hierbei unmittelbar um die Erfüllung einer öffentlichen Aufgabe handelt, manifestiert sich bei der Durchführung derartiger Baumaßnahmen keine nach außen ohne weiteres erkennbare hoheitliche Maßnahme[428]. Insoweit gebietet es der Sinn und Zweck der Haftungsüberleitung nach Art. 34 Satz 1 GG nicht, den Staat als Bauherrn für ein Verschulden des Unternehmers nach Amtshaftungsgrundsätzen haften zu lassen, indem dieser als Beamter im haftungsrechtlichen Sinne angesehen wird, während ein privater Bauherr für einen Bauunternehmer nur dann nach § 831 BGB haftet, wenn dieser als Verrichtungsgehilfe gehandelt hat[429].

Weitere Maßnahmen der schlicht-hoheitlichen Verwaltung, die nicht der Erfüllung öffentlich-rechtlicher Pflichtaufgaben dienen, sind nur dann dem öffentlich-rechtlichen Pflichtenkreis zuzurechnen, wenn gesetzlich vorgesehen ist, daß diese

---

[424] Seibert, JuS 1985, S. 625 (632)
[425] Würtenberger, DAR 1983, S. 155
[426] Würtenberger, DAR 1983, S. 155
[427] Bonk in: Sachs, Grundgesetz, Art. 34, Rn. 8; Papier in: Maunz / Dürig, Grundgesetz, Art. 34, Rn. 12ff; Maurer, Allgemeines Verwaltungsrecht, § 25, Rn. 6
[428] Ossenbühl, Staatshaftungsrecht, S. 23
[429] Weißen, JA 1980, S. 477 (479)

Aufgaben nach Maßgabe des öffentlichen Rechts zu erfüllen sind[430]. Als Beispiel kann die Aufgabe des Baus und der Unterhaltung öffentlicher Fernstraßen genannt werden, deren Erfüllung aufgrund zahlreicher landesgesetzlicher Vorschriften[431] der öffentlichen Hand als öffentlich-rechtliche Pflicht auferlegt ist. Art. 72 BayStrWG[432] bestimmt insoweit: "Die aus dem Bau und der Unterhaltung der öffentlichen Straßen einschließlich der Bundesfernstraßen und die aus der Überwachung der Verkehrssicherheit dieser Straßen sich ergebenden Aufgaben werden von den Bediensteten der damit befaßten Körperschaften in Ausübung eines öffentlichen Amtes wahrgenommen."

Überträgt die Behörde diese Aufgabe zur Erfüllung an einen Privatunternehmer, in dem sie ihn beispielsweise mit dem Bau einer öffentlichen Straße beauftragt, so hat auch in diesem Bereich die Wahl zugunsten der privatrechtlichen Form der Aufgabenerfüllung keine haftungsrechtlichen Auswirkungen[433]. Die gesetzliche Regelung einer Ausgestaltung als öffentlich-rechtliche Pflicht bringt vielmehr zum Ausdruck, daß trotz Einschaltung eines Privatunternehmers die öffentliche Hand die Verantwortung für die ordnungsgemäße Ausführung der Arbeiten tragen soll, so daß der Privatunternehmer als Beamter im haftungsrechtlichen Sinne anzusehen ist, soweit er mit dem Bau von öffentlichen Straßen beauftragt worden ist[434]. Gleichermaßen ist der Privatunternehmer aufgrund der gesetzgeberischen Wertung immer als in Ausübung eines öffentlichen Amtes (Art. 34 Satz 1 GG) handelnd anzusehen, wenn er in Erfüllung von Aufgaben, die sich aus der Pflicht zur Unterhaltung öffentlicher Straßen und der Überwachung der Verkehrssicherheit dieser Straßen ergeben, tätig wird. Auf diese Weise werden auch diejenigen Fälle erfaßt, in denen der Privatunternehmer mit der Wartung und Reparatur von Verkehrsanlagen beauftragt worden ist, da die Unterhaltung von Verkehrsanlagen zum Bereich der Straßenverkehrssicherungspflicht gehört[435]. In diesem Bereich kann sich die öffentliche Hand trotz der Entscheidung zugunsten einer privatrechtlichen Aufgabenerfüllung einer öffentlich-rechtlichen Haftung nicht entzie-

---

[430] Siehe auch Würtenberger, Anm. in JZ 1993, S. 1003f

[431] So in: § 59 BWStrG; Art. 72 BayStrWG; § 7 Abs. 5 BerlStrG; § 10 Abs. 1 Satz 1 BrandStrG; § 9 BremLStrG; § 5 HambWG; § 10 MVStrWG; § 10 NdsStrG; § 9a NWStrWG; § 48 Abs. 2 RhPflStrG; § 9 Abs. 3a SaarStrG; § 10 Abs. 1 Satz 1 SächsStrG; § 10 Abs. 1 SachsAnhStrG; § 10 Abs. 4 SchlHStrWG; § 10 Abs. 1 ThürStrG

[432] Bayerisches Straßen- und Wegegesetz i.d.F. der Bekanntmachung vom 5.10.1981 (GVBl. S. 448)

[433] Ehlers, Verwaltung in Privatrechtsform, S. 505; Würtenberger, Anm. in JZ 1993, S. 1003f

[434] Bender, Staatshaftungsrecht (2. Aufl. 1974), Rn. 428; Papier in: Achterberg / Püttner, Besonders Verwaltungsrecht, Bd. 1, S. 566; Ehlers, Verwaltung in Privatrechtsform, S. 504; Steiner, Besonderes Verwaltungsrecht, S. 663

[435] BGH NJW 1971, S. 2220f; 1972, 1268; Kreft, Öffentlich-rechtliche Ersatzleistungen, § 839, Rn. 476; Papier in: Maunz / Dürig, Grundgesetz, Art. 34, Rn. 139

hen, weil es sich entsprechend der gesetzlichen Wertung haftungsrechtlich um eine nach öffentlichem Recht zu beurteilende Pflicht zur Aufgabenerfüllung handelt. Kommt es deshalb aufgrund einer unsorgfältigen Wartung oder Reparatur einer Verkehrsanlage durch den Unternehmer zu einem Unfall, so haftet die Behörde dem Geschädigten nach den Grundsätzen des öffentlichen Rechts[436].

Kann auf diese Weise ermittelt werden, wann ein Tätigwerden im öffentlich-rechtlichen Pflichtenkreis der Behörde vorliegt, so greifen die öffentlich-rechtlichen Haftungsnormen auch dann ein, wenn die schädigende Handlung zwar nicht unmittelbar der Erfüllung einer öffentlich-rechtlichen Pflicht dient, ihr jedoch unmittelbar vorgelagert ist oder sie zwingend nach sich zieht. Entscheidend ist insoweit der innere sachliche Zusammenhang mit der im Rahmen des öffentlich-rechtlichen Pflichtenkreises zu erfüllenden öffentlichen Aufgabe. So greifen die öffentlich-rechtlichen Haftungsregelungen beispielsweise auch dann ein, wenn der Abschleppunternehmer auf dem Weg zur Unfallstelle einen Unfall verursacht. Eine Nichteinbeziehung dieser der Erfüllung einer öffentlichen Aufgabe im öffentlich-rechtlichen Pflichtenkreis zwingend vorgelagerten Tätigkeiten würde dazu führen, daß ein einheitlicher Vorgang unnatürlich aufgespaltet würde.

Andererseits scheidet eine öffentlich-rechtliche Haftung für durch den Privatunternehmer verursachte Schädigungen dann aus, wenn die Schädigungshandlung nicht "in Ausübung" (Art. 34 Satz 1 GG), sondern nur "bei Gelegenheit" der Amtsausübung verursacht ist[437]. Auf diese Weise werden die Fälle aus der Amtshaftung herausgenommen, in denen die schädigende Handlung nur in einer äußeren zeitlichen und gelegenheitsmäßigen Beziehung zu der Erfüllung der in Auftrag gegebenen hoheitlichen Aufgabe gestanden ist[438]. Entwendet beispielsweise ein Abschleppunternehmer aus einem abzuschleppenden Fahrzeug einen Gegenstand, so kann der Geschädigte allein vom Unternehmer Ersatz seines Schadens verlangen.

Ein innerer natürlicher Zusammenhang zwischen der Tätigkeit im öffentlich-rechtlichen Pflichtenkreis und der Schadensverursachung ist jedoch auch dann gegeben, wenn der Unternehmer von den Weisungen abweicht oder vorsätzlich

---

[436] So auch: Ossenbühl, Staatshaftungsrecht, S. 23f; Papier in: Maunz / Dürig, Grundgesetz, Art. 34, Rn. 26, 98f

[437] RGZ 161, 145 (152); Papier in: Handbuch des Staatsrechts, Band VI, § 157, Rn. 29; Dagtoglou in: Bonner Kommentar zum Grundgesetz, Art. 34, Rn. 108; Bryde in: v. Münch / Kunig, Grundgesetz-Kommentar, Art. 34, Rn. 19; Maurer, Allgemeines Verwaltungsrecht, § 25, Rn. 15

[438] BGHZ 11, 181; 29, 38 (41); 42, 176; Dagtoglou in: Bonner Kommentar zum Grundgesetz, Art. 34, Rn. 99; Rittstieg in: Alternativ-Kommentar, Art. 34 GG, Rn. 15; Papier in: Münchner Kommentar, § 839 BGB, Rn. 162; Notthoff, NVwZ 1994, S. 771 (773)

schädigend handelt. Soweit teilweise[439] eine Haftung des Staates dahingehend begrenzt wird, daß sich die Schädigungshandlung als eine "zwangsläufige Folge einer zur Erfüllung der übertragenen Aufgabe erforderlichen Handlung" darstellen muß, so erscheint dies zu eng. Unter Zugrundelegung dieser Auffassung wäre ein vorsätzlich schädigendes Handeln insoweit nicht mehr als "zwangsläufige Folge" der übertragenen Aufgabe zu verstehen. Art. 34 Satz 2 GG sieht jedoch den Rückgriff des Staates gerade gegen den vorsätzlich oder grob fahrlässig handelnden Amtswalter vor. Hieraus folgt, daß auch dann eine Amtshaftung anzunehmen ist, wenn der Beamte im haftungsrechtlichen Sinn vorsätzlich handelt. Im öffentlich-rechtlichen Pflichtenkreis ist jedoch der private Unternehmer gerade als Beamter im haftungsrechtlichen Sinne anzusehen. Soweit man hiernach eine öffentlich-rechtliche Haftung des Staates auch auf vorsätzliches Handelns erstreckt, hat dies erst Recht für den Fall einer Überschreitung der Weisung zu gelten.

(4) Verletzung einer drittbezogenen Amtspflicht durch den Unternehmer

Ist der Unternehmer immer dann als in Ausübung eines öffentlichen Amtes anzusehen, wenn er im öffentlich-rechtlichen Pflichtenkreis der Behörde tätig wird, so ist für die Begründung eines Amtshaftungsanspruchs gemäß Art. 34 Satz 1 GG weiterhin erforderlich, daß er eine Amtspflicht verletzt hat, die ihm "einem Dritten gegenüber" oblegen ist. Diese Amtspflichten des Amtsträgers sind nicht identisch mit den Rechtspflichten des Staates oder eines sonstigen Trägers öffentlicher Gewalt[440] und umfassen die persönlichen Verhaltenspflichten des Amtswalters in Bezug auf seine Amtsführung[441]. Trotz der Verschiedenheit von Rechtspflichten einerseits und Amtspflichten andererseits wird der Inhalt der Amtspflichten auch durch die Rechtspflichten des Trägers öffentlicher Gewalt bestimmt[442]. So gehört es zu den Amtspflichten des Amtsträgers, die Aufgaben und Befugnisse der Träger öffentlicher Gewalt, in dessen Namen der Amtsträger tätig wird, dem objektiven Recht gemäß wahrzunehmen[443]. Hierbei ist vor allem die Rechtspflicht des Staates zu gesetzmäßigem Verhalten von Bedeutung, die auch in eine Amtspflicht des Amtsträgers zu gesetzmäßigem Verhalten mündet[444]. Die-

---

[439] Notthoff, NVwZ 1994, S. 771 (773)

[440] Papier in: Maunz / Dürig, Grundgesetz, Art. 34, Rn. 142

[441] Wolff / Bachof, Verwaltungsrecht I, § 64 I b 4; Papier in: Münchner Kommentar, § 839 BGB, Rn. 166; ders. in: Maunz / Dürig, Grundgesetz, Art. 34 Rn. 145; ders., Die Forderungsverletzung im öffentlichen Recht, S. 100ff; Bender, Staatshaftungsrecht (3. Aufl. 1981), Rn. 487; Ossenbühl, Staatshaftungsrecht, S. 31

[442] Papier in: Maunz / Dürig, Grundgesetz, Art. 34, Rn. 147

[443] Bender, Staatshaftungsrecht (3. Aufl. 1981), Rn. 497; Ossenbühl, Staatshaftungsrecht, S. 32; vgl. auch BGH NJW 1979, S. 624f; BGHZ 84, 285; BGH DVBl. 1984, S. 427

[444] Papier in: Maunz / Dürig, Grundgesetz, Art. 34, Rn. 150

se Amtspflicht beinhaltet insbesondere die Verpflichtung, Eingriffe in die Rechte, Rechtsgüter oder rechtlich geschützten Interessen des Bürgers zu unterlassen, die sich nach Maßgabe der §§ 823 ff BGB als tatbestandsmäßig und rechtswidrig erweisen[445].

Hinsichtlich der Tätigkeit der selbständigen Privatunternehmer ist vor allem ein Eingriff in das Eigentum des Geschädigten von Bedeutung. Da dieses Rechtsgut zu den nach § 823 Abs. 1 BGB geschützten Interessen zählt, ist bei Schadensverursachung durch einen selbständigen Privatunternehmer regelmäßig von einer Amtspflichtverletzung auszugehen. Gleichermaßen ist bei der Verletzung eines durch § 823 Abs. 1 BGB geschützten Rechtsguts grundsätzlich der nach § 839 Abs. 1 BGB iVm. Art. 34 Satz 1 GG erforderliche Drittbezug der Amtspflichtverletzung gegeben, da hinreichend für die Annahme eines Drittbezuges ist, wenn absolute Rechte oder Rechtsgüter im Sinne des § 823 Abs. 1 BGB in der Person eines Dritten verletzt werden[446].

(5) Haftende Körperschaft

Im Falle eines Amtshaftungsanspruchs sind nach Art. 34 Satz 1 GG der "Staat oder die Körperschaft, in deren Dienst" der Beamte steht, passivlegitimiert. Unter "Körperschaft" im Sinne von Art. 34 Satz 1 GG sind alle juristischen Personen des öffentlichen Rechts, also auch rechtsfähige Anstalten und Stiftungen des öffentlichen Rechts zu verstehen[447]. Die Ermittlung des richtigen Anspruchsgegner wirft Probleme auf, wenn ein Amtswalter - etwa aufgrund einer Weisung - Aufgaben eines anderen Verwaltungsträgers wahrnimmt und deshalb nicht eindeutig geklärt werden kann, in wessen Dienst er steht[448]. Als Haftungssubjekt kommt die Körperschaft in Betracht, die den Amtswalter angestellt hat (Anstellungstheorie)[449] bzw. diejenige, in deren Pflichtenkreis die jeweilige Aufgabenerfüllung fiel (Funktionstheorie)[450]. Der Bundesgerichtshof[451] folgt einer dritten Theorie, wonach diejenige Körperschaft haftet, die dem Amtsträger das Amt, bei dessen Ausübung er den Schaden verursacht hat, anvertraut hat (Anvertrauenstheorie)[452].

---

[445] BGHZ 69, 128 (138); BGH NJW 1980, S. 1679; BGHZ 78, 274; Maurer, Allgemeines Verwaltungsrecht, § 25, Rn. 21; vgl. auch Würtenberger, Anm. in JZ 1993, S. 1001 (1004)
[446] Papier in: Maunz / Dürig, Grundgesetz, Art. 34, Rn. 167
[447] Maurer, Allgemeines Verwaltungsrecht, § 25, Rn. 40
[448] Maurer, Allgemeines Verwaltungsrecht, § 25, Rn. 41ff
[449] Schröer, JZ 1952, S. 129
[450] Ossenbühl, Staatshaftungsrecht, S. 93
[451] BGHZ 53, 217; BGH DÖV 1981, S. 383
[452] Glaser in: Soegel / Siebert, Bürgerliches Gesetzbuch, § 839, Rn. 149

Bei den selbständigen Privatunternehmern besteht insoweit die Besonderheit, daß sie keine Anstellungskörperschaft haben[453]. In diesen Fällen kann die Passivlegitimation gemäß Art. 34 Satz 1 GG keine Anstellungskörperschaft treffen. Dementsprechend ist Haftungssubjekt derjenige Träger öffentlicher Gewalt, der dem Unternehmer das konkrete öffentliche Amt anvertraut hat[454].

gg. Die Haftung des Staates wegen Fehler eines Behördenangehörigen bei der Auswahl und Beaufsichtigung des Privatunternehmers

Das Handeln eines Behördenangehörigen kann im Zusammenhang mit dem schädigenden Verhalten eines Privatunternehmers ursächlich für einen Amtshaftungsanspruch sein, wenn der Behördenangehörige in Ausübung eines ihm anvertrauten öffentlichen Amtes dadurch eine Amtspflicht verletzt hat, daß er den Privatunternehmer unsorgfältig überwacht oder ausgewählt hat. Unabhängig davon, ob der Privatunternehmer als Beamter im haftungsrechtlichen Sinne anzusehen ist, verbleiben der Behörde auch unter Zugrundelegung der Werkzeugtheorie bei der Aufgabenerfüllung im hoheitlichen Bereich bestimmte Überwachungs- und Kontrollpflichten hinsichtlich des Privatunternehmers, die sich als Ausübung öffentlicher Gewalt im Sinne von Art. 34 Satz 1 GG darstellen[455]. Diese Pflichten sind auch bei einer funktionsbezogenen Auslegung des Amtsbegriffs im Sinne eines Tätigwerdens im öffentlich-rechtlichen Pflichtenkreis von Bedeutung, wenn der Privatunternehmer entweder nicht schuldhaft gehandelt hat oder nicht im öffentlich-rechtlichen Pflichtenkreis tätig geworden ist. Haftet der Privatunternehmer jedoch im zuletzt genannten Fall selbst nach §§ 823 ff BGB, so entfällt ein Amtshaftungsanspruch wegen der Subsidiaritätsklausel (§ 839 Abs. 1 Satz 2 BGB), die in diesen Fällen in vollem Umfang dem Staat zugute kommt[456].

Eigene Amtspflichtverletzungen, die unabhängig von einem Verschulden des Unternehmers zum Eingreifen des öffentlichen Haftungsrechts führen, können bei der Auswahl des Unternehmers, der Aufsicht über die Arbeiten sowie bei der Abnahme des Werks begangen werden. Bei Ausübung dieser Pflichten muß der Amtswalter die im Verkehr erforderliche Sorgfaltspflicht (§ 276 Abs. 1 Satz 2 BGB) beachten, damit es nicht zu schädigenden Handlungen des Privatunternehmers kommen kann. Dabei muß auch im Rahmen einer öffentlich-rechtlichen Haftung der Behörde ein objektiver Sorgfaltsmaßstab angelegt werden, da gemäß

---

[453] Papier in: Maunz / Dürig, Grundgesetz, Art. 34, Rn. 287

[454] Papier in: Maunz / Dürig, Grundgesetz, Art. 34, Rn. 287

[455] BGH VersR 1967, S. 859f; BGH VersR 1973, S. 417 (419); BGH NVwZ 1984, S. 677; RGRK-Kreft, § 839, Rn. 104

[456] BGHZ 13, 88 (102ff)

§ 278 Abs. 1 Satz 2 BGB das Verhalten einer Person nicht nach individuellen Kriterien beurteilt werden darf, sondern vielmehr aus dem Gedanken des Vertrauensschutzes heraus bewertet werden muß, wonach sich jeder grundsätzlich darauf verlassen können muß, daß der andere die für die Erfüllung seiner Pflichten erforderlichen Fähigkeiten und Kenntnisse besitzt[457].

Insoweit erscheint es bedenklich, wenn der Bundesgerichtshof in einer Entscheidung aus dem Jahre 1994[458] demgegenüber für die Beurteilung der Fahrlässigkeit der Behörde bei der Überwachung und Kontrolle eines mit der Planung einer Anlage aufgrund eines Dienst- oder Werkvertrages betrauten Ingenieurs einen individuellen Sorgfaltsmaßstab zugrunde legen will. Danach soll die beauftragende staatliche Stelle nur dann haften, wenn sie hinreichenden Anlaß hatte, die Planung des Privaten zu überprüfen und ihr gleichzeitig nach ihrer personellen und sachlichen Ausstattung hinreichende Erkenntnisquellen zur Verfügung standen, um mögliche Planungsfehler zu entdecken[459]. Das Zugrundelegen eines solchen individuellen Sorgfaltsmaßstabs führt jedoch zu einer unangemessenen Benachteiligung des Geschädigten, die nicht gerechtfertigt ist. Insbesondere erscheint es bedenklich, wenn der anzulegende Sorgfaltsmaßstab von den der Behörde zur Verfügung stehenden Erkenntnisquellen abhängig gemacht wird, da eine konsequente Fortführung dieser Rechtsprechung im Ergebnis darauf hinausläuft, daß die Sorgfaltsanforderungen in dem Maße abnehmen, in dem die an den Privatunternehmer zur Erfüllung übertragene Aufgabe an Schwierigkeit zunimmt, weil mit zunehmender Schwierigkeit in der Regel auch die Möglichkeit der Erkennung insbesondere verborgener Fehler immer geringer wird. Ähnlich wie bei der Werkzeugtheorie besteht bei einer Einschränkung des Sorgfaltsmaßstabs durch die Rechtsprechung die Gefahr, daß die staatlichen Stellen geneigt sind, komplizierte Aufgaben zur Vermeidung von öffentlich-rechtlichen Haftungsansprüchen zur Erledigung auf Privatunternehmer zu übertragen, da in diesem Bereich nur ein eingeschränkter Sorgfaltsmaßstab hinsichtlich der Kontrolle und Abnahme des vom Unternehmer erstellten Werks oder der erbrachten Dienstleistung gilt. Um dieses Ergebnis zu vermeiden, ist in entsprechender Anwendung von § 278 Abs. 1 Satz 2 BGB ein objektiver Verschuldensmaßstab anzulegen, der unabhängig von den sachlichen und personellen Erkenntnismöglichkeiten der Behörde ist.

---

[457] Palandt-Heinrichs, BGB, § 276, Rn. 15
[458] BGH JZ 1994, S. 784f
[459] BGH JZ 1994, S. 784f

b. Die Ausübung eines öffentlichen Amtes durch den unselbständigen Verwaltungshelfer

Neben den selbständigen Privatunternehmern ziehen der Staat und andere öffentlich-rechtliche Aufgabenträger auch unselbständige Verwaltungshelfer zur Erfüllung öffentlicher Aufgaben heran. Auch bei diesen handelt es sich - ebenso wie beim selbständigen Privatunternehmer - um Private, d.h. natürliche oder juristische Personen des Privatrechts[460]. Der wesentliche Unterschied zum selbständigen Privatunternehmer ist, daß die unselbständigen Verwaltungshelfer nur untergeordnete Hilfstätigkeiten verrichten und bei der Ausübung ihrer Tätigkeit weisungsgebunden und unselbständig handeln[461].

Die unselbständige Tätigkeitsweise unterscheidet die Verwaltungshelfer ebenfalls von den Beliehenen. Darüber hinaus sind dem Beliehene durch oder aufgrund Gesetzes durch Verwaltungsakt oder verwaltungsrechtlichen Vertrag (§§ 54 ff VwVfG) hoheitliche Kompetenzen zur Wahrnehmung im eigenen Namen verliehen worden[462]. In Ermangelung eines förmlichen Beleihungsakts kann auch der Schülerlotse[463] nicht als Beliehener, sondern nur als unselbständiger Verwaltungshelfer angesehen werden[464]. Diesem werden keine hoheitlichen Befugnisse zur eigenverantwortlichen Ausübung übertragen. Insoweit ist Zuleeg[465] nicht zu folgen, der im Falle der Schülerlotsentätigkeit von einer Beleihung mit der Begründung ausgeht, die Schülerlotsen richteten Gebote an die Verkehrsteilnehmer. Dagegen spricht jedoch, daß die Schülerlotsen keine oder verkehrsrechtlichen Verwaltungsakte erlassen, sondern lediglich Hinweise auf die Verkehrslage geben[466]. Dies gilt beispielsweise für das Halten von Verkehrsteilnehmern an einem Fußgängerüberweg, da diese Pflicht bereits verbindlich in § 26 Abs. 1 Satz 1 StVO vorgeschrieben ist, so daß der Schülerlotse lediglich einen Hinweis auf die Verkehrslage gibt[467].

---

[460] Ossenbühl, VVDStRL 29 (1971), S. 137 (203)

[461] Ossenbühl, Staatshaftungsrecht, S. 17; Maurer, Allgemeines Verwaltungsrecht, § 23, Rn. 56; Papier in: Maunz / Dürig, Grundgesetz, Art. 34, Rn. 97

[462] Ossenbühl, Staatshaftungsrecht, S. 17

[463] OLG Köln, NJW 1968, S. 655

[464] Windthorst/ Sproll, Staatshaftungsrecht, § 7, Rn. 30; Wolff / Bachof / Stober, Verwaltungsrecht II, § 104, Rn. 5

[465] DÖV 1970, S. 627f

[466] Wolff / Bachof / Stober, Verwaltungsrecht II, § 104, Rn. 5; Bender, Staatshaftungsrecht (3. Aufl. 1981), Rn. 683

[467] Bender, Staatshaftungsrecht (3. Aufl. 1981), Rn. 683

Neben den Schülerlotsen sind von der Rechtsprechung als weitere unselbständige Verwaltungshelfer der im Turnunterricht Hilfestellung leistende Schüler[468], der Ordnungsschüler bei zeitweiser Abwesenheit des Lehrers[469] und der zur Pausenaufsicht eingeteilte Schüler[470] angesehen worden. Auch außerhalb der Schulverhältnisse werden all diejenigen natürlichen oder juristischen Personen des Privatrechts als unselbständige Verwaltungshelfer tätig, die ebenfalls unselbständig gelegentlich anfallende Hilfstätigkeiten erfüllen.

Der Bundesgerichtshof hat es ohne weitere Begründung als "naheliegende Erwägung" bezeichnet, daß ein im Turnunterricht nach Aufforderung durch den Lehrer Hilfestellung leistender Turnschüler ein öffentliches Amt im Sinne von Art. 34 Satz 1 GG ausübt[471]. In anderen von den Instanzgerichten entschiedenen Fällen wurde für die Frage, ob der Verwaltungshelfer in Ausübung eines öffentlichen Amtes gehandelt hat, darauf abgestellt, in welcher Funktion der Verwaltungshelfer tätig geworden ist[472]. So wurde die Tätigkeit eines Schülerlotsen als Ausübung eines öffentlichen Amtes angesehen, weil der Lotsendienst eine schulische Einrichtung freiwilliger Fürsorgeleistung ist[473]. Das LG Rottweil[474] hat mit der Begründung, daß der Lehrer eine Aufsichts- und Fürsorgepflicht über die Schüler habe, einen Amtshaftungsanspruch für den Fall als gegeben erachtet, in dem diese Aufsichts- und Fürsorgepflicht bei zeitweiser Abwesenheit des Lehrers auf einen Ordnungsschüler übertragen worden ist und dieser bei Ausübung der Aufsicht einen anderen Schüler verletzt hat.

Demgegenüber wird in der Literatur der Verwaltungshelfer überwiegend dann als in Ausübung eines öffentlichen Amtes handelnd angesehen, wenn er unter Zugrundelegung der Werkzeugtheorie als bloßes Werkzeug oder Mittler bei der Erfüllung der Verwaltungsaufgabe tätig geworden ist[475]. Wenn auch die Werkzeugtheorie hinsichtlich der Tätigkeit des selbständigen Privatunternehmers abgelehnt wird[476], so soll sie für den unselbständigen Verwaltungshelfer offensichtlich deshalb Geltung beanspruchen können, weil in seinem Fall ein unselbständiges

---

[468] BGH VersR 1958, S. 705

[469] LG Rottweil, NJW 1970, S. 474

[470] LG Rottweil, NJW 1970, S. 474 ; vgl. auch Martens, NJW 1970, S. 1029; Zuleeg, DÖV 1970, S. 627

[471] BGH VersR 1958, S. 705f

[472] OLG Köln, NJW 1968, S. 655; LG Rottweil, NJW 1970, S. 474

[473] OLG Köln, NJW 1968, S. 655f

[474] BGH NJW 1970, S. 474f

[475] Papier in: Maunz / Dürig, Grundgesetz, Art. 34, Rn. 97; Jacobs, Staatshaftungsrecht, Rn. 149; Bender, Staatshaftungsrecht (3. Aufl. 1981), Rn. 682; vgl. auch Windthorst/ Sproll, Staatshaftungsrecht, § 7, Rn. 28ff

[476] Papier in: Maunz / Dürig, Grundgesetz, Art. 34, Rn. 26, 98f

Tätigwerden gegeben ist, so daß es bei Anwendung der Werkzeugtheorie in der Regel zum Eingreifen öffentlich-rechtlicher Haftungsvorschriften kommt.

Die Haftung für die durch den unselbständigen Verwaltungshelfer verursachten Schäden bestimmt sich jedoch nicht nach der Werkzeugtheorie, sondern wie beim selbständigen Privatunternehmer danach, ob der unselbständige Verwaltungshelfer im öffentlich-rechtlichen Pflichtenkreis der Behörde tätig geworden ist. Gegen eine Anwendung der Werkzeugtheorie auf die Fälle des unselbständigen Verwaltungshelfers sprechen die geäußerten Bedenken der Schwierigkeit der Ermittlung der genauen rechtlichen Ausgestaltung des Innenverhältnisses. Wenn demgegenüber auf ein Tätigwerden im öffentlich-rechtlichen Pflichtenkreis der Behörde abgestellt wird, so läßt sich das Eingreifen öffentlich-rechtlicher Haftungsnormen allein anhand objektiver Kriterien bestimmen. Insoweit ist für eine Haftungsüberleitung nach Art. 34 Satz 1 GG bei einem Tätigwerden des selbständigen Privatunternehmers wie des unselbständigen Verwaltungshelfers allein von Bedeutung, inwieweit es sich bei der übertragenen Aufgabe um eine Pflicht des öffentlichen Rechts, eine öffentlich-rechtliche Pflichtaufgabe oder um eine nach Maßgabe des öffentlichen Rechts zu erfüllende Aufgabe gehandelt hat. In diesen Fällen kann sich die Verwaltung ihrer haftungsrechtlichen Verantwortung nicht dadurch entziehen, daß sie selbständige oder unselbständige private Kräfte zur Erfüllung dieser Aufgaben einschaltet. Bei einem Tätigwerden im öffentlich-rechtlichen Pflichtenkreis ist der unselbständige Verwaltungshelfer dementsprechend stets als in Ausübung eines öffentlichen Amtes handelnd anzusehen.

Auf diese Weise kann eine öffentlich-rechtliche Haftung (§ 839 Abs. 1 BGB iVm. Art. 34 Satz 1 GG) wie beim selbständigen Privatunternehmer in den Fällen begründet werden, in denen die Verwaltung einen unselbständigen Verwaltungshelfer im Bereich der Eingriffsverwaltung heranzieht, so, wenn ein Polizeibeamter einen zufällig vorbeikommenden Bürger bittet, sich an der Bergung eines Fahrzeugs zu beteiligen. Auch im Bereich der öffentlich-rechtlichen Pflichtaufgaben ist der unselbständige Verwaltungshelfer als Beamter im haftungsrechtlichen Sinne anzusehen (Art. 34 Satz 1 GG), wenn er bei der Erfüllung einer derartigen Pflichtaufgabe mitwirkt. Ein solcher Fall der unselbständigen Verwaltungshilfe im Bereich öffentlich-rechtlicher Pflichtaufgaben ist beispielsweise denkbar, wenn eine Gemeinde Bauarbeiten zum Zwecke der Trinkwasserversorgung vornimmt und ein nicht im öffentlichen Dienst beschäftigter Praktikant bei der Vornahme einer unselbständigen Hilfeleistung einen Schaden verursacht. Letztlich können über eine Funktionswahrnehmung im öffentlich-rechtlichen Pflichtenkreis der Behörde auch die Fälle der Schülerhilfe erfaßt werden, weil es sich bei der Für- und

Vorsorge für die Schüler sowie bei der Aufsichtspflicht über die Schüler um öffentlich-rechtliche Pflichten handelt[477].

Da die unselbständigen Verwaltungshelfer ebenso wie die selbständigen Unternehmer keine Anstellungskörperschaft haben[478], haftet derjenige Träger öffentlicher Gewalt, der dem Verwaltungshelfer das konkrete öffentliche Amt anvertraut hat[479].

c. Die Amtshaftung bei Tätigwerden eines Beliehenen

Neben dem selbständigen Privatunternehmer und dem unselbständigen Verwaltungshelfer werden öffentliche Aufgaben auch an Beliehene übertragen. Bei diesen handelt es sich ebenfalls um Private, da auch sie natürliche oder juristische Personen des Privatrechts[480] sind.

aa. Der Begriff des Beliehenen

Beim Beliehenen handelt es sich um eine natürliche oder juristische Person des Privatrechts, der durch oder aufgrund Gesetzes[481] durch Verwaltungsakt oder verwaltungsrechtlichen Vertrag bestimmte hoheitliche Kompetenzen zur Wahrnehmung im eigenen Namen übertragen worden sind[482]. Dieser Definition liegt die Rechtsstellungstheorie zugrunde, wonach Wesen der Beleihung die Ausstattung eines Privaten mit echten Hoheitsbefugnissen ist[483]. Nach der sog. Aufgabentheorie ist die Beleihung hingegen dadurch gekennzeichnet, daß dem Privaten bestimmte staatliche Aufgaben im Wege der Delegation zugewiesen sind[484]. Prämisse der Aufgabentheorie ist die Existenz eines abgrenzbaren Bereichs materiell-rechtlicher staatlicher Aufgaben, von deren Wahrnehmung Private grundsätzlich ausgeschlossen sind[485]. Die Bezugnahme auf den staatlichen Aufgaben-

---

[477] Wolff / Bachof / Stober, Verwaltungsrecht II, § 104, Rn. 5

[478] Ossenbühl, Staatshaftungsrecht, S. 95; Papier in: Maunz / Dürig, Grundgesetz, Art. 34, Rn. 287

[479] Ossenbühl, Staatshaftungsrecht, S. 94

[480] Ossenbühl, VVDStRL 29 (1971), S. 137 (200)

[481] BVerwGE 29, 106

[482] Ossenbühl, Staatshaftungsrecht, S. 15; Wolff / Bachof / Stober, Verwaltungsrecht II, § 104 I.; Stober, Wirtschaftsverwaltungsrecht, S. 229; Papier in: Münchner Kommentar, § 839 BGB, Rn. 113

[483] Vogel, Öffentliche Wirtschaftseinheiten in privater Hand, S. 81

[484] Steiner, Öffentliche Verwaltung durch Private, S. 46 sowie S. 11, Fn. 14

[485] v. Heimburg, Verwaltungsaufgaben und Private, S. 31

kreis bringt jedoch Schwierigkeiten bei der konkreten Anwendung der Aufgabentheorie mit sich, da der staatliche Aufgabenbereich in Ermangelung einer echten Staatsaufgabenlehre inhaltlich nicht bestimmbar ist und sich darüber hinaus die Aufgaben des Staates in einer demokratischen Gesellschaftsform wandeln[486]. Die Rechtsstellungstheorie vermeidet diese Schwierigkeiten, indem sie auf die organisatorische Eingliederung des Privaten in das Verwaltungssystem bei gleichzeitiger Zuweisung von hoheitlichen Zuständigkeiten abstellt.

Die dem Beliehenen übertragenen Befugnisse können dabei sowohl obrigkeitlicher als auch schlicht-hoheitlicher Natur sein[487]. Insoweit erscheint die von Vogel[488] vertretene Auffassung, wonach die Wahrnehmung schlicht-hoheitlicher Kompetenzen aus dem Anwendungsbereich der Beleihung herausgenommen werden soll, durch die Rechtsnatur der Beleihung nicht gerechtfertigt, da diese allein an die Wahrnehmung öffentlich-rechtlicher Kompetenzen anknüpft, ohne zwischen den einzelnen Befugnissen zu unterscheiden[489]. Entscheidend ist, daß der sowohl mit obrigkeitlichen als auch der mit schlicht-hoheitlichen Kompetenzen Beliehene eine Kompetenz zur eigenverantwortlichen, abschließenden und bindenden Entscheidung auf dem Gebiete des öffentlichen Rechts besitzt[490]. Dementsprechend handelt es sich bei den nur mit schlicht-hoheitlichen Kompetenzen ausgestatteten Prüfingenieuren für Baustatik[491] oder den Bezirksschornsteinfegern, die im Rahmen der Feuerstättenschau[492] (§ 13 Abs. 1 Sätze 2, 4, 6 und 9 SchfG) tätig werden, ebenso um Beliehene wie bei den Flug[493]- und Schiffskapitänen[494] (§ 29 Abs. 3 LuftVG bzw. §§ 75 Abs. 1, 101, 106 SeemG) sowie den Jagdaufsehern (§ 25 Abs. 2 BJagdG), die mit obrigkeitlichen Kompetenzen ausgestattet sind. Keine Beliehenen sind die Träger eines privaten Amtes, wie der Konkursverwalter, der Nachlaßverwalter, der Testamentsvollstrecker, der Vormund oder der Pfleger[495], weil diese Privaten nicht öffentlich-rechtliche, sondern privatrechtliche Funktionen wahrnehmen.

---

[486] Vogel, Öffentliche Wirtschaftseinheiten in privater Hand, S. 66; Stober, Handbuch des Wirtschaftsverwaltungs- und Umweltweltrechts, S. 871; Leisner, AöR 93 (1968), S. 183; Steiner, DÖV 1970, S. 526; Ossenbühl, VVDStRL 29 (1971), S. 137 (159)

[487] Wolff / Bachof / Stober, Verwaltungsrecht II, § 104, Rn. 6; Steiner, JuS 1969, S. 69 (71)

[488] Vogel, Öffentliche Wirtschaftseinheiten in privater Hand, S. 81

[489] Steiner, JuS 1969, S. 69 (71)

[490] Stober, Handbuch des Wirtschaftsverwaltungs- und Umweltrechts, S. 873

[491] BVerwG DÖV 1972, S, 500; Steiner, Öffentliche Verwaltung durch Private, S. 129ff

[492] BGHZ 62, 372; VGH Kassel VGHE 18, 86ff; OLG Hamm, NJW 1972, S. 2088

[493] BVerwG DÖV 1984, S. 1025; VGH Kassel, NJW 1976, S. 1990; BGH NJW 1983, S. 448f; OLG Celle NJW 1982, S. 770

[494] BVerwG DÖV 1984, S. 1025

[495] Ossenbühl, Staatshaftungsrecht, S. 16; Papier in: Maunz / Dürig, Grundgesetz, Art. 34, Rn. 96

bb. Abgrenzung zu den selbständigen Privatunternehmern und den unselbständigen Verwaltungshelfern

Ob ein Fall der Beleihung vorliegt bestimmt sich unter Zugrundelegung der Rechtsstellungstheorie danach, ob dem Privaten hoheitliche Kompetenzen zur Wahrnehmung im eigenen Namen übertragen worden sind. Über das Kriterium der "Wahrnehmung im eigenen Namen" können aus dem Anwendungsbereich der Beleihung bereits die Fälle der unselbständigen Verwaltungshilfe herausgenommen werden: Die unselbständigen Verwaltungshelfer erfüllen lediglich untergeordnete Hilfstätigkeiten und werden nur nach Weisung der Behörde tätig[496]. Bei ihrer Tätigkeit unterstehen sie der Aufsicht durch die Behörde, die die Aufgaben dem unselbständigen Verwaltungshelfer jederzeit wieder entziehen und einen anderen Privaten zur Hilfeleistung heranziehen kann[497]. Auch kann die den unselbständigen Verwaltungshelfer beauftragende Stelle die Anforderungen hinsichtlich der Hilfstätigkeit jederzeit verändern[498].

Kann über das Kriterium der selbständigen Ausübung hoheitlicher Kompetenzen die Erscheinungsform der unselbständigen Verwaltungshilfe von der Beleihung abgegrenzt werden, so ist dies bei der Tätigkeit des selbständigen Unternehmers nicht möglich. Im Gegensatz zu den unselbständigen Verwaltungshelfern erfüllen diese Aufgaben, die angesichts der dafür erforderlichen Kenntnisse und Mittel und in Anbetracht der mit der Aufgabenerfüllung verbundenen Verantwortung nicht als untergeordnete und unwesentliche Verwaltungstätigkeit bezeichnet werden können[499]. Dies gilt insbesondere im Hinblick auf die nicht unerheblichen technischen, finanziellen und personellen Anforderungen, die an den Unternehmer hinsichtlich der Aufgabenerfüllung gestellt werden. Dem entspricht es, daß der Privatunternehmer die genannten Tätigkeiten in der Regel selbständig und ohne umfassende Kontrolle durch die Behörde erledigt[500].

Die Abgrenzung des Beliehenen zur Tätigkeit des selbständigen Privatunternehmers hat sich folglich daran zu orientieren, ob hoheitliche Kompetenzen durch oder aufgrund Gesetzes zur Wahrnehmung im eigenen Namen übertragen worden sind. Inwieweit dies der Fall ist, richtet sich im Falle der Aufgabenerfüllung durch selbständige Privatunternehmer aufgrund gesetzlicher Regelung danach, ob die einschlägige Rechtsgrundlage eine Übertragung hoheitlicher Kompetenzen vorsieht. Dies ist beispielsweise nicht der Fall bei einem Bauunternehmer, der auf-

[496] Maurer, Allgemeines Verwaltungsrecht, § 23, Rn. 60
[497] Zuleeg, DÖV 1970, S. 627f
[498] Zuleeg, DÖV 1970, S. 627f
[499] Notthoff, NVwZ 1994, S. 771f
[500] Notthoff, NVwZ 1994, S. 771f

grund der Regelung in § 45 VI StVO vor dem Beginn von Arbeiten, die sich auf den Straßenverkehr auswirken, Baustellen absperrt und kennzeichnet[501]. Bei der Verpflichtung zur Absicherung von Baustellen nach § 45 VI StVO handelt es sich insoweit nicht um eine öffentlich-rechtliche Pflicht des Staates, sondern vielmehr um einen Teil der dem Bauunternehmer obliegenden, nach Privatrecht zu beurteilenden Verkehrssicherungspflicht[502]. § 45 VI StVO enthält insoweit lediglich eine Verpflichtung des Unternehmers zur Vornahme von rein tatsächlichen Maßnahmen zur Absicherung des Baustellenbereichs, nicht jedoch eine Ermächtigung zur Anordnung verbindlicher Maßnahmen gegenüber den Verkehrsteilnehmern[503].

In diesen Fällen liegt dementsprechend weder eine Beleihung, noch ein Fall der selbständigen Verwaltungshilfe Privater vor, da der Private nicht eine öffentlich-rechtliche Aufgabe erfüllt, sondern lediglich der ihm obliegenden Verkehrssicherungspflicht nachkommt. In übrigen werden die selbständigen Verwaltungshelfer überwiegend durch zivilrechtlichen Vertrag zur Aufgabenerfüllung herangezogen, so daß schon aus diesem Grund die Beleihung mit hoheitlichen Kompetenzen durch oder aufgrund Gesetzes durch Verwaltungsakt oder entsprechende Verträge gemäß §§ 54 ff VwVfG ausscheidet[504].

Die Beleihung läßt sich von der Tätigkeit eines selbständigen Privatunternehmers somit dadurch abgrenzen, daß dem Beliehenen hoheitliche Kompetenzen zur Wahrnehmung im eigenen Namen übertragen worden sind. Dadurch erlangt der Beliehene im Gegensatz zum selbständigen Privatunternehmer eine Kompetenz zur eigenverantwortlichen, abschließenden, bindenden Entscheidung auf dem Gebiet des öffentlichen Rechts[505]. Soweit sein hoheitlicher Kompetenzbereich reicht, wird er zum Verwaltungsträger. Demgegenüber wird der selbständige Privatunternehmer auf privatrechtlicher Basis zur Erfüllung bestimmter öffentlicher Aufgaben herangezogen ohne daß ihm gleichzeitig eine Kompetenz zur eigenverantwortlichen Entscheidung nach außen auf dem Gebiete des öffentlichen Rechts zustehen würde. Insoweit verzichtet der Staat bei der Aufgabenübertragung an einen selbständigen Unternehmer - im Gegensatz zum Tatbestand der Beleihung - nicht auf öffentlich-rechtliche Kompetenzen, sondern bleibt für die Aufgabenerfüllung nach wie vor verantwortlich[506].

---

[501] BVerwG BB 1970, S. 1074 zu § 3 Abs. 3 StVO a.F.; OLG Celle, VersR 1968, S. 76
[502] BVerwG BB 1970, S. 1074
[503] BVerwG DVBl. 1970, S. 1074; Bender, Staatshaftungsrecht (3. Aufl. 1981) Rn. 681
[504] Notthoff, NVwZ 1994, S. 771f
[505] Stober, Handbuch des Wirtschaftsverwaltungs- und Umweltrechts, S. 873
[506] Scholz, NJW 1997, S. 14 (16)

cc. Verfassungsrechtliche Zulässigkeit der Beleihung

Durch die Übertragung von Verwaltungsaufgaben auf einen Privaten im Wege der Beleihung wird ein Teil der Verwaltungsaufgaben privatisiert[507]. Insoweit sind die Erscheinungsformen der echten und der unechten Privatisierung zu unterscheiden. Eine echte Privatisierung liegt vor, wenn eine volle Übertragung der Aufgabe auf den Privaten mit der Folge vorgenommen wird, daß der Staat unter Verzicht auf die Wahrnehmung eigener Kompetenzen jede weitere eigene Beteiligung in diesem Aufgabenbereich aufgibt[508]. Vom Vorliegen einer unechten oder auch formellen Privatisierung ist hingegen auszugehen, wenn staatliche Verantwortlichkeiten oder Zuständigkeiten organisatorisch in privatrechtliche Formen überführt werden und der Staat dabei nur teilweise auf Kompetenzen zugunsten des Privaten verzichtet[509].

Die Beleihung als Übertragung von Verwaltungsaufgaben unter gleichzeitiger Verleihung der Befugnis zur Wahrnehmung hoheitlicher Kompetenzen in eigenem Namen stellt sich dabei als eine (nur) unechte Privatisierung dar, da dem Privaten einerseits die Erfüllung einer Staatsaufgabe unter Verleihung hoheitlicher Befugnisse übertragen wird, er aber andererseits zum Verwaltungsträger wird, soweit der hoheitliche Kompetenzbereich reicht[510]. Dies unterscheidet den Beliehenen von den selbständigen oder unselbständigen Verwaltungshelfern, da diese durch die Beauftragung mit der Aufgabenerfüllung nicht zu Verwaltungsträgern werden, sondern materiell im Bereich des Privatrechts verbleiben[511]. Dies bedeutet, daß die jeweilige Hoheitsaufgabe, bei deren Erfüllung die selbständigen und unselbständigen Verwaltungshelfer mitwirken, aus dem allgemeinen Staatsvorbehalt nicht entlassen wird, so daß auf Seiten des Staates die unmittelbare Verantwortung für die Erfüllung der betreffenden Aufgabe fortbesteht[512].

Liegt dagegen die Übertragung einer Verwaltungsaufgabe auf einen Privaten im Rahmen der Beleihung vor, so ist deren Zulässigkeit an Art. 33 Abs. 4 GG zu messen, der vorsieht, daß hoheitliche Befugnisse "als ständige Aufgabe" "in der Regel"[513] Angehörigen des öffentlichen Dienstes zu übertragen sind. Aus dieser Formulierung kann geschlossen werden, daß Teilbereiche an Nichtbeamte zur

---

[507] v. Heimburg, Verwaltungsaufgaben und Private, S. 18ff; Scholz, NJW 1997, S. 14f
[508] Scholz, NJW 1997, S. 14f; v. Heimburg, Verwaltungsaufgaben und Private, S. 21
[509] Scholz, NJW 1997, S. 14f; v. Heimburg, Verwaltungsaufgaben und Private, S. 21
[510] Steiner, JuS 1969, S. 69 (71); Maurer, Allgemeines Verwaltungsrecht, § 23, Rn. 56; Scholz in: Maunz / Dürig, Grundgesetz, Art. 12, Rn. 216; Ehlers in: Erichsen, Allgemeines Verwaltungsrecht, S. 9
[511] Scholz, NJW 1997, S. 14 (16)
[512] Scholz, NJW 1997, S. 14 (16)
[513] BVerfGE 9, 268 (284)

Wahrnehmung übertragen werden können, sofern nur das Regel-Ausnahme-Verhältnis zugunsten der Beamten gewahrt bleibt und ein sachlicher Grund für die Ausnahme gegeben ist[514]. Die Übertragung einzelner Kompetenzen auf Private ist demnach zulässig.

Im Rahmen der Beleihung können dem Privaten sowohl obrigkeitliche als auch schlicht-hoheitliche Kompetenzen verliehen werden[515]. Geht es um die Übertragung obrigkeitlicher Zuständigkeiten, so ist das staatliche Gewaltmonopol dann betroffen, wenn eine materielle Privatisierung dergestalt erfolgt, daß die obrigkeitlichen Aufgaben unter vollständigem Rückzug des Staates ausschließlich auf den Privaten übertragen werden[516]. Von einem solchen Rückzug des Staates kann bei der Beleihung jedoch gerade nicht gesprochen werden, da der Beliehene durch die Übertragung der Aufgaben zum kompetentiellen und organisatorischen Bestandteil der öffentlichen Verwaltung wird[517]. Zur Wahrung der Rechtsstaatlichkeit wird der Vorgang der Beleihung jedoch unter gesetzlichen Vorbehalt gestellt, so daß die Übertragung hoheitlicher Kompetenzen nur durch oder aufgrund eines Gesetzes möglich ist[518]. Dadurch wird berücksichtigt, daß die Übertragung öffentlicher Gewalt auf Privatrechtssubjekte in den meisten Fällen bedeutet, daß der Beliehene zur Ausübung hoheitlicher Handlungen gegenüber den Staatsbürgern befugt ist[519]. Auf der anderen Seite wird durch die Festsetzung eines institutionellen Gesetzesvorbehalts dem Umstand Rechnung getragen, daß die Exekutive nicht befugt ist, die ihr obliegenden Aufgaben ohne gesetzliche Ermächtigung an andere Verwaltungsträger zu übertragen[520]. Um sicherzustellen, daß sich die Tätigkeit des Beliehenen in die verfassungsmäßige Ordnung einfügt, untersteht er der staatlichen Aufsicht[521].

---

[514] Maunz in: ders. / Dürig, Grundgesetz, Art. 33, Rn. 42; Wolff / Bachof / Stober, Verwaltungsrecht II, § 104, Rn. 6

[515] Wolff / Bachof / Stober, Verwaltungsrecht II, § 104, Rn. 6; Steiner, JuS 1969, S. 69 (71)

[516] Maunz in: ders./ Dürig, Grundgesetz, Art. 33, Rn. 42

[517] Scholz in: Maunz / Dürig, Grundgesetz, Art. 12, Rn. 215f

[518] Ossenbühl, Staatshaftungsrecht, S. 15; Stober, Wirtschaftsverwaltungsrecht, S. 229; Papier in: Münchner Kommentar, § 839 BGB, Rn. 113

[519] Stober, Handbuch des Wirtschaftsverwaltungs- und Umweltrechts, S. 873

[520] VGH Kassel ESVGH 28, 70; OVG Münster NJW 1980, S. 1406; Ossenbühl, VVDStRL 29 (1971), S. 173; Greifeld, DÖV 1981, S. 910f

[521] Ossenbühl, VVDStRL 29 (1971), S. 137 (159ff); Maurer, Allgemeines Verwaltungsrecht, § 23, Rn. 58; Wolff / Bachof / Stober, Verwaltungsrecht II, § 104 II, Rn. 7; VGH Mannheim, DVBl. 1983, S. 593: in der Regel Fachaufsicht

dd. Eingreifen von Amtshaftungsgrundsätzen (§ 839 Abs. 1 BGB iVm. Art. 34 Satz 1 GG) bei Tätigwerden des Beliehenen

Voraussetzung der Haftungsüberleitung nach Art. 34 Satz 1 GG ist, daß der Amtswalter dem Betroffenen den Schaden in Ausübung eines öffentlichen Amtes (Art. 34 Satz 1 GG) zugefügt hat. Ausreichend ist insoweit nicht, daß im Ergebnis staatliches Unrecht verursacht worden ist[522], vielmehr muß die Amtspflichtverletzung in Ausübung öffentlicher Gewalt verursacht worden sein (Art. 34 Satz 1 GG). Für den Beliehenen bedeutet dies, daß es zur Begründung einer Haftungsüberleitung auf den Staat nicht schon ausreichend ist, daß er aufgrund der Beleihung zum Verwaltungsträger[523] und damit in die mittelbare Staatsverwaltung[524] einbezogen worden ist.

Der Bundesgerichtshof macht das Eingreifen öffentlicher Haftungsgrundsätze (§ 839 Abs. 1 BGB iVm. Art. 34 Satz 1 GG) bei durch den Beliehenen verursachten Schäden davon abhängig, daß dieser durch die Heranziehung zur Erfüllung der Verwaltungsaufgabe in die hoheitliche Verwaltungstätigkeit einbezogen worden ist[525]. In den Entscheidungen zu den Prüfingenieuren für Baustatik führt der Bundesgerichtshof aus, daß der Schaden an einem Bauwerk, der auf ein Verschulden des Prüfingenieurs bei der Überprüfung der Bauunterlagen zurückzuführen ist, in Ausübung eines öffentlichen Amtes verursacht worden sei, weil die Prüfung und Genehmigung eines Baugesuchs eine hoheitliche Tätigkeit seitens der Behörde darstelle, die den Ingenieur durch den Auftrag zur Prüfung in diese hoheitliche Verwaltung miteinbeziehe[526]. Demzufolge übe der Prüfingenieur bei der Überprüfung der Baustatik öffentliche Gewalt der Baugenehmigungsbehörde aus[527].

Die gleiche Argumentation lag der Entscheidung des Bundesgerichtshofs zu den TÜV-Sachverständigen[528] zugrunde, in der ausdrücklich ein Vergleich mit der Tätigkeit der Prüfingenieure gezogen wurde[529]. Danach handeln die TÜV-Sachverständigen nach § 29 StVZO bei der ihnen übertragenen Tätigkeit als Beliehene und in Ausübung öffentlicher Gewalt, weil ihre Gutachter- und Prüfertätigkeit mit der Erteilung der Erlaubnis durch die Verwaltungsbehörde aufs engste zusammenhängt und geradezu einen Bestandteil der von der Verwaltungsbehörde

---

[522] Papier in: Maunz / Dürig, Grundgesetz, Art. 34, Rn. 24f
[523] Maurer, Allgemeines Verwaltungsrecht, § 23, Rn. 56
[524] Maurer, Allgemeines Verwaltungsrecht, § 23, Rn. 56
[525] BGHZ 39, 358 (361f); BGH VersR 1964, S. 1302 (1304)
[526] BGHZ 39, 358 (361)
[527] BGHZ 39, 358 (362)
[528] BGHZ 49, 108 (113f); BGH NJW 1973, S. 458; aus der neueren Rechtsprechung siehe auch: OLG Köln, NJW 1989, S. 2065; OLG Braunschweig, NJW 1990, S. 2629
[529] BGHZ 49, 108 (113f)

ausgeübten und in ihrem Verwaltungsakt sich niederschlagenden hoheitlichen Tätigkeit bildet[530]. Dazu ist nicht erforderlich, daß der Beliehene selbst einen Verwaltungsakt erläßt oder erlassen kann, ausreichend ist vielmehr, daß die Sachentscheidung und Bewertung durch den Privaten Grundlage der Behördenentscheidung ist[531]. Voraussetzung dafür ist jedoch, daß die vom Beliehenen wahrgenommene Tätigkeit Teil einer staatlichen Verwaltungsaufgabe ist[532]. So wurde beispielsweise ein hoheitliches Handeln eines Hochschulinstituts als amtliche Prüfstelle für Elektrogeräte mit der Begründung verneint, daß das Inverkehrbringen technischer Arbeitsmittel und ihnen gleichstehender Gegenstände nicht von der Erteilung einer staatlichen Erlaubnis abhängig ist[533]. Aufgrund der Prüfplakette, die das Hochschulinstitut verteilt, soll die zuständige Behörde zwar in der Regel davon ausgehen, daß das geprüfte Erzeugnis den Sicherheitsanforderungen entspricht. Da aber keine allgemeine vorbeugende Kontrolle der Behörde stattfindet, sondern diese vielmehr nur einschreitet, wenn sie von anderen Stellen und Behörden dazu aufgefordert wird, ist die Entscheidung des Hochschulinstituts nicht in einem Maße Grundlage der Behördenentscheidung, daß von einem eigenen hoheitlichen Handeln eines solchen Instituts gesprochen werden könnte[534].

Wenn dieser Rechtsprechung auch im Ergebnis zuzustimmen ist, so ist der ihr zugrundeliegenden Argumentation jedoch nicht ohne weiteres zu folgen. Das Kriterium der Einbeziehung in die Verwaltung ist aufgrund seiner Unschärfe nur bedingt geeignet, das Eingreifen von Amtshaftungsgrundsätzen zu begründen, da insoweit nicht hinreichend deutlich wird, wann eine derartige, die öffentlich-rechtliche Haftung auslösende Einbeziehung des Beliehenen in die Verwaltung gegeben sein soll[535]. Soweit die Einbeziehung davon abhängig gemacht wird, daß die Entscheidung des Beliehenen Grundlage der Behördenentscheidung gewesen ist[536], so kann damit nicht die Frage beantwortet werden, ob Amtshaftungsgrundsätze auch dann eingreifen, wenn die Tätigkeit des Beliehenen nicht der Vorbereitung einer Entscheidung der Verwaltung dient, sondern der Beliehene die Entscheidungen selbst zu treffen hat, wie dies etwa bei der Tätigkeit des Jagdaufsehers nach § 25 Abs. 2 BJagdG der Fall ist, wenn dieser von der Ausübung unmittelbaren Zwanges Gebrauch macht (§ 25 Abs. 2 Satz 2 BJagdG).

---

530 BGHZ 49, 108 (113); ebenso: BGH NJW 1973, S. 458

531 BGHZ 49, 108 (114); BGH NJW 1961, S. 969f für die Ärzte städtischer Krankenanstalten, die das Versorgungsamt mit einer versorgungsärztlichen Untersuchung und Begutachtung beauftragt hatte.

532 OLG Köln, NJW 1989, S. 2065

533 BGH NJW 1978, S. 2548; vgl. auch BGH NJW 1973, S. 1650

534 BGH NJW 1978, S. 2548 (2549)

535 Ossenbühl, JuS 1973, S. 421f

536 BGHZ 49, 108 (113)

Ausgehend von der Prämisse, daß der Beliehene neben seinen hoheitlichen Aufgaben auch Tätigkeiten im nicht-hoheitlichen Bereich außerhalb der Beleihung erfüllt[537], ist das Eingreifen von Amtshaftungsgrundsätzen davon abhängig zu machen, ob dieser bei der Schadensverursachung in Ausübung der ihm übertragenen hoheitlichen Kompetenzen gehandelt hat[538]. Konstituierend für das Eingreifen von Amtshaftungsgrundsätzen ist unter Zugrundelegung der Entwicklung des Amtshaftungsanspruchs aus Art. 131 WRV, daß der Schaden dem Bürger gegenüber in Ausübung öffentlicher Gewalt verursacht worden ist[539]. Handelt der Beliehene in den Formen des öffentlichen Rechts - insbesondere beim Erlaß eines Verwaltungsakts - so liegt schon begrifflich eine hoheitliche, d.h. öffentlich-rechtliche Maßnahme[540], vor. Ist der Schaden hingegen nicht durch den Erlaß eines Verwaltungsakts verursacht worden, so ist ein Amtshaftungsanspruch dann gegeben, wenn der Schaden in Wahrnehmung einer öffentlich-rechtlichen Funktion verursacht worden ist, da entscheidend für die Ausübung eines öffentlichen Amtes nicht der Status der handelnden Person, sondern die von ihr wahrgenommene Funktion ist. Hinsichtlich der Tätigkeit des Beliehenen bedarf es insoweit keiner Begrenzung der Haftung auf eine Funktionswahrnehmung im öffentlich-rechtlichen Pflichtenkreis, da durch die Beleihung ohnehin ausschließlich öffentlich-rechtliche Kompetenzen übertragen werden. Insoweit ist der Beliehene zwar Privater, auf der Grundlage der ihm verliehenen besonderen Rechtsstellung wird er jedoch funktionell wie organisatorisch Teil der öffentlichen Verwaltung[541]. Er handelt somit als staatlich ermächtigtes, materielles Verwaltungsorgan[542]. Nur auf diese Weise ist die Übertragung hoheitlicher Kompetenzen zur Wahrnehmung in eigenem Namen auf einen Privaten durch den Staat möglich. Ebenso wie beim selbständigen Privatunternehmer und beim unselbständigen Verwaltungshelfer handelt es sich bei der Beleihung um eine reine Vollzugsmodalität einer staatlichen Verwaltungsaufgabe[543], so daß das Eingreifen von Amtshaftungsgrundsätzen dann gerechtfertigt ist, wenn der Beliehene in Ausübung öffentlich-rechtlicher Funktionen tätig wird.

Unter Zugrundelegung der funktionsbezogenen Auslegung des Amtsbegriffs im Sinne von Art. 34 Satz 1 GG werden aus dem Bereich der öffentlich-rechtlichen Haftung des Staates für den Beliehenen diejenigen Schäden herausgenommen, die

[537] Bender, Staatshaftungsrecht (3. Aufl. 1981), Rn. 678f

[538] Ossenbühl, Staatshaftungsrecht, S. 15ff

[539] Papier in: Maunz / Dürig, Grundgesetz, Art. 34, Rn. 90; ders. in: Münchner Kommentar, § 839 BGB, Rn. 110

[540] Schwarze in: Knack, Verwaltungsverfahrensgesetz, § 35, Rn. 4.1.1

[541] Wolff / Bachof / Stober, Verwaltungsrecht II, § 104, Rn. 10; Maurer, Allgemeines Verwaltungsrecht, § 23, Rn. 56; Burmeister, JuS 1989, S. 256 (260)

[542] Scholz, NJW 1997, S. 14 (16)

[543] Burmeister, JuS 1989, S. 256 (260)

der Beliehene bei seiner sonstigen, nicht hoheitlichen Tätigkeit verursacht hat. In diesem Bereich ist das Eingreifen öffentlich-rechtlicher Haftungsnormen nicht gerechtfertigt, da eine Haftungsüberleitung nach Art. 34 Satz 1 GG nur in den Fällen erforderlich ist, in denen dem Bürger gegenüber in Ausübung öffentlicher Gewalt gehandelt worden ist. Liegt hingegen keine öffentlich-rechtliche Funktionswahrnehmung vor, haftet der Beliehene selbst nach §§ 823 ff BGB[544].

Entgegen dem OLG Braunschweig[545] unterfallen auch diejenigen Tätigkeiten des Beliehenen dem Amtshaftungsanspruch, bei denen die hoheitliche Funktionsausübung zumindest mittelbar betroffen ist. Das OLG Braunschweig hat für die TÜV-Sachverständigen nach § 29 StVZO die Ansicht vertreten, daß es sich zwar bei der Prüf- und Gutachtertägigkeit um eine hoheitliche Tätigkeit handele, nicht jedoch jegliche im Zusammenhang mit der gutachterlichen Tätigkeit stehenden Handlungen dem hoheitlichen Bereich im Sinne von § 839 Abs. 1 BGB iVm. Art. 34 Satz 1 GG zuzurechnen seien. Die Ausübung eines öffentlichen Amtes soll beispielsweise dann nicht anzunehmen sein, wenn der Sachverständige den Fahrzeugführer anweist, mit seinem Pkw in eine Halle zu fahren und dort anzuhalten, um daran anschließend mit der Hauptuntersuchung beginnen zu können[546]. Kommt es aufgrund der Anweisung zu Schädigungen des Bürgers, soll nach dieser Ansicht der Beliehene selbst nach Zivilrecht haften.

Diese Ansicht des OLG Braunschweig erscheint jedoch zu eng. Hilfstätigkeiten sind vielmehr dann als Ausübung eines öffentlichen Amtes anzusehen, wenn sie - wie im Fall der Anweisung zum Losfahren - in einem engen äußeren und inneren Zusammenhang mit der eigentlichen Beliehenentätigkeit stehen. Besteht kein derartig enger Zusammenhang, scheidet ein Amtshaftungsanspruch hingegen aus.

Hinsichtlich des Haftungssubjekts besteht bei den Beliehenen - ebenso wie bei den selbständigen Unternehmern und den unselbständigen Verwaltungshelfern - die Besonderheit, daß sie keine Anstellungskörperschaft im eigentlichen Sinn haben[547]. Auch haften sie nicht selbst nach öffentlichem Recht, da sie zwar Verwaltungsträger, aber keine Körperschaft im Sinne von Art. 34 Satz 1 GG sind[548]. Nach der Rechtsprechung haftet in diesem Fall entweder die juristische Person des öffentlichen Rechts, die den Privaten beliehen hat[549] oder der Träger derjeni-

544 Bender, Staatshaftungsrecht (3. Aufl. 1981), Rn. 678
545 OLG Braunschweig, NJW 1990, S. 2629
546 OLG Braunschweig, NJW 1990, S. 2629f
547 BGHZ 53, 217; Rüfner in: Erichsen, Allgemeines Verwaltungsrecht, § 48 II, Rn. 11; Papier in: Maunz / Dürig, Grundgesetz, Art. 34, Rn. 287
548 Maurer, Allgemeines Verwaltungsrecht, § 25, Rn. 43
549 So für die TÜV-Sachverständigen: BGHZ 49, 108; 122, 85 (87)

gen Behörde, die den Beliehenen im Einzelfall beauftragt hat[550]. Richtigerweise wird man die Fälle der Beleihung jedoch einheitlich dahingehend zu behandeln haben, daß diejenige Körperschaft passivlegitimiert ist, die dem Beliehenen das konkrete öffentliche Amt übertragen hat[551].

---

[550] So bei den Prüfingenieuren für Baustatik: BGHZ 39, 358

[551] Papier in: Maunz / Dürig, Grundgesetz, Art. 34, Rn. 287; Maurer, Allgemeines Verwaltungsrecht, § 25, Rn. 43

III. Der Anspruch auf Folgenbeseitigung bei der Einschaltung privater Kräfte

Der Folgenbeseitigungsanspruch wurde von der verwaltungsgerichtlichen Rechtsprechung als Ergänzung zum Amtshaftungsanspruch entwickelt[552]. Die Herausbildung dieses Rechtsinstitutes wurde erforderlich, da nach überwiegender Ansicht der Amtshaftungsanspruch wegen seiner "Anseilung" an die persönliche Haftung des Amtswalters nach § 839 Abs. 1 BGB seinem Umfang nach nur auf solche Rechtsfolgen gerichtet sein kann, die der Amtswalter auch als Privatperson erbringen könnte[553]. Dies bedeutet insbesondere, daß über den Amtshaftungsanspruch nicht die Vornahme einer pflichtwidrig unterlassenen oder Rücknahme einer rechtswidrigen Amtshandlung verlangt werden kann[554]. Diese Lücke schließt der Folgenbeseitigungsanspruch. Durch den öffentlich-rechtlichen Folgenbeseitigungsanspruch wird der Staat zur Beseitigung der tatsächlichen Folgen eines rechtswidrigen Eingriffs verpflichtet, d.h. zur Wiederherstellung des früheren, vor der Rechtsbeeinträchtigung gegebenen oder eines diesem gleichwertigen Zustands[555]. Die rechtliche Grundlage des öffentlich-rechtlichen Folgenbeseitigungsanspruchs wird teilweise in einer Analogie zu den §§ 1004, 12, 862 BGB gesehen[556]. Zutreffender ist es jedoch, zur Begründung des Folgenbeseitigungsanspruch die Freiheitsgrundrechte[557] und den Vorbehalt des Gesetzes[558] heranzuziehen, da der Schutzcharakter der Grundrechte nur dann seine umfassende Wirkung entfalten kann, wenn die Grundrechte neben einem Unterlassungsanspruch gegenüber dem Staat auch Ansprüche auf Beseitigung derjenigen Folgen vorsehen, die aus der Verletzung dieses Unterlassungsanspruchs resultieren[559].

Wenn es sich bei diesem um ein Institut der unmittelbaren Staatshaftung handelt[560], so bedeutet dies, daß auf das Erfordernis des Verschuldens eines Amtswalters verzichtet werden kann. Allerdings ist auch im Falle des Folgenbeseitigungsanspruchs erforderlich, daß die Unrechtsfolgen hoheitlich veranlaßt sind. Hierbei stellt sich - ebenso wie beim Amtshaftungsanspruch nach § 839 Abs. 1 Satz 1 BGB iVm. Art. 34 Satz 1 GG - die Frage, inwieweit es sich um hoheitlich

---

[552] BVerwGE 28, 155; 69, 366; 82, 24

[553] BGHZ 34, 99

[554] Bonk in: Sachs, Grundgesetz, Art. 34, Rn. 44

[555] BVerwGE 28, 155 (165)

[556] Bettermann, DÖV 1955, S. 528

[557] Schenke in: Steiner, Besonderes Verwaltungsrecht, S. 213, Rn. 79

[558] BVerwGE 82, 76 (95); 94, 100(103); Ossenbühl, Staatshaftungsrecht, S. 252; Maurer, Allgemeines Verwaltungsrecht, § 29 Rn. 5

[559] Papier in: Münchner Kommentar zum BGB, § 839, Rn. 78

[560] Bonk in: Sachs, Grundgesetz, Art. 34, Rn. 44; Papier in: Maunz/Dürig, Grundgesetz, Art. 34, Rn. 58

veranlaßte Unrechtsfolgen handelt, wenn die Folgen auch durch Privatpersonen mitveranlaßt worden sind.

1. Hoheitlicher Eingriff

Neben der Möglichkeit und Zumutbarkeit der Wiederherstellung[561] ist Voraussetzung, daß der rechtswidrige noch andauernde Zustand durch einen "hoheitlichen Eingriff in ein subjektives Recht" erfolgt ist[562]. Dies ist immer dann der Fall, wenn die Beeinträchtigung Ausdruck öffentlicher Gewalt ist[563], d.h. sie ihrer Rechtsqualität nach dem öffentlichen Recht zuzurechnen ist[564].

Dies ist jedenfalls dann der Fall, wenn es sich bei der Maßnahme schon der Form nach um einen Akt öffentlichen Rechts handelt, wie etwa der Erlaß eines Verwaltungsakts. Beim Vorliegen der übrigen Voraussetzungen ist hier der sog. "Vollzugsfolgenbeseitigungsanspruch" gegeben, dessen prozessual vereinfachte Geldendmachung § 113 Abs. 1 Satz 2 VwGO vorsieht.

Ist die Beeinträchtigung nicht durch einen Rechtsakt, sondern durch einen Realakt entstanden, so besteht der sogenannte "allgemeine Folgenbeseitigungsanspruch" dann, wenn die Aufgabe, in deren Rahmen die störende Realhandlung geschah, dem Bereich hoheitlicher Zielsetzung zuzuordnen ist. Dementsprechend ist entscheidend, ob die Störungsquelle in einem öffentlich-rechtlichen Planungs- und Funktionszusammenhang steht[565]. Bei Immissionen, die von öffentlichen Einrichtungen ausgehen, ist dies beispielsweise dann zu bejahen, wenn die störende Einrichtung der Öffentlichkeit gewidmet ist und öffentlichen Zwecken dient[566], so bei Einrichtungen zur Meldung und Alarmierung durch Feuerwehrsirenen, da es sich gemäß Art. 1 Abs. 1 BayFwG beim abwehrenden Brandschutz um eine Pflichtaufgabe der Gemeinden im eigenen Wirkungskreis handelt[567].

---

561 VGH Mannheim, NVwZ 1987, S. 1101; Mayer / Kopp, Allgemeines Verwaltungsrecht, S. 498f.

562 Maurer, Allgemeines Verwaltungsrecht, § 29 Rn. 7ff

563 Ossenbühl, Staatshaftungsrecht, S. 259

564 BVerwG NJW 1974, S. 817; BayVGH, NVwZ 1989, S. 269f

565 BVerwG NJW 1976, S. 570; BayVGH, NVwZ 1989, S. 269f

566 Ossenbühl, Staatshaftungsrecht, S. 259

567 BayVGH BayVBl. 1986, S. 690

2. Der Vollzugsfolgenbeseitigungsanspruch bei Beteiligung privater Kräfte am Vollzug des Verwaltungsakts

Die Unterscheidung in den Vollzugsfolgenbeseitigungsanspruch und in den allgemeinen Folgenbeseitigungsanspruch ist auch bei der Einschaltung bzw. dem Dazwischentreten von Privatrechtssubjekten notwendig, da sich die Qualifizierung der von einer Privatperson durchgeführten Maßnahme oder mitverursachten Folge unterschiedlich danach beurteilt, ob eine schon ihrer Form nach dem öffentlichen Recht zuzuordnende Maßnahme vorausgegangen ist oder ob es sich um einen Realakt handelt.

Handelt ein Beliehener, so ist ein Vollzugsfolgenbeseitigungsanspruch beim Vorliegen der übrigen Voraussetzungen dann gegeben, wenn der Beliehene einen Verwaltungsakt erlassen hat, wozu er als Verwaltungsbehörde im funktionalen, verfahrensrechtlichen Sinne (§ 1 Abs. 4 VwVfG) berechtigt ist[568].

In den übrigen Fällen der Einschaltung privater Kräfte zur Erfüllung öffentlicher Aufgaben ist die Geltendmachung eines Vollzugsfolgenbeseitigungsanspruchs dann möglich, wenn die schädigende Handlung im Gefolge eines Verwaltungsakts erfolgt ist, so etwa, wenn ein privater Abschleppunternehmer im Rahmen einer Ersatzvornahme das abzuschleppende Fahrzeug beschädigt. Von diesen Fällen sind die Sachverhalte zu unterscheiden, in denen ein Privater nicht aufgrund behördlichen Entschlusses an der Erfüllung einer Verwaltungsaufgabe beteiligt wird, sondern vielmehr einen ihn begünstigenden Verwaltungsakt selbst vollzieht, wie etwa der Bauherr, der von der ihm erteilten Baugenehmigung Gebrauch macht[569] oder der Obdachlose, der aufgrund einer Einweisungsverfügung in eine leerstehende Wohnung einzieht[570].

Ob in den Fällen des Vollzugs eines begünstigenden Verwaltungsakts ein Vollzugsfolgenbeseitigungsanspruch besteht, beurteilt sich danach, inwieweit der Vollzug durch den Privaten sich noch als unmittelbare Folge des Verwaltungsakts darstellt. Die Behörde ist insoweit nur für all diejenigen Folgen verantwortlich, auf die die Amtshandlung unmittelbar gerichtet gewesen ist, nicht jedoch für solche Folgen, die erst durch ein Verhalten des Betroffenen oder eines Dritten (mit-)verursacht worden sind, das auf dessen eigener Entschließung beruht[571]. Das Kriterium der Unmittelbarkeit erlangt hierbei in zweifacher Hinsicht Bedeutung: Einerseits ist unstreitig, daß durch die Begrenzung auf die unmittelbaren Folgen

---

[568] Stober, Handbuch des Wirtschaftsverwaltungs- und Umweltrechts, S. 876
[569] Ossenbühl, Staatshaftungsrecht, S. 267ff
[570] Wolff / Bachof, Verwaltungsrecht I, § 54 II 2.
[571] BVerwGE 69, 366

des Verwaltungsakts der Wohnungseigentümer im Obdachlosenfall über den Folgenbeseitigungsanspruch nicht den Ersatz von durch den Obdachlosen in der Wohnung verursachten Schäden verlangen kann, da es sich insoweit nicht um eine unmittelbare Vollzugsfolge handelt[572]. Andererseits ist umstritten, ob die Behörde über den Folgenbeseitigungsanspruch in den vorgenannten "Drittbeteiligungsfällen"[573] auch zum Erlaß einer Räumungs- bzw. Abrißverfügung[574] verpflichtet werden kann. Dies wird teilweise mit dem Argument bejaht, der rechtswidrige Besitzstand des Begünstigten dürfe nicht stärker geschützt werden als der rechtmäßige Besitzstand des Belasteten[575]. Richtigerweise wird man jedoch einen Anspruch auf Erlaß der begehrten Verfügungen nicht schon aus der Folgenbeseitigungspflicht der Behörde annehmen können, sondern vielmehr im Hinblick auf den Grundsatz der Gesetzmäßigkeit der Verwaltung eine spezialgesetzliche Ermächtigungsgrundlage als erforderlich anzusehen haben[576]. Dies ergibt sich daraus, daß die beantragten Verfügungen als belastende Verwaltungsakte einer rechtlichen Grundlage bedürfen[577], diese jedoch nicht im Folgenbeseitigungsanspruch gesehen werden kann, da die Folgenbeseitigung nur das Verhältnis zwischen der Behörde und dem vom ursprünglichen Verwaltungsakt nachteilig Betroffenen erfaßt[578].

Würde man das Kriterium der "unmittelbaren Folge" auch auf die Fälle der Einschaltung privater Kräfte zur Erfüllung öffentlicher Aufgaben übertragen, so hätte dies zur Folge, daß ein Vollzugsfolgenbeseitigungsanspruch dann nicht gegeben wäre, wenn die Folge erst durch ein Verhalten der privaten Kraft mitverursacht worden ist, das auf deren eigener Entschließung beruht. Eine derartige Übertragung würde den Vollzugsfolgenbeseitigungsanspruch ähnlich wie die Werkzeugtheorie auf die Fälle beschränken, in denen der Schaden aufgrund bindender Vorgaben seitens der Verwaltung zwangsläufig eintreten mußte. Eine Übertragung des Kriteriums der "unmittelbaren Folge" verbietet sich jedoch, weil der Fall des Vollzugs eines begünstigenden Verwaltungsakts nicht vergleichbar ist mit der Einschaltung privater Kräfte zur Erfüllung öffentlicher Aufgaben. Im zuerst genannten Fall entscheidet allein die Behörde, ob der Verwaltungsakt unter Zuhilfe-

---

572 Wolff / Bachof, Verwaltungsrecht I, § 54 II 2.; Maurer, Allgemeines Verwaltungsrecht, § 29, Rn. 16

573 Schäfer / Bonk, Staatshaftungsgesetz, § 3, Rn. 70ff

574 OVG Münster, NJW 1984, S. 883

575 Wolff / Bachof, Verwaltungsrecht I, § 54 II h; Schenke, DVBl. 1990, S. 328 (330f); OVG Lüneburg, DVBl. 1962, S. 418 (420); 1975, S. 915 (917f); OVG Saarland, NVwZ 1983, S. 685

576 BayVGH BayVBl. 1970, S. 118; OVG Münster NJW 1984, S. 883; Bender, Staatshaftungsrecht (2. Auflage 1974), Rn. 225f; Schäfer / Bonk, Staatshaftungsgesetz, § 12, Rn. 71

577 Ossenbühl, Staatshaftungsrecht, S. 267

578 Ossenbühl, Staatshaftungsrecht, S. 268

nahme der privaten Kraft vollzogen wird, während es in den übrigen Fällen die Privatperson selbst ist, die den Verwaltungsakt vollzieht.

Ein Vollzugsfolgenbeseitigungsanspruch bei der Einschaltung privater Kräfte ist vielmehr immer dann gegeben, wenn der Private bei der Aufgabenerfüllung im öffentlich-rechtlichen Pflichtenkreis der Behörde tätig geworden ist. Die zum Amtshaftungsanspruch entwickelten Grundsätze können auch auf den Folgenbeseitigungsanspruch übertragen werden, da sich die Frage nach der Ausübung eines öffentlichen Amtes (Art. 34 Satz 1 GG) danach bemißt, ob der Private hoheitlich gehandelt hat. Ebenso ist im Falle eines Vollzugsfolgenbeseitigungsanspruchs ein hoheitlicher Eingriff erforderlich ist. Dem Vollzugsfolgenbeseitigungsanspruch kommt bei der Einschaltung privater Kräfte allerdings nur eine untergeordnete Bedeutung bei, weil die durch den Privaten verursachten Schäden in aller Regel durch die Gewährung eines finanziellen Ausgleichs über den Amtshaftungsanspruch kompensierbar sind.

3. Das Handeln eines Privaten als Auslöser eines allgemeinen Folgenbeseitigungsanspruchs

Im Gegensatz zum Vollzugsfolgenbeseitigungsanspruch dient der Folgenbeseitigungsanspruch der Beseitigung tatsächlicher Beeinträchtigungen ohne vorausgehenden Verwaltungsakt[579]. Im Zusammenhang mit der Einschaltung privater Kräfte kann es zu einem allgemeinen Folgenbeseitigungsanspruch kommen, wenn der Private zur Erfüllung einer öffentlichen Aufgabe eingeschaltet wird und im Verhältnis zum Geschädigten Dritten kein Verwaltungsakt vorausgegangen ist, wie etwa bei der Ausführung von Straßenbauarbeiten eines Unternehmers im behördlichen Auftrag. Von diesen Fällen der Einschaltung privater Kräfte zur Erfüllung öffentlicher Aufgaben sind die Konstellationen zu unterscheiden, in denen es um die Qualifizierung und Zurechnung von privaten Folgen eines öffentlich-rechtlichen Realakts geht.

Private Folgen eines öffentlich-rechtlichen Realakts ergeben sich in der Regel dann, wenn eine Sache zur öffentlichen Nutzung durch behördlichen Realakt freigegeben wird. Zu denken ist an die von einem Kinderspielplatz[580], von einem als öffentliche Einrichtung im Sinne von Art. 21 Abs. 1 Satz 1 BayGO[581] betriebenen Grillplatz[582] oder vom einem Sportplatz[583] ausgehenden Lärmbelästigungen.

---

[579] Maurer, Allgemeines Verwaltungsrecht, § 29, Rn. 3
[580] VGH Kassel, NVwZ-RR 1989, S. 177
[581] I.d. Fassung der Bekanntmachung vom 6. Januar 1993 (GVBl. S. 65, BayRS 2020-1-1-I)
[582] BayVGH, BayVBl 1989, S. 601

Hierbei findet eine Zurechnung zulasten des Staates nur statt, wenn die private Handlung unmittelbare Folge des vorangegangenen öffentlich-rechtlichen Realakts - in den genannten Fällen der schlichten öffentlich-rechtlichen Einrichtung der Plätze - ist. Die von den Privaten ausgehenden Störungen sind dann unmittelbare Folge des öffentlich-rechtlichen Realakts, wenn durch diesen eine spezifische Gefahrenlage geschaffen wurde. Dann ist der Staat aufgrund seiner Sachherrschaft in der Lage, vorhersehbaren Mißbräuchen bei der Nutzung seiner Einrichtungen vorzubeugen. Dies führt dazu, daß etwa der von einem Kinderspielplatz ausgehende Lärm als Ausfluß der spezifischen Gefahrenlage der Errichtung einer solchen Einrichtung als öffentlich-rechtliche Beeinträchtigung anzusehen ist[584]. Gleiches gilt auch für die mißbräuchliche Nutzung eines gemeindlichen Kinder- oder Sportplatzes, wenn die Gemeinde durch die Gestaltung des Platzes einen Anreiz für die mißbräuchliche Nutzung geschaffen hat[585] oder sie keine ausreichende Vorsorge gegen eine mißbräuchliche Nutzung getroffen hat[586]. Eine Qualifizierung als öffentlich-rechtliche Beeinträchtigung scheidet jedoch aus, wenn der Mißbrauch nicht vorhersehbar war. Ist beispielsweise ein Wald planungsrechtlich als Erholungsfläche ausgewiesen worden, so kann der Lärm von dort stattfindenden Motorradrennen und von Betrunkenen auf dem Weg dorthin nicht der Planungsbehörde oder einem sonstigen Verwaltungsträger zugerechnet werden[587].

Während von der Rechtsprechung mit der Formel von der "spezifischen Gefahrenlage" ein eigenständiges Kriterium zur Beurteilung von derartigen privaten Folgen eines öffentlich-rechtlichen Realaktes geschaffen worden ist, fehlt im Rahmen des Folgenbeseitigungsanspruchs eine eigenständige Rechtsprechung zur Frage einer Verantwortlichkeit des Verwaltungsträgers für Fehlhandlungen selbständiger Privatunternehmer, deren er sich zur Aufgabenerfüllung bedient. Dennoch sind Fälle denkbar, in denen ein Folgenbeseitigungsanspruch bei Einschaltung eines Unternehmers in Betracht kommt, so, wenn der Unternehmer bei Straßenbauarbeiten beispielsweise den Erdaushub in einem angrenzenden Garten deponiert und vergißt, ihn später abholen zu lassen und der Hauseigentümer den Erdaushub beseitigt haben will.

Das Kriterium der "spezifischen Gefahrenlage" kann auf die Fälle der Einschaltung privater Kräfte insoweit übertragen werden, als von einer derartigen spezifischen Gefahrenlage durch die Behörde immer dann auszugehen ist, wenn der

---

[583] OVG Berlin, NVwZ-RR 1989, S. 125
[584] VGH Kassel, NVwZ-RR 1989, S. 177
[585] BayVGH, BayVBl 1988, S. 241
[586] BVerwG NVwZ 1990, S. 858
[587] OVG Berlin, NVwZ-RR 1988, S. 16

Unternehmer Aufgaben im öffentlich-rechtlichen Pflichtenkreis der Behörde erfüllt. Nicht übertragbar ist jedoch die von der verwaltungsgerichtlichen Rechtsprechung entwickelte Haftungsbegrenzung durch die Beschränkung auf eine gebrauchsmäßige Nutzung der öffentlichen Einrichtung. Auf den Fall von Arbeiten im öffentlichen Pflichtenkreis übertragen würde dies bedeuten, daß der Staat dann nicht haften würde, wenn der Unternehmer den Schaden vorsätzlich verursacht hat. Eine solche Haftungsbegrenzung im Außenverhältnis ist jedoch nicht mit dem Sinn und Zweck einer umfassenden Beseitigung staatlicher Unrechtsfolgen im Rahmen eines Folgenbeseitigungsanspruchs vereinbar. Dementsprechend ist der Staat zur Beseitigung durch den Unternehmer verursachter realer Folgen dann verpflichtet, wenn dieser im öffentlich-rechtlichen Pflichtenkreis tätig geworden ist, da die Behörde insoweit eine spezifische Gefahrenlage geschaffen hat.

IV. Ansprüche aus Enteignung und Aufopferungsgewohnheitsrecht bei der Einschaltung privater Kräfte zur Erfüllung öffentlicher Aufgaben

Eine Enteignung ist nur zum Wohl der Allgemeinheit zulässig (Art. 14 Abs. 3 Satz 1 GG). Sie darf nur durch Gesetz oder auf Grund eines Gesetzes erfolgen, das Art und Ausmaß der Entschädigung regelt (Art. 14 Abs. 3 Satz 2 GG). Die Entschädigung ist unter gerechter Abwägung der Interessen der Allgemeinheit und der Beteiligten zu bestimmen (Art. 14 Abs. 3 Satz 3 GG). Die Enteignungsermächtigung steht damit in einem komplementären Verhältnis zur Eigentumsgarantie des Art. 14 Abs. 1 GG: Während die Eigentumsgarantie des Art. 14 Abs. 1 Satz 1 GG für das Eigentum Bestandsgarantie ist, normiert Art. Art. 14 Abs. 3 Satz 1 GG eine Wertgarantie[588]. Den Begriff der Enteignung regelt Art. 14 GG nicht.

1. Enteignungsentschädigung (Art. 14 Abs. 3 Satz 2 GG) bei der Einschaltung privater Kräfte zur Erfüllung öffentlicher Aufgaben

Nach der Rechtsprechung des Bundesverfassungsgerichts[589] ist eine Enteignung im Sinne des Art. 14 Abs. 3 GG der staatliche Zugriff auf das Eigentum des Einzelnen. Ihrem Zweck nach ist sie auf die vollständige oder teilweise Entziehung konkreter subjektiver Rechtspositionen gerichtet, die durch Art. 14 Abs. 1 Satz 1 GG gewährleistet sind[590]. Diese Abgrenzung von Eigemtumsbeschränkung und Enteignung kann man auf einen formellen Enteignungsbegriff zurückführen[591]. Hierbei unterscheidet die Verfassung die Enteignung durch Gesetz (Legalenteignung) und die Enteignung durch Verwaltungsakt aufgrund Gesetzes (Administrativenteignung)[592].

Unter Zugrundelegung des formellen Enteignungsbegriffs des Bundesverfassungsgerichts ergibt sich eine nur untergeordnete Möglichkeit des Staates bei der Einschaltung privater Unternehmer im Rahmen einer Enteignung: So können private Unternehmer im Verlaufe des Gesetzgebungsverfahrens des Enteignungsgesetzes bei einer Legalenteignung nicht eingesetzt werden. Auch bei der Admini-

---

[588] BVerfGE 24, 367 (394, 396f, 400f); 38, 175 (181, 185); 40, 297 (338f); 56, 249 (261f); 70, 191 (199f); 71, 137 (143); Seifert / Hömig, Grundgesetz, Art. 14, Rn. 10; Badura in: Benda / Maihofer / Vogel, Handbuch des Verfassungsrechts, § 10 Rn. 60; Wendt in: Sachs, Grundgesetz, Art. 14, Rn. 9

[589] BVerfGE 52, 1 (27f)

[590] BVerfGE 52, 1 (27); 58, 137; 58, 300 (338)

[591] Bryde in: v. Münch / Kunig, Grundgesetz-Kommentar, Art. 14, Rn. 52

[592] Hierzu: Badura in: Benda / Maihofer / Vogel, Handbuch des Verfassungsrechts, § 10 Rn. 60

strativenteignung kommt der Erlaß des die Enteignung bewirkenden Verwaltungsakts lediglich durch Beliehene in Betracht, da gemäß § 35 VwVfG ein Verwaltungsakt bereits begrifflich eine "hoheitliche Maßnahme" einer "Behörde" voraussetzt. Eine "hoheitliche Maßnahme" ist ein öffentlich-rechtliche Maßnahme[593] in einem Über- und Unterordnungsverhältnis[594]. Folgerichtig verlangt § 35 Satz 1 VwVfG das Handeln einer "Behörde", d.h. eine Maßnahme, die von einer Behörde in ihrer Eigenschaft als solcher getroffen wurde[595]. Unter einer "Behörde" im Sinne von § 35 Satz 1 VwVfG ist dabei jede Stelle zu verstehen, die Aufgaben der öffentlichen Verwaltung unter Einsatz obrigkeitlicher "Gewalt" erfüllt[596]. Dementsprechend können als "Behörden" im Sinne von § 35 Satz 1 VwVfG lediglich die Beliehenen angesehen werden, da sie selbst Verwaltungsträger sind, soweit ihr hoheitlicher Kompetenzbereich reicht[597]. Keine "Behörden" im Sinne von § 35 Satz 1 VwVfG sind daher alle sonstigen Einrichtungen, Stellen oder Rechtsträger, die nicht organisatorisch oder funktionell der öffentlichen Verwaltung im Sinne von § 1 Abs. 4 VwVfG zugeordnet sind und deren Handlungen nicht dem äußeren Anschein nach einer Behörde oder einem öffentlichen Rechtsträger zuzuordnen sind[598].

Keine "Behörde" im Sinne von §§ 1 Abs. 4, 35 Satz 1 VwVfG sind hingegen die selbständigen, nicht beliehenen Privatunternehmer und unselbständigen Verwaltungshelfer, derer sich ein öffentlicher Rechtsträger zur Erfüllung seiner öffentlichen Aufgaben bedient[599]. Dies ergibt sich daraus, daß eine "Behörde" im Sinne von §§ 1 Abs. 4, 35 Satz 1 VwVfG sich gerade durch das Erfordernis einer organisatorischen Selbständigkeit bei der Aufgabenerfüllung auszeichnet, die sich nach außen in der Befugnis zum Erlaß von Verwaltungsakten äußert[600], die weder dem selbständigen Privatunternehmer noch dem unselbständigen Verwaltungshelfer zukommt[601]. Daher ist eine Enteignung durch einen Privaten lediglich denkbar,

---

[593] Maurer, Allgemeines Verwaltungsrecht, § 9, Rn. 11; Schwarze in: Knack, Verwaltungsverfahrensgesetz, § 35, Rn. 4.1.1; Kopp, Verwaltungsverfahrensgesetz, § 35, Rn. 4

[594] Schwarze in: Knack, Verwaltungsverfahrensgesetz, § 35, Rn. 4.1.1

[595] Kopp, Verwaltungsverfahrensgesetz, § 35, Rn. 14

[596] Kopp, Verwaltungsverfahrensgesetz, § 35, Rn. 14

[597] Maurer, Allgemeines Verwaltungsrecht, § 21, Rn. 11 u. § 23, Rn. 56; Kopp, Verwaltungsverfahrensgesetz, § 1, Rn. 25 und § 35, Rn. 14; Schwarze in: Knack, Verwaltungsverfahrensgesetz, § 35, Rn. 4.2.2; Möllgaard in: Knack, Verwaltungsverfahrensgesetz, § 1, Rn. 7

[598] Kopp, Verwaltungsverfahrensgesetz, § 1, Rn. 20 und § 35, Rn. 17; BFH, BStBl. II 1978, S. 575; Offerhaus, NJW 1979, S. 630f

[599] Kopp, Verwaltungsverfahrensgesetz, § 1, Rn. 26; BVerwG DVBl. 1990, S. 712; Möllgaard in: Knack, Verwaltungsverfahrensgesetz, § 1, Rn. 7

[600] OVG Münster, DVBl. 1987, S. 102; OVG Münster, DVBl. 1981, S. 874; OVG Berlin, NJW 1983, S. 2156

[601] BVerwGE 9, 172; 10, 48; 70, 13; OVG Münster, DVBl. 1987, S. 102; OVG Münster, GewArch. 1979, S. 13; OVG Berlin, NJW 1983, S. 2156; Kopp, Verwaltungsverfahrens-

wenn ein Beliehener gehandelt hat, der im Rahmen einer Administrativenteignung den die Enteignung begründenden Verwaltungsakt erlassen hat. Insoweit ergeben sich jedoch bei der Frage des "ob" und des "wie" der Enteignungsentschädigung keine Besonderheiten gegenüber einer Enteignung ohne Einschaltung Privater.

Im übrigen kann sich der Staat der Hilfe des selbständigen Privatunternehmers lediglich beim konkreten Vollzug der Enteignung in Form der Vollstreckung der Wegnahme - nicht jedoch bei dem die Enteignung begründenden Legislativ- oder Administrativakts - bedienen.

2. Ansprüche aus enteignendem und enteignungsgleichen Eingriff bei der Einschaltung privater Kräfte zur Erfüllung öffentlicher Aufgaben

Die ursprüngliche Rechtsprechung des Bundesgerichtshofs wählte als entscheidendes Kriterium für das begriffliche Vorliegen einer Enteignung im Sinne von Art. 14 Abs. 3 Satz 1 GG in Abgrenzung zu einer entschädigungslos hinzunehmenden Inhalts- und Schrankenbestimmung im Sinne von Art. 14 Abs. 1 Satz 1 GG das - materielle - Kriterium des "Sonderopfers". Der Bundesgerichtshof definierte die Enteignung wie folgt: Bei der Enteignung handelt es sich nicht um eine allgemeine und gleichwirkende, mit dem Wesen des betroffenen Rechts vereinbare inhaltliche Bestimmung und Begrenzung des Eigentumsrechts, sondern um einen gesetzlich zulässigen zwangsweisen staatlichen Eingriff in das Eigentum, sei es in der Gestalt der Entziehung oder der Belastung, der die betroffenen Einzelnen oder Gruppen im Vergleich zu anderen ungleich, besonders trifft und sie zu einem besonderen, den übrigen nicht zugemuteten Opfer für die Allgemeinheit zwingt, und zwar zu einem Opfer, das gerade nicht den Inhalt und die Grenzen der betroffene Rechtsgattung allgemein und einheitlich festlegt, sondern das aus dem Kreise der Rechtsträger Einzelne oder Gruppen von ihnen unter Verletzung des Gleichheitssatzes besonders trifft. Der Verstoß gegen den Gleichheitssatz kennzeichnet die Enteignung. Gerade um ihn wieder auszugleichen, fordert die Enteignung eine diesen Ausgleich gewährleistende Entschädigung des Enteigneten, während die alle gleich treffende allgemeine inhaltliche Begrenzung des Eigentums keine Entschädigung fordert[602].

Grundgedanke dieser Sonderopfertheorie ist der Gleichheitsgedanke sowie die Erhaltung und Wiederherstellung der jeweiligen Eigentumsverhältnisse durch die Entschädigung. Nach der Sonderopfertheorie ist eine Enteignung im Sinne von Art. 14 Abs. 3 Satz 1 GG der Eingriff in das Eigentum, sei es in der Gestalt der

---

gesetz, § 1, Rn. 27; Maurer, Allgemeines Verwaltungsrecht, § 9, Rn. 22f

[602] BGHZ 6, 270 (276)

Entziehung oder der Belastung. Damit ist der Enteignungsbegriff nicht auf formale Entziehungen beschränkt, sondern eine Enteignung als auslösendes Moment einer Enteignungsentschädigung wird vom Bundesgerichtshof begrifflich auch dann angenommen, soweit eine Eigentumsbelastung ohne Entziehung des konkreten Eigentumsgegenstands vorliegt. Eine Enteignung hat jedoch ein "Sonderopfer" zur Voraussetzung. Dies ist - unter Zugrundelegung der Entscheidung des Bundesgerichtshofs zur "Wohnungswirtschaft"[603] - dann gegeben, soweit der von der Maßnahme Betroffene im Vergleich zu anderen ungleich, besonders hart getroffenen wird und zu einem - den anderen nicht zugemuteten - Opfer zugunsten der Allgemeinheit gezwungen wird.

Das Bundesverwaltungsgericht bestimmte den Begriff der "Enteignung" ebenfalls nach materiellen Kriterien, stellte jedoch auf die "Schwere und Tragweite des Eingriffs" ab[604]. Zutreffend weist jedoch Maurer[605] darauf hin, daß sich das Abstellen auf das Kriterium des "Sonderopfers" einerseits sowie der "Schwere und Tragweite des Eingriffs" andererseits nicht als Theorienstreit darstellt. Vielmehr zog der Bundesgerichtshofs in späteren Entscheidungen zur Beurteilung eines Sonderopfers materielle Kriterien wie die Schwere, die Intensität sowie die Zumutbarkeit des Eingriffs heran. Dies geschah ohne Aufgabe der Sonderopfertheorie, als Einfallstor dieser materiellen Kriterien diente das Merkmal des "Opfers".

Auch unter Zugrundelegung der Sonderopfertheorie ergibt sich hinsichtlich einer Enteignungsentschädigung im Zusammenhang mit der Einschaltung privater Kräfte kein unterschiedliches Ergebnis als bei der Zugrundelegung des formellen Enteignungsbegriffs des Bundesverfassungsgerichts, da Art. 14 Abs. 3 Satz 2, 1. Halbs. GG auch für den materiellen Enteignungsbegriff bestimmt, daß die Enteignung nur durch Gesetz (Legalenteignung) oder auf Grund eines Gesetzes (Administrativenteignung) erfolgen darf. Etwas anderes gilt jedoch dann, wenn die Einschaltung Privater bei Eingriffen in das Eigentum zur Rechtswidrigkeit des eigentumsrechtlichen Eingriffs oder zu einer unerwarteten Nebenfolge führt. Auch unter Zugrundelegung des materiellen Enteignungsbegriffs führt dies jedoch nicht zu einer Enteignungsentschädigung aus einer Enteignung im engeren Sinne, sondern lediglich zu Entschädigungsansprüchen wegen enteignungsgleichem oder enteignendem Eingriffs.

In der Entscheidung zur "Wohnungszwangswirtschaft"[606] hat der Bundesgerichtshof auch in einem rechtsgrundlosen oder rechtswidrigen Einzeleingriff eine ent-

---

[603] BGHZ 6, 270 (276, 280)

[604] BVerwGE 5, 143 (145f); 15, 1; 19, 94 (98f); BVerwG DÖV 1974, S. 390

[605] Maurer, Allgemeines Verwaltungsrecht, § 26, Rn. 19

[606] BGHZ 6, 270

schädigungspflichtige Enteignung gesehen. Begründet wurde dies damit, daß es geboten sei, unrechtmäßige Eingriffe der Staatsgewalt in die Rechtssphäre eines Einzelnen dann wie eine Enteignung zu behandeln, wenn sie sich für den Fall ihrer gesetzlichen Zulässigkeit sowohl nach ihrem Inhalt wie nach ihrer Wirkung als eine Enteignung darstellen würden und wenn sie in ihrer tatsächlichen Wirkung dem Betroffenen ein besonderes Opfer auferlegt haben. Danach bedeute die Beschränkung des Tatbestandes der Enteignung in Art. 153 WRV und in Art. 14 GG auf rechtmäßige Eingriffe des Staates ihrem Sinn nach nur eine Beschränkung für die Zulässigkeitsvoraussetzungen eines solchen Eingriffs, nicht aber eine Beschränkung für die Zubilligung eines Entschädigungsanspruchs. Nach dieser Ansicht ist der entscheidende Grundgedanke für die Zubilligung eines Entschädigungsanspruchs bei einem unrechtmäßigen Staatseingriff, der in seiner Wirkung für den Betroffenen einer Enteignung gleichsteht, mindestens in dem gleichen Maße gegeben wie bei einer rechtmäßigen, also gesetzlich zulässigen Enteignung.

Auf diese Weise schloß der Bundesgerichtshof die Lücke bei der Zuerkennung einer Entschädigung mit einem "Erst-Recht-Schluß": Wenn schon rechtmäßige Eingriffe in das Eigentum entschädigt würden, dann müsse dies erst recht für rechtswidrige Eingriffe gelten. Der Bundesgerichtshof folgte damit dem Reichsgericht, das im Fall einer rechtswidrigen Enteignung eine Entschädigung in entsprechender Anwendung des Aufopferungsanspruchs des § 75 EinlALR gewährt hatte[607], gewährte die Entschädigung jedoch nicht als Aufopferungsanspruch, sondern als eine Form der Enteignungsentschädigung[608].

Später erfolgte eine weitere Ausdehnung des materiellen Enteignungsbegriffes insoweit, als eine Entschädigung in entsprechender Anwendung von Art. 14 Abs. 3 bei Vorliegen eines enteignungsgleichen Eingriffs auch für rechtswidrige schuldhafte Eingriffe gewährt wurde[609]. Weiterhin wurde das die Enteignung - und somit auch die Enteignungsentschädigung - auslösende Kriterium des "Sonderopfers" im Falle rechtswidriger Eingriff nicht mehr - unter Anwendung materieller Kriterien wie der Schwere, der Intensität sowie der Zumutbarkeit des Eingriffs im Hinblick auf konkreten Einzelfall - festgestellt, sondern nach Ansicht des Bundesgerichtshofs konnte das Sonderopfer bereits in der Rechtswidrigkeit des Eingriffs liegen[610]. Weiter wurde das Kriterium eines "gezielten Eingriffs" aufgegeben. Eine Enteignungsentschädigung wurde bereits bei einer "unmittelbaren Beeinträchtigung des Eigentums" gewährt[611]. Auf diese Weise

---

[607] RGZ 140, 276 (281ff)
[608] Maurer, Allgemeines Verwaltungsrecht, § 26, Rn. 20
[609] BGHZ 7, 296; 13, 88
[610] BGHZ 32, 208
[611] BGHZ 37, 44 (47)

entwickelt sich die Rechtsfigur des enteignungsgleichen Eingriffs zu einer unmittelbaren verschuldensunabhängigen Haftung des Staates für rechtswidriges Verhalten seiner Organe[612].

Schließlich entwickelte der Bundesgerichtshof die Rechtsfigur des enteignenden Eingriffs[613]: Hierbei handelt es sich um Beeinträchtigungen des Eigentums durch - meist atypische und unvorhersehbare - Nebenfolgen an sich rechtmäßigen Verwaltungshandelns, die besonders nachhaltig sind und daher die enteignungsrechtliche Opfergrenze überschreiten[614]. Solche Beeinträchtigungen sind in der Regel als Sozialbindung des Eigentums im Sinne von Art. 14 Abs.1 Satz 2 GG entschädigungslos hinzunehmen. Eine Entschädigung ist jedoch dann gerechtfertigt, wenn diese Nebenfolgen rechtmäßigen Verwaltungshandelns nach Art, Umfang und Intensität derart schwerwiegend sind, daß sie für den betroffenen Bürger ein Sonderopfer darstellen und deshalb eine Entschädigung nach Enteignungsgrundsätzen fordern. Insoweit setzt der enteignende Eingriff - ebenso wie die materielle Enteignung im engeren Sinn sowie der enteignungsgleiche Eingriff - im Gegensatz zum formellen Enteignungsbegriff keine zielgerichtete Wegnahme voraus. Der weite Enteignungsbegriff des Bundesgerichtshofs ist vielmehr - neben einer zielgerichteten Wegnahme - auch bei bloßen Eigentumsbelastungen und -beschränkungen erfüllt. Somit vermögen auch rein faktische Eigentumsbelastungen und -beschränkungen eine Entschädigung auszulösen. Dies hat zur Folge, daß eine Enteignungsentschädigung aufgrund faktischer Eigentumsbeschränkungen und -belastungen bei Einschaltung privater Kräfte nicht bereits - wie bei der Legal- und Administrativenteignung - an der beschränkten Handlungsform scheitert.

a. Ansprüche aus enteignendem Eingriff bei der Einschaltung privater Kräfte in der Rechtsprechung des Bundesgerichtshofs

Im Gegensatz zu einer Enteignungsentschädigung aus Legal- oder Administrativenteignung (Art. 14 Abs. 3 Satz 3 GG) erlangt die Einschaltung privater Kräfte bei den Ansprüchen aus enteignungsgleichem Eingriff Bedeutung. Da hierbei neben der Beeinträchtigung einer vermögenswerten Rechtsposition im Sinne von Art. 14 Abs. 1 Satz 1 GG ein hoheitlicher und unmittelbarer Eingriff Voraussetzung ist, muß der Eingriff auch bei Einschaltung eines Privaten als hoheitliche Maßnahmen, die einen unmittelbaren Eingriff bewirkt, zu qualifizieren sein.

---

612 Maurer, Allgemeines Verwaltungsrecht, § 26, Rn. 21
613 Hierzu: BGH NJW 1965, S. 1907; BGHZ 57, 359; 64, 220; BGH NJW 1980, S. 770
614 Maurer, Allgemeines Verwaltungsrecht, § 26, Rn. 24

Während es sich beim enteignungsgleichen Eingriff um rechtswidrige Eingriffe in das Eigentum handelt, die - unter Berücksichtigung des haftungsbegründenden Mitverschuldens - in ihrer tatsächlichen Wirkung dem Betroffenen ein (in der Rechtswidrigkeit zu sehendes) Opfer auferlegt haben, handelt es sich beim enteignenden Eingriff um Beeinträchtigungen des Eigentums durch - meist atypische und unvorhersehbare - Nebenfolgen an sich rechtmäßigen Verwaltungshandelns, die besonders nachhaltig sind und nach der Rechtsprechung des Bundesgerichtshofs[615] die enteignungsrechtliche Opfergrenze überschreiten[616]. Das Hauptbeispiel für den enteignenden Eingriff stellen Straßenbauarbeiten dar, die zu Verkehrsbehinderungen und damit zu Umsatzeinbußen der auf die Laufkundschaft angewiesenen Anliegerbetriebe - insbesondere der an der Straße liegenden Kaufhäuser und Tankstellen - führen[617].

Im Rahmen von Straßenbauarbeiten haben die Anlieger die Baumaßnahmen im Rahmen der Sozialbindung des Eigentums entschädigungslos hinzunehmen[618]. Die Grenze der Sozialbindung ist dann nicht überschritten, wenn die Verkehrsbeschränkungen und -behinderungen nach Art und Dauer nicht über das hinausgehen, was bei ordnungsgemäßer Durchführung der Arbeiten mit möglichen und zumutbaren Mitteln sachlicher und persönlicher Art notwendig ist[619]. Bei einer nicht unerheblichen Überschreitung dieser Grenzen besteht jedoch ein Anspruch auf Entschädigung wegen enteignungsgleichen (rechtswidrigen) Eingriffs[620]. Auch bei Einhaltung dieser Grenzen muß die Behörde unter Umständen eine Entschädigung wegen (rechtmäßigen) enteignenden Eingriffs leisten, wenn ihr Vorgehen den Wesenskern eines geschützten Rechtgutes angetastet hat. Die vollständigen Entziehung oder Vernichtung einer Sache oder eines sonstigen geschützten Rechtsguts sowie alle Eingriffe, die wirtschaftlich betrachtet einer Vernichtung oder Entziehung gleichstehen, verpflichten regelmäßig nach Enteignungsgrundsätzen zur Entschädigung[621].

Ist dementsprechend ein Anspruch aus enteignendem Eingriff im Gegensatz zum enteignungsgleichen Eingriff bei Straßenbauarbeiten gegeben, wenn die Arbeiten zwar zügig durchgeführt wurden, aber es dennoch zur Existenzvernichtung der Anliegerbetriebe gekommen ist, so wird deutlich, daß es im Hinblick auf einen enteignenden Eingriff in diesem Zusammenhang nicht darauf ankommt, ob ein

---

[615] BGH NJW 1965, S. 1907; BGHZ 57, 359; BGHZ 64, 220; BGH NJW 1980, S. 770
[616] Maurer, Allgemeines Verwaltungsrecht, § 26, Rn. 24
[617] Maurer, Allgemeines Verwaltungsrecht, § 26, Rn. 24
[618] BGHZ 8, 273; BGH NJW 1965, S. 1907f
[619] BGH NJW 1965, S. 1907
[620] BGH NJW 1965, S. 1907f
[621] BGH NJW 1965, S. 1907f

Privater zur Vornahme der Bauarbeiten eingeschaltet worden ist oder nicht: Der Anspruch aus enteignendem Eingriff erfaßt Nebenfolgen an sich rechtmäßigen Verwaltungshandelns, wobei die Eingriffshandlung rechtmäßig, der Eingriffserfolg jedoch rechtswidrig ist[622]. Insoweit kommt es nur darauf an, ob der rechtswidrige Eingriffserfolg hoheitlichen Ursprungs gewesen ist oder nicht. Dementsprechend kommt es nur darauf an, daß es sich bei der Anordnung der Bauarbeiten an sich um eine hoheitliche Maßnahme handelte, die zu einer unmittelbaren Beeinträchtigung des Eigentums geführt hat. Demgegenüber ist ohne Belang, ob die konkrete Durchführung der Arbeiten trotz Einschaltung eines Privaten hoheitlichen Charakter aufweist, weil insoweit nur an die Tatsache der Durchführung von Bauarbeiten an sich angeknüpft wird.

b. Ansprüche aus enteignungsgleichem Eingriff in der Rechtsprechung des Bundesgerichtshofs

Ansprüche aus enteignungsgleichem Eingriff erlangen im Hinblick auf die Einschaltung privater Kräfte ebenso wie die Ansprüche aus enteignendem Eingriff vor allem im Zusammenhang mit der Ausführung öffentlicher Straßenbauarbeiten Bedeutung. Schäden können dabei sowohl aufgrund von zeitlichen Verzögerungen als auch durch die Beschädigung von im Eigentum des Geschädigten stehenden Gegenständen entstehen.

aa. Ansprüche wegen Verzögerung von Bauarbeiten

Ein Anspruch aus enteignungsgleichem Eingriff ist bei der Einschaltung privater Kräfte dann möglich, wenn sich die Bauarbeiten verzögern und es dadurch zu einer Beeinträchtigung von vermögenswerten Rechtspositionen kommt. Nach Ansicht des Bundesgerichtshofs bleiben die Verkehrsbeschränkungen und -behinderungen infolge von Straßenbauarbeiten nur dann in den entschädigungslos hinzunehmenden Grenzen, wenn sie nach Art und Dauer nicht über das hinausgehen, was bei ordnungsgemäßer Durchführung der Arbeiten mit möglichen und zumutbaren Mitteln sachlicher und persönlicher Art notwendig ist[623]. Bei einer nicht unerheblichen Überschreitung dieser Grenzen besteht ein Anspruch auf Entschädigung wegen enteignungsgleichen - da rechtswidrigen - Eingriff[624].

---

[622] Maurer, Allgemeines Verwaltungsrecht, § 26, Rn. 111
[623] BGH NJW 1965, S. 1907
[624] BGH NJW 1965, S. 1907; siehe hierzu auch: Schneider, Anm. in NJW 1965, S. 1907

Gerade bei Einschaltung privater Bauunternehmer kann es durch Umstände, die lediglich im Bereich dieser Unternehmer ihren Ursprung haben, zu Verzögerungen dieser Art kommen. In der Entscheidung zum U-Bahnbau[625] lagen derartige Verzögerungen nicht vor, so daß der Bundesgerichtshof seine Ausführungen zum enteignungsgleichen Eingriff lediglich dazu verwendete, die Herleitung einer Haftung aus enteignenden Eingriff zu begründen. Insoweit spricht der Bundesgerichtshof in den - nicht entscheidungserheblichen - Ausführungen zum enteignungsgleichen Eingriff lediglich von "Verzögerungen" der Straßenbauarbeiten, ohne darzulegen, ob - bei Einschaltung privater Bauunternehmer - dem Staat deren Verhalten zugerechnet wird, oder ob der Staat lediglich für Verzögerungen einzustehen hat, die ausschließlich in seinem Bereich liegen.

bb. Ansprüche aus enteignungsgleichem Eingriff bei der Beschädigung von Gegenständen

Ein Anspruch aus enteignungsgleichem Eingriff ist jedoch nicht nur bei durch die Verzögerung von Bauarbeiten verursachten Schädigungen denkbar, sondern auch dann, wenn es aufgrund der von einem Privatunternehmer durchgeführten Maßnahmen zu Schäden an Gegenständen des Bürgers gekommen ist. Voraussetzung eines Anspruchs aus enteignungsgleichem Eingriff ist insoweit, daß der von Art. 14 Abs. 1 Satz 1 GG geschützte Gegenstand durch einen hoheitlichen und unmittelbaren Eingriff beschädigt oder zerstört worden ist.

Die Rechtsprechung des Bundesgerichtshofs zur Beurteilung des rechtlichen Charakters der vom Bauunternehmer durchgeführten Maßnahmen verläuft im wesentlichen parallel zu der Frage nach der Ausübung eines öffentlichen Amtes durch den Privatunternehmer im Rahmen eines Amtshaftungsanspruchs: Vor der Begründung der Werkzeugtheorie im Jahre 1967 wurde das Vorliegen einer hoheitlichen Maßnahme im Falle der Erfüllung einer Tätigkeit im öffentlich-rechtlichen Pflichtenkreis der Behörde durch einen Privatunternehmer unter Verweis auf den privatrechtlichen Charakter der Tätigkeit des aufgrund Werkvertrages tätigen Unternehmers generell abgelehnt[626]. In der Stromkabelentscheidung[627] entwickelte der Bundesgerichtshof anhand des enteignungsgleichen Eingriffs die Werkzeugtheorie. Danach kann die Behörde trotz Einschaltung einer privaten Baufirma durch die Art ihres Vorgehens, insbesondere durch bindende Weisungen und andere starke Einflußnahmen sich in einer Weise der Baufirma bedienen und sich

---

[625] BGH NJW 1965, S. 1907

[626] BGH VersR 1964, S. 1070 (1074); zustimmend: Nüßgens / Boujong, Eigentum, Sozialbindung, Enteignung, Rn. 419

[627] BGH VersR 1967, S. 859

damit in einer Form betätigen, daß sie das Verhalten der Firma gegen sich wie eigenes gelten lassen muß, weil es dann so angesehen werden kann, als ob sie eine hoheitliche Maßnahme durch ein Werkzeug oder einen Mittler ausführen läßt[628]. Je stärker die Einwirkungen der Stadt auf die Baufirma sind, desto eher entfällt ein Schuldvorwurf gegenüber der Baufirma und desto eher ist das Vorgehen der Behörde bereits als eigener hoheitlicher Eingriff zu werten[629]. An diesen Grundsätzen ist auch in späteren Entscheidungen zum enteignungsgleichen Eingriff festgehalten worden[630].

Die Gleichbehandlung des Tatbestandsmerkmals der Hoheitlichkeit im Rahmen des enteignungsgleichen Eingriffs und der Ausübung eines öffentlichen Amtes im Rahmen von Art. 34 Satz 1 GG durch den Bundesgerichtshof ist zutreffend. Zwar handelt es sich beim enteignungsgleichen Eingriff um ein Institut der unmittelbaren verschuldensunabhängigen Staatshaftung[631], doch bedeutet dies nicht, daß bereits jedes durch den Staat in irgendeiner Weise veranlaßte Handeln geeignet ist, einen Anspruch aus enteignungsgleichem Eingriff auszulösen. Vielmehr ist es erforderlich, den Eingriff als hoheitlichen und unmittelbaren Eingriff qualifizieren zu können. Insoweit ist es jedoch abzulehnen, wenn der Bundesgerichtshof generell die Hoheitlichkeit einer durch einen Privatunternehmer durchgeführten Maßnahme ablehnt und nur im Falle der Werkzeugeigenschaft des Privaten dessen Verhalten der Behörde "wie eigenes zurechnen" lassen will[632]. Insoweit gelten die schon zum Amtshaftungsanspruch für die Werkzeugtheorie erhobenen Bedenken auch im Rahmen des enteignungsgleichen Eingriffs fort. Ergänzend ist hinzuzufügen, daß die Begründung der Werkzeugtheorie mit der Intensität des der Behörde bzw. dem Privaten zu machenden Schuldvorwurfs im Rahmen des enteignungsgleichen Eingriffs nicht zulässig ist, da ein Verschulden des Staates nicht Haftungsvoraussetzung eines Anspruchs aus enteignungsgleichem Eingriff ist[633]. Soweit der Bundesgerichtshof den enteignungsgleichen Eingriff auf rechtswidrig-schuldhafte Eingriffe ausgedehnt hat[634], stellte er klar, daß das Verschulden kein konstitutives Element des enteignungsgleichen Eingriffs ist. So erscheint es ver-

---

[628] BGH VersR 1967, S. 859 (861); zustimmend zur Anwendung der Werkzeugtheorie auf den enteignungsgleichen Eingriff: Nüßgens / Boujong, Eigentum, Sozialbindung, Enteignung, Rn. 231

[629] BGH VersR 1967, S. 859 (861)

[630] BGHZ 48, 98 (102ff); WM 1968, S. 580f; VersR 1973, S. 417 (419); BayVBl. 1973, S. 647; NJW 1980, S. 1679f; OLG Zweibrücken, VersR 1970, S. 263; OLG Düsseldorf, VersR 1972, S. 158

[631] BGHZ 6, 270 (290); 7, 296; 13, 88

[632] BGH VersR 1967, S. 859 (861); NJW 1980, S. 1679f

[633] BGHZ 6, 270 (290); Maurer, Allgemeines Verwaltungsrecht, § 26, Rn. 20; Papier, JuS 1989, S. 630 (633)

[634] BGHZ 7, 296; 13, 88

fehlt, wenn der Bundesgerichtshof die Einordnung der zu beurteilenden Maßnahme als "hoheitlichen Eingriff" unter anderem von dem Maß des Verschuldens des privaten Unternehmers abhängig macht.

c. Hoheitlichkeit der Maßnahmen bei Tätigwerden des Privatunternehmers im öffentlich-rechtlichen Pflichtenkreis der Behörde

Zur Beurteilung der Hoheitlichkeit des durch den Unternehmer durchgeführten Maßnahme ist vielmehr ebenso wie beim Amtshaftungsanspruch (§ 839 Abs. 1 Satz 1 BGB iVm. Art. 34 Satz 1 GG) darauf abzustellen, ob der Unternehmer im öffentlich-rechtlichen Pflichtenkreis der Behörde tätig geworden ist. Ist dies der Fall, so kann der Behörde das Vorgehen des Unternehmers wie ein eigenes hoheitliches Vorgehen zugerechnet werden. Im Rahmen des enteignungsgleichen Eingriffs kann im Gegensatz zum Amtshaftungsanspruch nach § 839 Abs. 1 Satz 1 BGB iVm. Art. 34 Satz 1 GG eine Zurechnung erfolgen, weil es sich beim enteignungsgleichen Eingriff um ein Institut der unmittelbaren Staatshaftung handelt. Dementsprechend wird nicht mehr an ein Verschulden eines Amtswalters angeknüpft, sondern es ist ausreichend, wenn ein hoheitlicher Eingriff gegeben ist. Durch den Verzicht auf das Erfordernis eines Amtswalterverschuldens steht einer Zurechnung im Rahmen eines enteignungsgleichen Eingriffs nicht der beim Amtshaftungsanspruch erhobene Einwand entgegen, daß Art. 34 Satz 1 GG nur die Haftung für ein Verschulden eines Amtswalters, nicht jedoch seiner Hilfspersonen normieren will.

Die Qualifizierung einer im öffentlich-rechtlichen Pflichtenkreis der Behörde durchgeführten Maßnahme als hoheitliche kann im Bereich des enteignungsgleichen Eingriffs neben den bereits zum Amtshaftungsanspruch entwickelten Grundsätzen auch mit dem Kriterium der Unmittelbarkeit und seiner Auslegung durch die Rechtsprechung näher begründet werden: Insoweit wird ein Anspruch aus enteignungsgleichem Eingriff nur gewährt, wenn durch die hoheitliche, rechtswidrige Maßnahme die Beeinträchtigung des Eigentums auch "unmittelbar" erfolgte. Das Kriterium der "Unmittelbarkeit" folgt aus der Entwicklung des enteignungsgleichen Eingriffs aus der Enteignung. Unter Zugrundelegung des materiellen Enteignungsbegriffs[635] wurde zunächst eine Entschädigung nach Enteignungsgrundsätzen lediglich bei einem "finalen Eingriff" gewährt. Ein "finaler Eingriff" erforderte ein bewußtes und gezieltes hoheitliches Vorgehen[636]. Später wurde "in Ausdehnung des Enteignungsbegriffs" das Kriterium des "finalen Eingriffs" aufgegeben und vom Bundesgerichtshof lediglich eine "unmittelbare Beeinträchti-

---

[635] BGHZ 6, 270 (280)
[636] BGHZ 23, 240

gung" des Eigentums gefordert[637]. Anlaß für diese Änderung der Rechtsprechung war es, auch Zufallsschäden aus hoheitlichen Maßnahmen oder Handlungen erfassen zu können[638].
Bei der Prüfung einer "unmittelbaren Beeinträchtigung" stellt der Bundesgerichtshof auf eine im Einzelfall wertende Zurechnung[639] ab, wobei maßgeblicher Gesichtspunkt ist, ob eine in der hoheitlichen Maßnahmen enthaltene typische Gefahr sich in Form eines Eingriffs verwirklicht[640]. Es muß eine natürliche Einheit von Maßnahmen und Folge vorliegen[641]. Hierbei genügt es nicht, daß die öffentliche Hand eine Gefahrenlage geschaffen hat, die erst durch das Hinzutreten weiterer Umstände zu einer Eigentumsbeeinträchtigung führt[642]. Da das Kriterium der Unmittelbarkeit die Zurechenbarkeit der hoheitlichen Maßnahme betrifft[643], ist vielmehr ein innerer Zusammenhang mit dieser Maßnahme erforderlich, d.h. es muß sich eine besondere Gefahr verwirklichen, die bereits in der hoheitlichen Maßnahme selbst angelegt ist[644]. Das Tatbestandsmerkmal der Unmittelbarkeit ist demzufolge ein Kriterium für die wertende Zurechnung der Schadensfolgen nach Verantwortungsbereichen und Risikosphären[645].

Die Unmittelbarkeit des Eingriffs bejahte der Bundesgerichtshof[646] beispielsweise für zufällige Manöverschäden mit der Begründung, daß es für die Annahme der Unmittelbarkeit ausreicht, daß von der Eigenart einer hoheitlichen Maßnahme unmittelbar Auswirkungen auf das Eigentum im Sinne des Enteignungsrechts ausgehen"[647]. Auch sah der Bundesgerichtshof[648] die auf die Absenkung des Grundwasserspiegels beim Ausbau eines Kanals zurückzuführenden Schäden eines benachbarten Hauses aufgrund Austrocknung des Grundstücks als "unmittelbar" in diesem Sinne an. Schließlich wurde die "Unmittelbarkeit" vom Bundesgerichtshof in dem sog. "Hausmüll-Fall"[649] bejaht: Eine gemeindliche Mülldeponie lockte Krähen und Möwen an, die an den benachbarten Saatfeldern

---

[637] BGHZ 37, 44 (47); 55, 229 (231); 76, 387 (392); 78, 41 (43); 92, 34 (41f); BGH NJW 1964, S. 104; BGH VersR 1976, S. 757; BGH NJW 1980, S. 770; BGH NJW 1964, S. 104
[638] Rüfner in: Erichsen / Martens, Allgemeines Verwaltungsrecht, S. 642f
[639] Vgl. BGH JZ 1994, S. 784
[640] BGH LM Nr. 25 zu Art. 14 GG
[641] Nüßgens / Boujong, Eigentum, Sozialbindung, Enteignung, Rn. 426; Windthorst/ Sproll, Staatshaftungsrecht, § 16, Rn. 22
[642] BGHZ 54, 332 (338); einschränkend: BGH NJW 1987, S. 1945
[643] BGH JZ 1994, S. 784
[644] Krohn, Enteignung, Entschädigung, Staatshaftung, Rn. 43
[645] Ossenbühl, Staatshaftungsrecht, S. 208f
[646] BGH NJW 1964, S. 104
[647] BGHZ 28, 310 (313); 37, 44 (47)
[648] BGH MDR 1980, S. 127
[649] BGH NJW 1980, S. 770

erheblichen Schaden anrichteten. Der Bundesgerichtshof bejahte - im Anschluß an die Entscheidung BGH LM Nr. 25 zu Art. 14 GG - in diesem Fall das Erfordernis, daß die schädigenden Auswirkungen von der Eigenart der hoheitlichen Maßnahme auszugehen haben. In Folge des milden Winters 1974 / 75 habe sich die von der streitgegenständlichen Deponie stets ausgehende typische Gefahr für die benachbarten Saatfelder in stärkerem Maße als bei ausgeprägtem Winterwetter verwirklicht. Bei dieser Sachlage könne nicht die Rede davon sein, daß ein ganz außerhalb der hoheitlichen Maßnahme liegendes, selbständiges Ereignis erst den Schaden ausgelöst habe.

Auf der anderen Seite verneint der Bundesgerichtshof in seinem Urteil vom 25.1.1971[650] das Kriterium der "Unmittelbarkeit", da lediglich ein adäquater Ursachenzusammenhang bestand, der hierfür nicht ausreichte. In diesem Fall verursachte die gemeindliche Wasserversorgung durch das Platzen eines Rohres einen Schaden. Der Bundesgerichtshof[651] führte aus, daß zwar die Errichtung und Unterhaltung einer gemeindlichen Wasserleitung als Maßnahme der Daseinsvorsorge der schlicht-hoheitlichen Verwaltung zuzurechnen sei[652], aber allein in der Anlage und Unterhaltung der Wasserleitung eine als unmittelbare Folge die Eigentumsbeeinträchtigung auslösende hoheitliche Maßnahme nicht gesehen werden könne[653]. Vielmehr stellten das Schaffen und Unterhalten der Wasserleitung lediglich das Schaffen und Aufrechterhalten eines Zustandes dar, der zwar Gefahren in sich birgt, aber erst beim Hinzutreten weiterer Umstände zu einer Schädigung anderer führen könne.

Auch in seinem Urteil zum "feindlichen Grün" vom 15.10.1970[654] verneinte der Bundesgerichtshof noch das Kriterium der "Unmittelbarkeit". Dies wurde damit begründet, daß mit einer fehlerhaften Ampelanlage lediglich eine Gefahrenlage geschaffen wurde, wobei es erst durch das Einfahren des Verkehrsteilnehmers - also einem dazwischentretenden Ereignis - zu dem Eigentumseingriff komme. Der Sachverhalt sowie das Schadensbild seien nicht durch einen Eingriff des Verwaltungsträgers in die Rechtsposition des Bürgers geprägt, sondern durch eine bloße Gefahrenlage. Im Gefolge starker Kritik aus der Literatur[655] gab der Bundesgerichtshof diese Rechtsprechung ausdrücklich auf und bejahte in seinem Urteil vom 18.12.1986 in einem Fall "feindlichen Grüns"[656] das Kriterium der

---

[650] BGH NJW 1971, S. 607
[651] BGH NJW 1971, S. 607 (re. Sp. unten)
[652] ebenso: BGH LM Nr. 81 zu § 13 GVG; BGHZ 54, 299
[653] BGH NJW 1971, S. 607 (608, li. Sp. Mitte)
[654] BGHZ 54, 332
[655] vgl. Ossenbühl, JuS 1971, S. 575 (579)
[656] BGH NJW 1987, S. 1945

"Unmittelbarkeit", da es durch die fehlerhafte Ampelschaltung nahezu zwangsläufig zu einem Zusammenstoß auf der Kreuzung und somit zu einem Eingriff in das Eigentum komme[657].

Diese Fälle zeigen, daß sich bei einem Tätigwerden des Unternehmers die Beurteilung der Hoheitlichkeit der von ihm durchgeführten Maßnahme danach richtet, ob der Unternehmer im öffentlich-rechtlichen Pflichtenkreis der Behörde tätig geworden ist, da in diesem Fall eine öffentlich-rechtliche Gefahrenquelle entsteht. Gleichzeitig bedeutet dies auch, daß die als hoheitliche Maßnahme zu qualifizierende Handlung des Privatunternehmers in der Regel dann als unmittelbare Beeinträchtigung des Eigentums anzusehen ist, wenn es sich um eine Tätigkeit im öffentlich-rechtlichen Pflichtenkreis der Behörde handelt. Hierbei ist der Entscheidung des Bundesgerichtshofs vom 25.1.1971[658] insoweit zuzustimmen, als nicht bereits aus der Verkehrssicherungspflicht wegen der Anlage und Unterhaltung einer Einrichtung eine "öffentlich-rechtliche Gefahrenlage" resultiert. Eine solche ergibt sich jedoch durch die Aufnahme von konkreten Bauarbeiten, die im öffentlich-rechtlichen Pflichtenkreis der Behörde durchgeführt werden.

Nur durch ein Abstellen auf den öffentlich-rechtlichen Pflichtenkreis läßt sich auch der Widerspruch der Rechtsprechung im Rahmen des enteignungsgleichen Eingriffs beheben. Der Bundesgerichtshof vertritt hinsichtlich der Verursachung von "Gegenstandsschäden" durch den Privatunternehmer die Auffassung, für diese hafte der Staat im Rahmen des enteignungsgleichen Eingriffs nur dann, wenn der Unternehmer als Werkzeug der Behörde anzusehen sei. Anders wird jedoch der Fall des "Verzögerungsschadens" behandelt: In der Entscheidung vom 5.7.1965[659] führt der Bundesgerichtshof[660] aus, daß Verkehrsbeschränkungen und Behinderungen nur dann in den entschädigungslos hinzunehmenden Grenzen bleiben, wenn sie nach Art und Dauer nicht über das hinausgehen, was bei ordnungsgemäßer Durchführung der Arbeiten mit möglichen und zumutbaren Mitteln sachlicher und persönlicher Art notwendig ist. Bei einer nicht unerheblichen Überschreitung dieser Grenzen besteht ein Anspruch auf Entschädigung wegen enteignungsgleichen (rechtswidrigen) Eingriff. Insoweit wird der Anspruch aus enteignungsgleichem Eingriff ausschließlich von zwei Komponenten abhängig gemacht: Von der Überschreitung der zeitlichen Grenzen und von einer nicht ordnungsgemäßen Durchführung der Arbeiten. Wie bereits aufgezeigt, kann die ordnungswidrige Durchführung - bei Einschaltung Privater - einerseits darin lie-

---

[657] BGH NJW 1987, S. 1945 (1946, li. Sp. Mitte); zustimmend: Ossenbühl, JuS 1988, S. 193; hierzu auch: Papier, JuS 1989, S. 630 (635)

[658] BGH NJW 1971, S. 607

[659] BGH NJW 1965, S. 1907

[660] BGH NJW 1965, S. 1907 (1908, re. Sp. Mitte)

gen, daß die zeitliche Verzögerung ausschließlich auf einem Organisationsmangel der zuständigen Behörde zurückzuführen ist. Andererseits ist es - bei ordnungsgemäßer Organisation der Arbeiten durch die zuständige Behörde -denkbar, daß die Verzögerung ausschließlich auf verschuldete Pflichtverletzungen des privaten Unternehmers zurückzuführen ist. Diese Unterscheidung trifft der Bundesgerichtshof nicht. Er stellt einzig darauf ab, daß es durch eine ordnungswidrige Durchführung der Arbeiten zu einer nicht mehr hinnehmbaren Verzögerung kommt. Dies bedeutet, daß - unter Zugrundelegung der Argumentation des Bundesgerichtshofs - ein enteignungsgleicher Eingriff bereits dann gegeben ist, wenn es zu einer nicht mehr hinnehmbaren Verzögerung der Arbeiten kommt, wobei diese - einzig - auf eine schuldhafte Pflichtverletzung des qua Werkvertrages beauftragten privaten Unternehmers zurückzuführen ist. Richtigerweise wird man jedoch danach zu differenzieren haben, ob die Verzögerung auf behördliche Ursachen oder auf eine Handlung des Unternehmers zurückzuführen ist. Im ersteren Fall liegt grundsätzlich ein hoheitlicher Eingriff vor, im zuletzt genannten Fall jedenfalls dann, wenn es sich um Bauarbeiten im öffentlich-rechtlichen Pflichtenkreis der Behörde handelt, also beispielsweise um Straßenbauarbeiten (Art. 72 BayStrWG). In diesem Fall sind auch durch den Unternehmer verursachte Verzögerungen als unmittelbarer, hoheitlicher Eingriff anzusehen. Gleichermaßen sind durch den Unternehmer verursachte "Gegenstandsschäden" dann als hoheitliche Eingriffe anzusehen, wenn dieser sie bei einer Tätigkeit im öffentlich-rechtlichen Pflichtenkreis verursacht hat.

IV. Die Haftung des Staates bei der Einschaltung privater Kräfte im Rahmen öffentlich-rechtlicher Schuldverhältnisse

Im Bereich des Zivilrechts wird die Haftung für unerlaubte Handlungen (§§ 823 ff BGB) von der Haftung für die Verletzung von Pflichten in bereits bestehenden Schuldverhältnissen unterschieden[661]. Die vertragliche oder vertragsähnliche Haftung ist insbesondere im Hinblick auf die Umkehr der Beweislast (§ 282 BGB) und das Einstehenmüssen des Schuldners für ein Verschulden seines Erfüllungsgehilfen (§§ 276, 278 BGB) im Gegensatz zur Haftung für Verrichtungsgehilfen (§ 831 BGB) strenger als die deliktische Haftung. Diese Verschärfung der Haftung ist Ausdruck dessen, daß das Deliktsrecht an die Verletzung absoluter, d.h. gegenüber jedermann bestehender Pflichten anknüpft, während sich die vertragliche oder vertragsähnliche Haftung aus der Verletzung besonderer Pflichten ergibt, die nur zwischen bestimmten Personen bestehen[662].

Dieser Dualismus des Haftungsregimes hinsichtlich der Verletzung absoluter und relativer Pflichten läßt sich auch auf das Gebiet des öffentlichen Rechts übertragen, denn auch dort existieren zwischen Staat und Bürger Rechtsbeziehungen, aus denen absolute Rechte und Pflichten folgen und Rechtsbeziehungen, aus denen sich relative Rechte und Pflichten ergeben[663]. Ausschlaggebend für die Übertragung der vertraglichen und vertragsähnlichen Haftung des Zivilrechts ist die Tatsache, daß auch auf dem Gebiet des öffentlichen Rechts zwei Rechtssubjekte über das Maß der allgemeinen rechtlichen Verbindung hinaus in einen rechtlichen Kontakt treten können[664].

1. Die Haftung für private Kräfte im Rahmen von öffentlich-rechtlichen Verträgen (§§ 54 ff VwVfG)

Als eine derartige öffentlich-rechtliche Sonderbeziehung ist der öffentlich-rechtliche Vertrag im Sinne von §§ 54 ff VwVfG anzusehen, für den bereits § 62 Satz 2 VwVfG die entsprechende Anwendung der Vorschriften des Bürgerlichen Gesetzbuchs bei Fehlen einer adäquaten Regelung im Verwaltungsverfahrensgesetz vorsieht.

Die rechtliche Behandlung des sich aus einem öffentlich-rechtlichen Vertrag ergebenden Rechtsverhältnisses richtet sich in erster Linie nach dem Verwaltungs-

[661] Kötz, Deliktsrecht, S. 21
[662] Papier, Die Forderungsverletzung im öffentlichen Recht, S. 19
[663] Ossenbühl, Staatshaftungsrecht, S. 284
[664] Ossenbühl, Staatshaftungsrecht, S. 284

verfahrensgesetz, insbesondere nach den §§ 54 - 61 VwVfG. Enthalten diese Vorschriften keine abschließenden Regelungen, so sieht § 62 Satz 2 ergänzend die entsprechende Anwendung der Vorschriften des Bürgerlichen Gesetzbuchs vor. Nach der Gesetzesbegründung[665] zum Verwaltungsverfahrensgesetz sind davon nicht nur die geschriebenen zivilrechtlichen Rechtsvorschriften, sondern auch die aus dem Bürgerlichen Gesetzbuch entwickelten und es ergänzenden Rechtsgrundsätze, wie die positive Forderungsverletzung und die culpa in contrahendo erfaßt[666]. Für eine staatliche Haftung bei der Einschaltung privater Kräfte zur Erfüllung öffentlicher Aufgaben bedeutet der Verweis auf die entsprechende Geltung der zivilrechtlichen Normen, daß hinsichtlich der Erfüllung und der Leistungsstörungen die vertraglichen oder vertragsähnlichen Vorschriften zumindest grundsätzlich anwendbar sind, da das Verwaltungsverfahrensgesetz im Hinblick auf die Abwicklung der Vertragsverhältnisse nur die Anpassung und Kündigung in besonderen Fällen (§ 60 VwVfG) bzw. die Unterwerfung unter die sofortige Vollstreckung (§ 61 VwVfG) regelt, im übrigen jedoch spezielle Regelungen hinsichtlich der Haftung für Vertragsverletzungen fehlen. Wenn § 62 Satz 2 VwVfG die entsprechende Anwendung der Vorschriften des Bürgerlichen Gesetzbuchs vorsieht, so bedeutet dies, daß eine Übertragung dann möglich ist, wenn der Rechtsgedanke, der den zivilrechtlichen Regelungen zugrundeliegt, auch unter Berücksichtigung der dogmatischen Trennung von öffentlichem und privatem Recht auf das Verwaltungsverfahren angewendet werden kann[667]. Diesbezüglich gilt es zu beachten, daß die Rechtsfolgen von Leistungsstörungen bei öffentlich-rechtlichen Schuldverhältnissen nur unter Beachtung der Zielsetzungen und Zweckvorstellungen der einzelnen öffentlich-rechtlichen Rechtsbeziehungen bestimmt werden können[668]. Dadurch sind einer Anlehnung an die Vorschriften des Bürgerlichen Gesetzbuchs, die auf den Ausgleich der Interessen von Privatpersonen ausgerichtet und damit nicht durchweg mit der Erfüllung öffentlicher Aufgaben und der Verfolgung im öffentlichen Interesse liegender Ziele zu vereinbaren sind[669], Grenzen gesetzt. Für den Bereich der öffentlich-rechtlichen Schuldverhältnisse ist die Anwendung der Vorschriften des Leistungsstörungsrechts demzufolge nur dann möglich, wenn die zu verfolgenden öffentlichen Interessen dadurch nicht gefährdet werden[670]. Insoweit bedarf es bei jeder einzelnen Vorschrift einer Prüfung, ob und inwieweit sie auf den öffentlich-rechtlichen Vertrag übertragen werden kann[671].

---

[665] BT-Drs. 7/910, S. 83
[666] Meyer, NJW 1977, S. 1705 (1709); Kopp, Verwaltungsverfahrensgesetz, § 62, Rn. 4
[667] BVerwGE 36, 108; Möllgaard in: Knack, Verwaltungsverfahrensgesetz, § 62, Rn. 3
[668] Wolff / Bachof, Verwaltungsrecht I, § 44 III b) 1.
[669] Wolff / Bachof, Verwaltungsrecht I, § 44 III b) 1.
[670] Stelkens / Bonk / Sachs, Verwaltungsverfahrensgesetz, § 62, Rn. 3
[671] Sendler, NJW 1964, S. 2137 (2139)

Hinsichtlich der Haftung für Vertragsverletzungen läßt sich innerhalb der gesamten Rechtsordnung ein besonderer Grundsatz des Inhalts feststellen, daß jede zu vertretende Forderungsverletzung den Schuldner mit einer Haftungsfolge belastet[672]. Insoweit ist die Forderungsverletzung als zentraler Begriff des Leistungsstörungsrechts dem Zivilrecht in gleicher Weise zu eigen wie dem Verwaltungs- oder Völkerrecht[673]. Die Haftung für Forderungsverletzungen ergibt sich dabei zwangsläufig aus der Anerkennung schuldrechtlicher oder schuldrechtsähnlicher Leistungspflichten, da neben die Verpflichtung zur Erfüllung einer Verbindlichkeit immer auch die Nicht- oder Schlechterfüllung als regelungsbedürftiger Tatbestand tritt[674]. Von diesem Grundsatz ausgehend ist eine entsprechende Anwendung der zivilrechtlichen Schadensersatzansprüche aus Unmöglichkeit (§§ 280, 323 ff BGB) und positiver Forderungsverletzung auf die öffentlich-rechtlichen Verträge möglich. Diese Regelungen stellen nicht nur auf den Ausgleich privatrechtlicher Interessengegensätze ab[675], sondern konkretisieren vielmehr allgemeine Rechtsgedanken, deren Geltung auch für das Verwaltungsrecht anerkannt werden muß[676]. Neben Schadensersatzansprüchen aus Unmöglichkeit und positiver Forderungsverletzung finden auch die Grundsätze der culpa in contrahendo auf die öffentlich-rechtlichen Verträge Anwendung[677], da auch auf dem Gebiet des öffentlichen Rechts Vertragsverhandlungen zu einer im Vergleich zur allgemeinen Pflichtenstellung der Verwaltungsrechtssubjekte gesteigerten Sorgfalts- und Treuepflicht der an Vertragsverhandlungen Beteiligten unabhängig davon führen, ob diese Verhandlungen zu einem Vertragsschluß geführt haben oder nicht[678].

Hinsichtlich der Haftung bei Einschaltung privater Kräfte zur Erfüllung öffentlicher Aufgaben ist die Regelung des § 278 BGB von besonderer Bedeutung. Diese Vorschrift ist auch auf die öffentlich-rechtlichen Verträge anwendbar[679], da sie Ausdruck eines allgemeinen Rechtsgedankens ist[680], wonach derjenige, der sich im Rahmen von vertraglichen Schuldverhältnissen zur Pflichterfüllung einer Hilf-

---

[672] Wolff / Bachof, Verwaltungsrecht I, § 44 III b) 2.
[673] Wolff / Bachof, Verwaltungsrecht I, § 44 III b) 2.
[674] BVerwG DVBl. 1963, S. 677
[675] So aber Haueisen, DVBl. 1968, S. 288
[676] Wolff / Bachof, Verwaltungsrecht I, § 44 III b; BVerwG DÖV 1965, S. 670; BGHZ 59, 303; 21, 218
[677] BGH JZ 1986, S. 155; DVBl. 1980, S. 679; BVerwG DVBl. 1980, S. 679; BVerwGE DÖV 1974, S. 133; Möllgaard in: Knack, Verwaltungsverfahrensgesetz, § 62, Rn. 3; Kopp, Verwaltungsverfahrensgesetz, § 62, Rn. 5
[678] Wolff / Bachof, Verwaltungsrecht I, § 44 III c)
[679] Möllgaard in: Knack, Verwaltungsverfahrensgesetz, § 62, Rn. 3
[680] BGH VwRspr. 15, 882; BGH NJW 1964, S. 1670; 1965, S. 198; BGH JZ 1971, S. 94; BVerwG DÖV 1965, S. 670

sperson bedient, für deren Verschulden genauso einzustehen hat wie für eigenes. Dementsprechend haftet der Staat für alle Personen, die als seine Erfüllungsgehilfen anzusehen sind, d.h. für alle Bediensteten der Verwaltung, die mit deren Wissen und Wollen im behördlichen Pflichtenkreis tätig geworden sind[681]. Daher bestimmt sich auch die Haftung für Organe der Behörde nicht nach §§ 89, 31 BGB, sondern nach § 278 BGB. Zwar ist Vertragspartner eines öffentlichen Vertrages entgegen dem Wortlaut in § 54 Satz 2 VwVfG nicht die Behörde, sondern deren Rechtsträger, da Sinn der Formulierung nicht ist, der Behörde eine Art Teilrechtsfähigkeit zu übertragen[682], sondern diese vielmehr bei Vertragsabschluß nur als Vertreterin des Rechtsträgers handelt[683]. Wenn demzufolge § 89 BGB generell anwendbar wäre, käme eine Zurechnung des Verschuldens nach § 89, 31 BGB nicht in Betracht, da § 89 nur bei fiskalischem Handeln der Behörde anwendbar ist[684]. Abzulehnen ist deshalb auch die Auffassung von Meyer[685], der die Geltung von §§ 89, 31 BGB auch bei öffentlich-rechtlichen Verträgen ohne weitere Begründung annimmt.

Neben den Bediensteten der Behörde haftet der Staat gemäß § 278 BGB auch für diejenigen privaten Kräfte, die als seine Erfüllungsgehilfen tätig werden[686]. Entsprechend der Definition des Erfüllungsgehilfens kommt es hinsichtlich der eingeschalteten privaten Hilfskraft nicht darauf an, ob diese selbständig handelte oder nicht. Dementsprechend haftet der Staat im Rahmen von öffentlich-rechtlichen Verträgen nicht nur für abhängige Hilfspersonen, sondern auch für selbständige Privatunternehmer[687]. Entscheidend für eine Zurechnung des Verschuldens des Privaten ist allein die Tatsache, daß dieser im Pflichtenkreis der Behörde tätig geworden ist, so daß es auch nicht erheblich ist, ob der Private etwa aufgrund eines Beleihungsvorgangs in der Lage gewesen ist, Verwaltungsakte zu erlassen.

Bei der Beteiligung an der Erfüllung von Pflichten aus öffentlich-rechtlichen Verträgen kann der eingeschaltete Private dabei Auslöser eines Schadensersatzanspruchs wegen Unmöglichkeit, Verzug, positiver Forderungsverletzung oder culpa in contrahendo sein. Ansprüche aus Unmöglichkeit kommen dann in Betracht, wenn die Erfüllung des Vertrages der Behörde tatsächlich unmöglich wird, weil die private Hilfskraft den Vertragsgegenstand zerstört hat. Ein Anspruch auf Ersatz von Verzugsschäden (§§ 284 ff und § 326 BGB) ist dann möglich, wenn der

---

681 Palandt-Heinrichs, § 278 BGB, Rn. 8
682 Meyer, NJW 1977, S. 1704 (1712)
683 Ehlers, Anm. in JZ 1990, S. 594, Fn. 1
684 Palandt-Heinrichs, Bürgerliches Gesetzbuch, § 89, Rn.2
685 Meyer, NJW 1977, S. 1705 (1712f)
686 RGZ 130, S. 97; OLG Schleswig JR 1950, S. 24
687 BGHZ 62, 124; BGH NJW 1993, S. 1705f

private Helfer zur Aufgabenerfüllung eingeschaltet wird, diese Aufgaben jedoch nicht entsprechend den vertraglichen Zeitvorgaben erfüllt. Der Hauptanwendungsfall der durch eine private Hilfskraft ausgelösten Schadensersatzansprüche liegt jedoch im Bereich der positiven Forderungsverletzung, da private Kräfte überwiegend zur technischen Ausführung der Vertragspflichten herangezogen werden und die positive Forderungsverletzung Schadensersatz für die Schlechterfüllung der Hauptverpflichtung sowie der Verletzung einer Nebenpflicht vorsieht[688]. Verursacht die private Hilfskraft den Schaden in Erfüllung einer dem Bürger gegenüber bestehenden Verbindlichkeit der Behörde, so haftet diese für sein Verschulden in entsprechender Anwendung von § 278 BGB.

Dies gilt jedoch nur im Verhältnis zum geschädigten Bürger, der Vertragspartner der Behörde ist, und nicht im Verhältnis zu Dritten, die nicht am Vertrag beteiligt sind. In diesem Fall haftet der Staat für durch die private Kraft verursachte Schäden allenfalls nach Amtshaftungsrecht oder nach Zivilrecht. Gleiches gilt, wenn der Staat etwa mit einem Privatunternehmer einen öffentlich-rechtlichen Vertrag, wie beispielsweise einen Erschließungsvertrag nach § 124 BauGB schließt. Auch in diesem Fall haftet die Behörde nicht verschärft aus einer bestehenden Sonderverbindung, weil der öffentlich-rechtliche Vertrag nicht mit dem geschädigten Bürger, sondern mit dem Bauunternehmer geschlossen wurde.

2. Weitere öffentlich-rechtliche Schuldverhältnisse

Neben dem gesetzlich normierten Fall des öffentlich-rechtlichen Vertrages im Sinne von §§ 54 ff VwVfG sind weitere Sonderverbindungen zwischen Staat und Bürger denkbar, die in ihrer Intensität den vertraglichen Schuldverhältnissen des Bürgerlichen Rechts vergleichbar sind. Auch der Gesetzgeber erkennt diese Haftungskonstruktion im öffentlichen Recht grundsätzlich an, indem § 40 Abs. 2 Satz 1 VwGO eine Rechtswegzuweisung zu den ordentlichen Gerichten für Schadensersatzansprüche aus dem Verletzung öffentlich-rechtlicher Pflichten, die nicht auf einem öffentlich-rechtlichen Vertrag beruhen, enthält[689]. Nach der Rechtsprechung ist immer dann vom Vorliegen eines öffentlich-rechtlichen Schuldverhältnisses auszugehen, wenn ein besonders enges Verhältnis des einzelnen zum Staat oder zur Verwaltung begründet worden ist und mangels ausdrücklicher gesetzlicher Regelung ein Bedürfnis zu einer angemessenen Verteilung der Verantwortung innerhalb des öffentlichen Rechts vorliegt[690]. Teilweise wird vom Vorliegen eines öffentlich-rechtlichen Schuldverhältnisses nur dann ausgegangen, wenn es

---

[688] Meyer, NJW 1977, S. 1705 (1712)

[689] Windthorst/ Sproll, Staatshaftungsrecht, § 3, Rn. 6

[690] BGHZ 21, 214 (218)

sich bei den Primärpflichten des Schuldverhältnisses um solche Pflichten handelt, die Leistungen von Vermögenswert zum Gegenstand haben[691]. Diese Auffassung wird mit einer Anlehnung an Art. 188 II wüEVRO[692] begründet, der eine derartige Begrenzung im Gegensatz zur Vorschrift des § 241 BGB vorgesehen hatte. Eine Beschränkung der öffentlich-rechtlichen Schuldverhältnisse auf die Vermögenswertigkeit ist jedoch als nicht sachgerecht abzulehnen, da die entsprechende Anwendung der zivilrechtlichen Vorschriften auch auf diejenigen Sonderverbindungen geboten ist, die auf den umfassenden Einsatz einer Person gerichtet sind, wie etwa die öffentlich-rechtlichen Dienst- und Treueverhältnisse. Auch in diesem Bereich kann das Bedürfnis zu einer angemessenen Verteilung der Verantwortlichkeit bestehen, die durch die bestehenden öffentlich-rechtlichen Vorschriften nicht in ausreichendem Maße erfolgt[693].

Dementsprechend sind die beiden wesentlichen Kriterien eines öffentlich-rechtlichen Schuldverhältnisses ein besonderes Näheverhältnis sowie das Bestehen einer Regelungslücke. Letztere ist gegeben, wenn den Besonderheiten des öffentlich-rechtlichen Schuldverhältnisses durch die bestehenden öffentlich-rechtlichen Regelungen nicht in ausreichendem Maße Rechnung getragen wird, so daß ein Bedürfnis für die Übertragung der zivilrechtlichen Vorschriften besteht[694]. Dies ist dann nicht der Fall, wenn die Haftung in öffentlich-rechtlichen Sonderbeziehungen bereits gesetzlich geregelt ist[695]. Im Hinblick auf die Haftung für private Kräfte ist die Anwendung der vertraglichen Haftungsregelungen auch dann nicht gerechtfertigt, wenn der Geschädigte eigene Ansprüche gegen die private Hilfskraft hat. Dies ist dann der Fall, wenn der Vertrag, aufgrund dessen die private Kraft für die Behörde tätig geworden ist, als Vertrag zugunsten Dritter (§ 328 BGB)[696] oder mit Schutzwirkung für Dritte anzusehen ist oder wenn der Geschädigte einen Anspruch auf Abtretung des Schadensersatzanspruchs der Behörde gegen die private Kraft nach den Grundsätzen der Drittschadensliquidation[697] hat.

Vom Vorliegen eines besonderen Näheverhältnisses ist immer dann auszugehen, wenn zwischen Staat und Bürger eine gesteigerte, über die allgemeinen deliktischen Beziehungen hinausgehende Rechts- und Pflichtenstellung besteht, die nach

---

[691] So die Meinung von Wolff / Bachof, Verwaltungsrecht I, § 44 I. bis zur 6. Auflage
[692] Begründung zum Entwurf einer Verwaltungsrechtsordnung für Württemberg von 1931 (vgl. Wolff / Bachof, Verwaltungsrecht I, § 44 I.)
[693] Wolff / Bachof, Verwaltungsrecht I, § 44 I.
[694] Forsthoff, Verwaltungsrecht, S. 327f
[695] So z.B. in den §§ 11ff PostG
[696] KG Berlin, NJW 1958, S. 185f
[697] KG Berlin, NJW 1958, S. 185f

Gegenstand und Struktur den zivilrechtlichen Schuldverhältnissen vergleichbar ist[698]. Konstituierend für eine derartige Nähebeziehung ist demzufolge, daß einerseits eine Individualisierung der Rechtsbeziehungen zwischen Staat und Bürger dahingehend erfolgt ist, daß dem Hoheitsträger ein abgrenzbarer Kreis von Privatpersonen gegenüberstehen muß[699]. Auf der anderen Seite muß zwischen den Beteiligten eine gesteigerte Pflichtenstellung bestehen, die sich in der Regel aus der erhöhten Gefährdung der Rechtsgüter der Beteiligten ergibt, die ihrerseits aus der engen Verbindung zwischen Staat und Bürger folgt[700]. Als öffentlich-rechtliche Schuldverhältnisse werden unter anderem die verwaltungsrechtlichen Verträge, die öffentlich-rechtlichen Dienst- und Treueverhältnisse[701], die öffentlich-rechtliche Verwahrung[702], die öffentlich-rechtlichen Anstalts- und Benutzungsverhältnisse[703] sowie die öffentlich-rechtliche Geschäftsführung ohne Auftrag angesehen[704].

a. Die Haftung des Staates bei der Einschaltung privater Kräfte im Rahmen öffentlich-rechtlicher Anstalts- und Benutzungsverhältnisse

Bestehen im Bereich der Leistungsverwaltung keine gesetzlichen Vorschriften über die Form der Erfüllung öffentlicher Aufgaben, so kommt der Behörde nach einhelliger Ansicht in diesem Bereich ein Wahlrecht dahingehend zu, ob sie ihre Leistungen aufgrund öffentlich-rechtlicher oder privatrechtlicher Rechtsformen erbringen möchte[705]. Die Wahlfreiheit bezieht sich sowohl auf die Organisationsform als auch auf die Ausgestaltung des Leistungs- oder Benutzungsverhältnisses. Entscheidet sich die Behörde für die privatrechtliche Organisationsform, so ist die Nutzungsordnung zwingend privatrechtlich auszugestalten[706], etwa in der Form

---

[698] Windthorst/ Sproll, Staatshaftungsrecht, § 3, Rn. 9

[699] Janson, DÖV 1979, S. 697

[700] Windthorst/ Sproll, Staatshaftungsrecht, § 3, Rn. 10

[701] BGHZ 7, 69 (72); 14, 122ff; 43, 178; BVerwGE 13, 17; 25, 138 (141); abw. nur BGHZ 29, 310; Bender, Staatshaftungsrecht (3.Aufl. 1981), Rn. 810

[702] BGHZ 1, 369; 3, 162; 4, 192; 5, 299; 21, 215; 34, 349

[703] BGHZ 17, 191; 59, 303; 54, 299; 61, 7; 66, 302; 77, 197; BGH NJW 1974, S. 1816; BGH VersR 1978, S. 85 und S. 253; VGH Mannheim, NvwZ-RR 1991, S. 325; NVwZ-RR 1992, S. 656; Rüfner in: Erichsen, Allgemeines Verwaltungsrecht, § 50, Rn. 11; Ossenbühl, Staatshaftungsrecht, S. 286ff

[704] Wolff / Bachof, Verwaltungsrecht I, § 44 I b 5; Ehlers, Verwaltung in Privatrechtsform, S. 476; Erichsen / Martens, Verwaltungsrecht, S. 285; BVerfGE 18, 429 (436); BVerwGE ZBR 1975, S. 323; BayVGH VerwRspr. 21, 397; VerwRspr. 24, 542f; VGH Mannheim, NJW 1977, S. 1843; BVerwG NJW 1989, S. 922; vgl. auch OVG Lüneburg, NVwZ 1991, S. 81

[705] Maurer, Allgemeines Verwaltungsrecht, § 3, Rn. 9

[706] Salzwedel in: Erichsen, Allgemeines Verwaltungsrecht, § 41, Rn. 3

von Allgemeinen Geschäftsbedingungen. In diesem Fall liegt ein privatrechtliches Anstalts- und Benutzungsverhältnis vor, bei dem sich die Haftung nach den Regeln des Zivilrechts bestimmt. Wird jedoch eine öffentlich-rechtliche Organisationsform gewählt, so bleibt die Möglichkeit einer öffentlich-rechtlichen oder privatrechtlichen Ausgestaltung der Nutzungsordnung bestehen[707].

Ist danach ein Anstalts- und Benutzungsverhältnis öffentlich-rechtlich gestaltet worden, so stehen Staat und Bürger im Falle der Benutzung oder des Anschlusses in einem öffentlich-rechtlichen Verhältnis zueinander[708]. Dadurch ist jedoch nicht ausgeschlossen, hinsichtlich der Haftung für Pflichtverletzungen aus diesem öffentlich-rechtlichen Verhältnis bestimmte Vorschriften des Zivilrechts, in denen Rechtsgedanken grundsätzlicher Art ihren positiv-rechtlichen Niederschlag gefunden haben, sinngemäß heranzuziehen[709]. Eine derartige entsprechende Anwendbarkeit der vertraglichen oder vertragsähnlichen Haftungsregelungen - insbesondere der Haftung für das Verschulden von Erfüllungsgehilfen gemäß § 278 BGB - rechtfertigt sich daraus, daß Bürger und Staat durch das öffentlich-rechtliche Anstalts- und Benutzungsverhältnis in eine Verbindung zueinander getreten sind, die über das Maß der allgemeinen rechtlichen Verbindung zweier Rechtssubjekte hinausgeht[710]. Aus dieser rechtlichen Sonderverbindung erwachsen Staat und Bürger besondere, nur zwischen diesen beiden Beteiligten bestehende relative Rechte und Pflichten. Solche Leistungs- und Sorgfaltspflichten können sich ausdrücklich oder konkludent aus dem Leistungsverhältnis ergeben.

Die sich aufgrund des öffentlich-rechtlichen Benutzungsverhältnisses ergebenden besonderen Pflichten sind denen vergleichbar, die auch die Parteien eines privatrechtlichen Vertrages treffen[711]. In beiden Bereichen bestehen in diesem Fall nicht mehr nur absolute Rechte und Pflichten zwischen den Beteiligten, wie sie gegenüber jedermann bestehen können, sondern vielmehr relative, nur zwischen Staat und Anschlußnehmer oder Benutzer existierende Rechte und Pflichten. Die Verletzung dieser sich aus der besonderen Beziehung ergebenden Pflichten hat dementsprechend auch die Anwendung des vertraglichen oder vertragsähnlichen Haftungsrechts zur Folge[712]. Allerdings besteht auf dem Gebiet des öffentlichen Rechts die Einschränkung, daß die besondere Struktur und Interessenlage des öffentlichen Rechts einer Anwendung nicht entgegenstehen darf, so daß im Einzelfall zu prüfen ist, inwieweit die zivilrechtliche Regelung Ausdruck eines all-

---

[707] Maurer, Allgemeines Verwaltungsrecht, § 3, Rn. 9
[708] BGHZ 54, 299 (302)
[709] BGHZ 54, 299 (302)
[710] Ossenbühl, Staatshaftungsrecht, S. 284
[711] BGHZ 54, 299 (309), BGH NJW 1974, S. 1816
[712] Ossenbühl, Staatshaftungsrecht, § 284f

gemeinen Rechtsgedankens ist, der auch auf das öffentliche Recht übertragen werden kann[713]. Darüber hinaus setzt der Bundesgerichtshof zusätzlich voraus, daß ein Bedürfnis zu einer angemessenen Verteilung der Verantwortlichkeiten innerhalb des öffentlich-rechtlichen Verhältnisses gegeben ist[714]. Allerdings ist die Rechtsprechung uneinheitlich, wann ein solches Bedürfnis anzunehmen ist. Teilweise wurde es schon dann als gegeben angesehen, wenn das öffentliche Recht hinsichtlich des zu regelnden Leistungsstörungsrechts keine Regelungen enthält[715], teilweise wird jedoch auch vorausgesetzt, daß der betroffene Bürger keinen Einfluß auf die vom Staat zu erbringende Leistung gehabt hat[716] und deshalb schützenswert ist. Richtigerweise ist die Frage nach dem Bedürfnis einer Übertragung der vertraglichen Haftung danach zu beurteilen, ob auch aus der öffentlich-rechtlichen Sonderverbindung besondere Rechte und Pflichten erwachsen, die mit den vertraglichen Pflichten des Zivilrechts vergleichbar sind.

Hinsichtlich der konkreten Übertragbarkeit der Schadensersatzansprüche aus Unmöglichkeit, Verzug, positive Forderungsverletzung und culpa in contrahendo gelten die gleichen Grundsätze wie beim öffentlich-rechtlichen Vertrag. Dementsprechend haftet der Staat für ein Verschulden von Privatpersonen, derer er sich zur Erfüllung seiner Pflichten aus dem Anstalts- und Benutzungsverhältnis bedient, nach den Vorschriften des § 278 BGB. § 278 BGB ist als allgemeiner Rechtsgedanke auch auf die öffentlich-rechtlichen Anstalts- und Benutzungsverhältnisse übertragbar, da der Staat zum Benutzer oder Anschlußnehmer in einer besonders engen Beziehung steht, die mit der eines privaten Unternehmers des bürgerlichen Rechts zu seinen Kunden vergleichbar ist[717]. Da es beim Erfüllungsgehilfen im Sinne des § 278 BGB anders als beim Verrichtungsgehilfen im Sinne des § 831 BGB nicht auf die Selbständigkeit oder die Unselbständigkeit der Hilfsperson ankommt[718], haftet der Staat im Rahmen öffentlich-rechtlicher Anstalts- und Benutzungsverhältnisse auch für das Verschulden selbständiger Privatunternehmer. So hat der Bundesgerichtshof eine Staatshaftung für einen selbständigen Privatunternehmer angenommen, der mit dem Bau einer Anschlußleitung an die kommunale Kanalisation beauftragt worden war[719].

Die Übertragung der zivilrechtlichen Normen auf die öffentlich-rechtlichen Schuldverhältnisse dient dem Bedürfnis, die Verantwortung im Bereich öffent-

---

[713] Möllgaard in: Knack, Verwaltungsverfahrensgesetz, § 62, Rn. 3
[714] BGHZ 54, 299 (303)
[715] BGH NJW 1974, S. 1816
[716] BGHZ 54, 299 (303f)
[717] BGHZ 54, 299 (303)
[718] BGHZ 62, 124; BGH NJW 1993, S. 1704f
[719] BGHZ 54, 299 (303f)

lich-rechtlicher Schuldverhältnisse angemessen zu verteilen[720]. Eine angemessene Verteilung der Risiken ist jedoch nicht mehr gegeben, wenn die Anwendung der schuldrechtlichen Normen zu einer "Überhaftung"[721] der öffentlichen Hand führt. Dies steht dann zu befürchten, wenn der Staat die für ihn ungünstigen Haftungsvorschriften des §§ 276, 278 BGB gegen sich gelten lassen müßte, ohne daß es ihm erlaubt wäre, sich auf im Zivilrecht generell zulässige, vereinbarte Haftungsbegrenzungen zu berufen. In diesem Fall würde der mit der Anerkennung verwaltungsrechtlicher Schuldverhältnisse verbundene Zweck des Ausgleich einer Haftungsdivergenz zum Zivilrecht[722] teilweise verfehlt. Um dies zu vermeiden, sind bei öffentlich-rechtlichen Schuldverhältnissen Haftungsbeschränkungen als grundsätzlich zulässig anzusehen[723]. Dies gilt für öffentliche Einrichtungen auch dann, wenn sie mit einem Anschluß- und Benutzungszwang ausgestattet sind oder über eine rechtliche oder tatsächliche Monopolstellung verfügen[724], da auch hier das Bedürfnis für eine Haftungsbegrenzung der öffentlichen Hand bestehen kann.

Da die überwiegende Zahl von öffentlich-rechtlichen Anstalts- und Benutzungsverhältnissen nicht durch Vertrag, sondern in Form eines Verwaltungsakts oder durch bloße Benutzung zustande kommt[725], erfolgt auch die Haftungsbegrenzung in der Regel durch Satzung und nicht aufgrund vertraglicher Vereinbarung. Den sich aus diesem Umstand ergebenden möglichen Benachteiligungen des Benutzers oder Anschlußnehmers wird durch daß Erfordernis begegnet, daß der Haftungsausschluß dem Prinzip der Verhältnismäßigkeit entspricht und sachlich gerechtfertigt ist. Eine sachliche Rechtfertigung liegt dann nicht mehr vor, wenn der Haftungsausschluß dem Charakter der öffentlichen Aufgabe widerspricht; so ist beispielsweise ein Haftungsausschluß bei der Lieferung von Trinkwasser nicht denkbar[726]. Dem Grundsatz der Verhältnismäßigkeit wird dadurch Rechnung getragen, daß in analoger Anwendung der zivilrechtlichen Vorschriften die Haftung für Vorsatz (§ 276 Abs. 2 BGB) und grobe Fahrlässigkeit (§ 11 Abs. 1 Nr. 7 AGBG) nicht ausgeschlossen werden kann[727]. Neben den satzungsmäßig auferlegten Haftungsbeschränkungen[728] gilt dies auch bei entgeltlicher Benutzung[729].

---

[720] BGHZ 21, 214 (218)

[721] Schneider, NJW 1962, S. 705 (708)

[722] Windthorst/ Sproll, Staatshaftungsrecht, § 3, Rn. 1

[723] BGHZ 61, 7 (12f) unter Berufung auf: OVG Münster, OVGE 18, 154 (161f); Forsthoff, Verwaltungsrecht I, § 21 Absch. 4; Dagtoglou in: Kommentar zum Bonner Grundgesetz, Art. 34, Rn. 71; s.a. BayVGH DVBl. 1985, S. 903f

[724] BGHZ 61, 7(12)

[725] Maurer, Allgemeines Verwaltungsrecht, § 28, Rn. 7

[726] Beispiel nach Götz, JuS 1971, S. 349 (352)

[727] Stober, DÖV 1977, S. 398f

[728] Windthorst / Sproll, Staatshaftungsrecht, § 4 Rn. 15

[729] Ossenbühl, Staatshaftungsrecht, S. 301f

Aus der Beschränkung der Anwendung der schuldrechtlichen Vorschriften auf das Verhältnis zwischen den Beteiligten folgt gleichermaßen, daß Haftungsbeschränkungen im Verhältnis zu Dritten, die nicht Leistungsempfänger oder Benutzer sind, keine Wirkungen entfalten.

b. Öffentlich-rechtliche Verwahrung

Die öffentlich-rechtliche Verwahrung ist als weiteres öffentlich-rechtliches Schuldverhältnis anerkannt, auf das die Vorschriften der vertraglichen oder vertragsähnlichen Haftung grundsätzlich Anwendung finden[730]. Derartige Verwahrungsverhältnisse entstehen, wenn eine Behörde durch Übergabe oder Übergabesurrogate aufgrund öffentlich-rechtlichen Vertrages[731], Hoheitsakts[732] oder tatsächlicher Inbesitznahme[733] an der zu verwahrenden Sache Besitz erlangt und ihr Aufbewahrung und Obhut zuteil lassen soll[734]. Im Gegensatz zum privatrechtlichen Verwahrungsverhältnis (§§ 688 ff BGB) ist das öffentlich-rechtliche Verwahrungsverhältnis dadurch gekennzeichnet, daß die Verwaltung die Gegenstände kraft öffentlichen Rechts zur Aufbewahrung im Besitz hat[735]. Häufig entstehen öffentlich-rechtliche Verwahrungsverhältnisse im Bereich der Eingriffsverwaltung, wie etwa bei der Sicherstellung von Gegenständen[736] oder beim Abschleppen verkehrswidrig geparkter Kraftfahrzeuge, die auf dem Hof der Polizei oder eines privaten Abschleppunternehmens abgestellt werden. Für derart in Verwahrung genommene Sachen hatte schon das Reichsgericht eine besondere Haftung aus "öffentlich-rechtlicher Verwahrung" unter entsprechender Anwendung der schuldrechtlichen Vorschriften entwickelt (§§ 688 ff BGB)[737]. Wie bei allen öffentlich-rechtlichen Schuldverhältnissen findet die entsprechende Anwendbarkeit der zivilrechtlichen Normen jedoch ihre Grenzen dort, wo die Zweck- und Interessenausrichtung der öffentlich-rechtlichen Sonderverbindung entgegensteht[738].

---

[730] BGHZ 1, 369; 4, 192; BGH NJW 1990, S. 1230; Maurer, JuS 1992, S. 1015 (1017); Ossenbühl, Staatshaftungsrecht, S. 286ff; Mau-rer, Allgemeines Verwaltungsrecht, § 23, Rn. 3; ders., JuS 1994, S. 1015 (1017); Bonk in: Sachs, Grundgesetz, Art. 34, Rn. 49

[731] Wolff / Bachof, Verwaltungsrecht I, § 44 I b 1; Erichsen in: ders., Allgemeines Verwaltungsrecht, § 30, Rn. 4

[732] RGZ 166, 215 (221f); BGH WM 1973, S. 1416; vgl. auch Art. 25, 26 BayPAG

[733] So im Fall von BGH NJW 1990, S. 1230f, in dem das Verwahrungsverhältnis durch die Entgegennahme einer gefundenen Aktentasche seitens der Beamten der Autobahnwache begründet wurde

[734] BGHZ 3, 200 (202); 34, 349 (354); s.a. BGH WM 1973, S. 1416

[735] Erichsen in: ders., Allgemeines Verwaltungsrecht, § 30, Rn. 4; Weber, JuS 1974, S. 192

[736] Vgl. Art. 26 Abs. 1 Satz 1 BayPAG

[737] RGZ 115, 419; ebenso: BGHZ 3, 162; 4, 192; 5, 299

[738] BVerwGE 52, 247 (254)

Für die öffentlich-rechtliche Verwahrung bedeutet dies, daß neben dem Herausgabeanspruch nach § 695 BGB insbesondere die Begrenzung auf die eigenübliche Sorgfalt bei unentgeltlicher Verwahrung (§ 690 BGB) dann keine Anwendung findet, wenn die Verwahrung nicht nur den Interessen des Hinterlegers, sondern nur oder jedenfalls auch dem öffentlichen Interesse zu dienen bestimmt ist[739].

Im Falle der Beschädigung, der Zerstörung oder der anderweitigen Unmöglichkeit der Herausgabe sind neben § 280 BGB auch die Regelung über die Umkehr der Beweislast (§ 282 BGB), sowie die Haftungsvorschriften der §§ 276, 278 BGB anwendbar. Gibt die Behörde wegen Platzmangels oder aus anderen Gründen den zu verwahrenden Gegenstand an einen Privaten weiter - wozu sie nach den gesetzlichen Vorschriften ermächtigt ist[740] - so ändert dies nichts am Rechtscharakter als öffentlich-rechtlicher Verwahrung[741], sondern die Behörde haftet vielmehr gemäß § 278 BGB für ein Verschulden der privaten Hilfskraft, wenn infolge eines Verschuldens des Privaten der Gegenstand beschädigt, zerstört oder die Herausgabe aus anderen Gründen unmöglich wird, da die private Hilfskraft im Pflichtenkreis der Behörde tätig geworden ist. Dies gilt unabhängig davon, ob es sich bei dem Privaten um einen selbständig tätigen Unternehmer handelt oder ob die Behörde den Gegenstand an eine weisungsabhängige Person zur Verwahrung übergeben hat, da eine Zurechnung des Verschuldens nach § 278 BGB nicht von der Unselbständigkeit der Hilfsperson abhängig ist, sondern vielmehr an ein Tätigwerden im Pflichtenkreis der Behörde anknüpft.

c. Öffentlich-rechtliche Geschäftsführung ohne Auftrag

Die Geltung des zivilrechtlichen Instituts der Geschäftsführung ohne Auftrag (§§ 677 ff BGB) ist auch für den öffentlich-rechtlichen Bereich anerkannt[742]. Auch im öffentlichen Recht existieren Sachverhalte, in denen jemand das Geschäft eines anderen besorgt[743], so daß die Grundgedanken der zivilrechtlichen Geschäftsführung ohne Auftrag, d.h. einerseits die Legitimationsfunktion[744] und andererseits der Ausgleich zwischen Geschäftsführer und Geschäftsherrn[745], Geltung bean-

---

[739] BVerwG NJW 1978, S. 717f; Papier, Die Forderungsverletzung im öffentlichen Recht, S. 42
[740] Vgl. Art. 26 Abs. 1 Satz 3 BayPAG
[741] Eyermann / Fröhler, Verwaltungsgerichtsordnung, § 40, Rn. 126
[742] OVG Lüneburg, NVwZ 1991, S. 81
[743] Erichsen in: ders., Allgemeines Verwaltungsrecht, § 29 Rn 8
[744] Schoch, Jura 1994, S. 241f
[745] Erichsen in: ders., Allgemeines Verwaltungsrecht, § 29 Rn. 9

spruchen können, soweit nicht der besondere Charakter des öffentlichen Rechts entgegensteht.

Im Verhältnis Staat - Bürger kann dabei entweder der Staat für den Bürger oder der Bürger für den Staat tätig werden. Ob in diesen Fällen eine öffentlich-rechtliche oder eine privatrechtliche Geschäftsführung ohne Auftrag vorliegt, ist entgegen der Ansicht des Oberverwaltungsgerichts Lüneburg[746] nicht von der Rechtsnatur der wahrgenommenen Pflicht, sondern vielmehr davon abhängig zu machen, welchen Charakter das Geschäft gehabt hätte, wenn es vom Geschäftsherrn selbst wahrgenommen worden wäre[747]. Dies führt dazu, daß eine öffentlich-rechtliche Geschäftsführung ohne Auftrag in der Regel dann gegeben ist, wenn der Bürger für den Staat handelt, während sie im umgekehrten Fall grundsätzlich ausscheidet, weil der Bürger nur privatrechtlich handeln kann[748].

Führt der Bürger anstelle des Staates ein öffentlich-rechtliches Geschäft und liegt demzufolge eine öffentlich-rechtliche Geschäftsführung ohne Auftrag vor, so beurteilt sich diese nach den Vorschriften der §§ 677 ff BGB in entsprechender Anwendung, soweit das öffentliche Recht keine speziellen Regelungen enthält[749]. Ersatzansprüche im Zusammenhang mit der Einschaltung einer privaten Hilfskraft sind nur denkbar, wenn die Behörde den Privaten mit der Erfüllung des Geschäfts beauftragt, dieser es jedoch nicht erfüllt hat und der Bürger das Geschäft daraufhin für die Behörde geführt hat. Inwieweit der Bürger in diesen Fällen Aufwendungsersatz entsprechend der §§ 683, 670 BGB verlangen kann, hat sich an der Überlegung zu orientieren, daß die Wahrnehmung öffentlicher Aufgaben durch gesetzliche Kompetenzregelungen ausschließlich einem Hoheitsträger zugewiesen ist[750]. Kommt dieser seiner Pflicht zur Aufgabenerfüllung nicht nach, so ist zur Vermeidung der Gefährdung des Aufgaben- und Kompetenzgefüges[751] der Bürger grundsätzlich nicht als befugt anzusehen, diese Aufgaben selbst anstelle des Hoheitsträgers zu erfüllen. Vielmehr ist er darauf verwiesen, die Aufgabenerfüllung durch Ausschöpfung des Rechtsweges zu erreichen[752]. Dementsprechend kann der Bürger nur dann Ersatz seiner Aufwendungen (§§ 683, 670 BGB) und risikotypischen Begleitschäden (§ 683 iVm. § 1835 Abs. 3 BGB) verlangen, wenn es

---

[746] OVG Lüneburg OVGE 11, 307 (312)

[747] So: BGHZ 40, 28 (31); 63, 167; Zustimmend: Windthorst / Sproll, Staatshaftungsrecht, § 5, Rn. 2; Ossenbühl, Staatshaftungsrecht, S. 289f; Erichsen in: ders., Allgemeines Verwaltungsrecht, § 29, Rn. 16; Scherer, NJW 1989, S. 2724 (2728)

[748] Windthorst/ Sproll, Staatshaftungsrecht, § 5, Rn. 2

[749] BGH NJW 1989, S. 922

[750] Ossenbühl, Staatshaftungsrecht, S. 290; Erichsen in: ders., Allgemeines Verwaltungsrecht, § 29, Rn. 15

[751] Erichsen in: ders., Allgemeines Verwaltungsrecht, § 29, Rn. 15

[752] BVerwGE 80, 170 (174)

sich um eine Hilfeleistung in besonderen Notlagen bei Gefahr für Leben, Gesundheit oder Eigentum handelt[753] oder die zuständige Behörde nicht oder nicht mit der sachlich gebotenen Dringlichkeit tätig wird[754].

Wird die Behörde als Geschäftsführerin für den Bürger tätig, liegt eine privatrechtliche Geschäftsführung ohne Auftrag vor, so daß die Regelungen der §§ 677 ff BGB grundsätzlich direkt anwendbar sind. Dies ist jedoch dann unbillig, wenn die Behörde im Rahmen der Eingriffsverwaltung tätig wird, da in diesem Fall die Verwaltungsvollstreckungsgesetze und die bestehenden polizeilichen Eingriffs- und Kostenersatznormen als öffentlich-rechtliche Spezialnormen unterlaufen würden. Dies ist jedoch nicht zulässig, da die Verwaltung im Bereich der obrigkeitlichen Verwaltung an die strikte Einhaltung der öffentlich-rechtlichen Bestimmungen gebunden ist[755]. Im Bereich der Eingriffsverwaltung sind demzufolge die Vorschriften über die Geschäftsführung ohne Auftrag (§ 677 ff BGB) nicht anzuwenden[756].

Im Bereich der schlicht-hoheitlichen Verwaltung bestehen die Bedenken gegen eine Anwendung der Regelungen über die Geschäftsführung ohne Auftrag (§ 677 ff BGB) dagegen nicht. Insoweit kann dem Bürger gegen den Staat ein Schadensersatzanspruch bei berechtigter Geschäftsführung ohne Auftrag wegen Ausführungsverschuldens der Behörde (positive Forderungsverletzung des § 677 BGB) zustehen. Da der Geschäftsführer nicht in eigener Person tätig werden muß[757], kann sich die Behörde zur Erledigung des Geschäfts einer privaten Hilfskraft bedienen, für dessen Verschulden sie im Rahmen eines Anspruchs aus positiver Forderungsverletzung nach § 278 BGB haftet, da es sich bei der Geschäftsführung ohne Auftrag um ein gesetzliches Schuldverhältnis handelt, auf das die §§ 276, 278 BGB Anwendung finden[758]. Gleiches gilt bei einer unberechtigten Geschäftsführung ohne Auftrag, wo der Behörde das Verschulden des Privaten im Hinblick auf einen Schadensersatzanspruch wegen Übernahmeverschuldens (§ 678 BGB) ebenfalls zugerechnet wird.

---

[753] BayVGH VerwRspr. 24 (1973), S. 542 (546)
[754] BVerwGE 80, 170 (175f)
[755] Windthorst/ Sproll, Staatshaftungsrecht, § 5, Rn. 5
[756] Erichsen in: ders., Allgemeines Verwaltungsrecht, § 29, Rn. 17
[757] BGHZ 67, 368; zustimmend: Palandt-Thomas, § 677, Rn. 2
[758] Palandt-Thomas, Bürgerliches Gesetzbuch, vor § 276, Rn. 2

d. Entwicklung weiterer öffentlich-rechtliche Schuldverhältnisse

Die Anwendung der zivilrechtlichen Normen auf öffentlich-rechtliche Schuldverhältnisse ist durch das Reichsgericht und den Bundesgerichtshof zunächst kasuistisch erfolgt und hat zur Herausbildung der genannten Fallgruppen geführt. Im Rahmen der rechtlichen Beurteilung von Strafgefangenenverhältnissen[759] hat der Bundesgerichtshof erstmals abstrakt definiert, wann ein öffentlich-rechtliches Schuldverhältnis vorliegt; danach ist die Anwendung des vertraglichen Schuldrechts gerechtfertigt, wenn ein besonders enges Verhältnis[760] des einzelnen zum Staat oder zur Verwaltung begründet worden ist und mangels ausdrücklicher gesetzlicher Regelung ein Bedürfnis zu einer angemessenen Verteilung der Verantwortung innerhalb des öffentlichen Rechts vorliegt[761]. Die zwischen Staat und Bürger bestehende Rechtsbeziehung muß nach Gegenstand und Struktur den zivilrechtlichen Schuldverhältnissen vergleichbar sein, damit eine Anwendung der vertragsähnlichen Haftung gerechtfertigt ist[762]. Dies ist grundsätzlich dann der Fall, wenn die Rechtsbeziehungen zwischen Staat und Bürger dahingehend individualisiert sind, daß dem Hoheitsträger ein abgrenzbarer Kreis von Privatpersonen gegenübersteht[763] und Rechtspflichten bestehen, die über allgemeine Amtspflichten hinausgehen[764].

An diesen Grundsätzen hat sich auch die Herausbildung weiterer Fallgruppen öffentlich-rechtlicher Schuldverhältnisse zu orientieren.

aa. Besonderes Näheverhältnis bei der Fürsorge- und Leistungsverwaltung

Teilweise wird entgegen der Rechtsprechung des Bundesgerichtshofs nicht das besondere Näheverhältnis zwischen Staat und Bürger als entscheidend für die Annahme eines öffentlich-rechtlichen Schuldverhältnisses angesehen, sondern es wird hinsichtlich der Beziehung zum Bürger darauf abgestellt, ob der Staat im obrigkeitlichen oder im schlichthoheitlichen Bereich handelt, wobei die vertraglichen und vertragsähnlichen Haftungsvorschriften im obrigkeitlichen Bereich keine Anwendung finden sollen[765]. Dies wird damit begründet, daß im Bereich der ob-

---

[759] BGHZ 21, 214 (218)

[760] BGHZ 54, 299 (303) verwendet demgegenüber die Formulierung "besonderes, enges Verhältnis"

[761] BGHZ 21, 214 (218ff)

[762] Windthorst/ Sproll, Staatshaftungsrecht, § 3, Rn. 9

[763] Janson, DÖV 1979, S. 697

[764] BGH DVBl. 1988, S. 788f

[765] Papier, Die Forderungsverletzung im öffentlichen Recht, S. 62

rigkeitlichen Verwaltung die der Eigenart der öffentlichen Verwaltung typische Überlegenheit rechtlich zum Ausdruck kommt, woraus auf eine Privilegierung dahingehend geschlossen wird, daß der Staat in diesem Bereich sowohl als Anspruchsberechtigter als auch als Anspruchsverpflichteter über Sonderrechte verfüge[766]. Diese lange Zeit auch vom Reichsgericht[767] vertretene Auffassung führt jedoch zu einer Benachteiligung des Bürgers, für die keine sachliche Rechtfertigung ersichtlich ist. Ohne daß ein störungsfreier Ablauf hoheitlicher Maßnahmen gefährdet wäre, können zugunsten des Bürgers auch im Bereich der obrigkeitlichen Verwaltung dem Staat bestimmte Pflichten zur Wahrung der Rechtsgüter des Bürgers obliegen. So kann beispielsweise im Fall der Beschlagnahme eines Gegenstands seitens des Bürgers ein schützenswertes Bedürfnis danach bestehen, daß die in Verwahrung genommenen Gegenstände pfleglich behandelt werden und ein Untergang oder eine anderweitige Unmöglichkeit der Herausgabe durch das Eingreifen vertraglicher und vertragsähnlicher Haftungsvorschriften sanktioniert wird.

Abzulehnen ist es deshalb auch, wenn der Bundesgerichtshof vereinzelt die Anwendung der zivilrechtlichen Vorschriften davon abhängig macht, ob im Rahmen des betreffenden Rechtsverhältnisses das Handeln des Staates Ausfluß seiner fürsorgerischen Tätigkeit in bezug auf den einzelnen ist oder nicht[768]. Denn die bloße Abwesenheit von Zwang bietet keine ausreichende Grundlage dafür, den Bürger in den Genuß von günstigeren Haftungsvorschriften gelangen zu lassen[769]. Erforderlich ist vielmehr eine besondere Nähebeziehung zwischen Staat und Bürger, die einer privatrechtlichen Beziehung zweier Parteien vergleichbar ist. Eine solche ergibt sich jedoch noch nicht bei einem bloßen Tätigwerden im Rahmen der schlicht-hoheitlichen Verwaltung, weil insoweit grundsätzlich nur allgemeine, gegenüber jedermann bestehende Pflichten existieren. Zur Konkretisierung und Individualisierung dieser Pflichten bedarf es darüber hinaus einer besonderen Nähebeziehung, die im Bereich der schlicht-hoheitlichen wie obrigkeitlichen Verwaltung bestehen kann, in keinem der beiden Bereiche jedoch von vornherein ausgeschlossen sein muß oder grundsätzlich bestehen muß.

---

[766] Papier, Die Forderungsverletzung im öffentlichen Recht, S. 62

[767] So entschieden bis RGZ 112, 290 (293). Aufgabe dieser Rechtsprechung in RG, DR 43, 894

[768] Mit dieser Begründung lehnt der Bundesgerichtshof die vertragliche und vertragsähnliche Haftung bei Strafgefangenenverhältnissen (BGHZ 21, 214 (218ff) und bei Schulverhältnissen (BGH NJW 1963, S. 1828f) ab.

[769] Drews / Wacke / Vogel / Martens, Gefahrenabwehr, S. 647

bb. Besonderes Näheverhältnis bei räumlicher Nähe

Ein besonderes Näheverhältnis zwischen Bürger und Staat, aus dem sich nach ihrer Individualisierung und Intensität dem Zivilrecht vergleichbare Rechte und Pflichten ergeben können, auf die die Anwendung der vertraglichen Haftungsvorschriften gerechtfertigt ist, ergibt sich auch nicht aus einer rein räumlichen Nähe der Beteiligten. Hierbei wird im Gegensatz zu anderen Schuldverhältnissen (wie beim öffentlich-rechtlichen Verwahrungsverhältnis) nicht auf eine bestimmte Sache abgestellt oder es steht nicht der Einsatz einer Person im Vordergrund (wie bei den öffentlich-rechtlichen Dienst- und Treueverhältnissen), sondern es wird der rein tatsächlichen räumlichen Nähe besondere Bedeutung beigemessen. Ein derartiges öffentlich-rechtliches Schuldverhältnis wäre unter Zugrundelegung eines räumlichen Nähebegriffs etwa dann zu bejahen, wenn der Staat Bauarbeiten unmittelbar vor dem Haus des Betroffenen vornimmt und dabei dessen Rechtsgüter schädigt. Handlungen eines privaten Bauunternehmers müßte sich der Staat dann entsprechend § 278 BGB zurechnen lassen, wenn dieser als Erfüllungsgehilfe tätig geworden ist.

Inwieweit aus der räumlichen Nähe im Bereich des öffentlichen Rechts zwischen zwei Rechtssubjekten Rechte und Pflichten erwachsen, die über das normale Maß hinaus gehen und deren Verletzung eine vertragliche oder vertragsähnliche Haftung nach sich zieht, kann anhand eines Vergleichs mit dem Zivilrecht ermittelt werden. Auch dort existieren räumliche Näheverhältnisse zwischen zwei Beteiligten, wie etwa das nachbarliche Gemeinschaftsverhältnis. Aus diesem Rechtsinstitut erwächst als Ausprägung von § 242 BGB[770] im besonderen Bereich des notwendigen Zusammenlebens von Grundstücksnachbarn die Pflicht zur gegenseitigen Rücksichtnahme in den gesetzlich nicht geregelten Fällen[771]. Allerdings ist streitig, ob diese Pflicht hinreichend individualisiert und intensiv ist, daß vom Bestehen eines gesetzlichen Schuldverhältnisses ausgegangen werden kann. Dies wird teilweise mit dem Argument bejaht, aus dem Zusammenliegen der Grundstücke im Raum ergebe sich eine tatsächliche Nutzungsgemeinschaft der Nachbarn, welches bezüglich Personen und Inhalt so konkretisiert sei, daß es den typischen Schuldverhältnissen im Sinne des BGB zumindest ähnele[772]. In der Folge rechnet diese Auffassung das Verschulden einer eingeschalteten Hilfsperson nach den Grundsätzen des § 278 BGB zu[773]. Der Bundesgerichtshof spricht demgegenüber dem nachbarlichen Gemeinschaftsverhältnis selbst bei einer gemeinsa-

---

[770] RGZ 167, 14 (24); BGHZ 28, 110 (114); BGH LM Nr. 1 zu § 903 BGB
[771] Brox, JA 1984, S. 182f
[772] Westermann, Sachenrecht Band II, S. 13ff; Palandt-Heinrichs, § 278, Rn. 3
[773] Westermann, Sachenrecht Band II, S. 13ff; ders. in: Erman, BGB, § 909, Anm. 1; Staudinger / Seufert, BGB, § 909, Erl. I 2a

men Giebelmauer der Nachbarn den Charakter eines Schuldverhältnisses mit der zutreffenden Begründung ab, daß im nachbarlichen Gemeinschaftsverhältnis nur einzelne obligatorische Verpflichtungen bestehen, eine allgemeine schuldrechtliche Verpflichtung, Beschädigungen der gemeinsamen Sache zu unterlassen, aus dem Gemeinschaftsverhältnis jedoch nicht hergeleitet werden kann[774].

Aus dem Vergleich mit der zivilrechtlichen Beurteilung eines nachbarlichen Näheverhältnisses lassen sich Rückschlüsse für die Beurteilung von derartigen Näheverhältnissen auf dem Gebiet des öffentlichen Rechts ziehen. Auch dort führt die räumliche Nähebeziehung nicht zu einer gesteigerten Rechte- und Pflichtenstellung der Beteiligten, die wesentlich über das normale Maß der absolut und gegenüber jedermann bestehenden Pflichten hinausginge, so daß bei Verletzung dieser Pflichten ein Eingreifen der vertraglichen Haftung geboten wäre. Demzufolge kann nicht vom Vorliegen eines öffentlich-rechtlichen Schuldverhältnis mit der Folge der Zurechnung fremden Verschuldens nach § 278 BGB bei bloßer räumlicher Nähe ausgegangen werden. Allein aus dieser räumlichen Nähe ergeben sich auch im öffentlichen Recht keine gesteigerten Rechte und Pflichten, auf die die Anwendung der zivilrechtlichen Normen gerechtfertigt wäre.

---

[774] BGHZ 62, 243 (246); BGH NJW 1985, S. 2945; so auch schon für § 909 BGB: RGZ 132, 51

V. Das Staatshaftungsrecht in den neuen Ländern

Unmittelbar nach dem Ende des Zweiten Weltkrieges galt auf dem Gebiet der sowjetischen Besatzungszone § 839 BGB iVm. Art. 131 WRV fort[775]. Aufgrund der Ermächtigung durch die Militäradministration ergingen jedoch in den Ländern bzw. Provinzen Brandenburg[776], Sachsen[777], Sachsen-Anhalt[778] und Thüringen[779] Verordnungen, die den Rechtsweg gegen rechtswidrige staatliche Maßnahmen ausschlossen. Zwar waren diese Verordnungen bis 1947 befristet, 1954 entschied jedoch der Oberste Gerichtshof der DDR, § 839 BGB sei "nicht mehr gültig"[780] mit der Folge eines endgültigen Ausschlusses des Amtshaftungsanspruchs. Wenn damit auch die Anspruchsgrundlage für rechtswidrige Hoheitsmaßnahmen beseitigt worden war, ist die Notwendigkeit einer Billigkeitsentschädigung für Fälle ungezielter Schadensverursachung erkannt worden; in der Folge wurden durch Ministerial- und Ratsentscheidung[781] bzw. aufgrund gesetzlicher Normierung einzelner Spezialfälle der Aufopferung, wie etwa bei Impfschäden[782], Ersatz geleistet. Daneben existierten keine richterrechtlichen Haftungsinstitute wie der enteignungsgleiche oder enteignende Eingriff, der Aufopferungsanspruch oder der Folgenbeseitigungsanspruch[783].

Eine grundlegende Änderung des Rechtszustands bewirkte das Inkrafttreten der neuen sozialistischen Verfassung am 9.4.1968[784], deren Art. 106, der nach der Verfassungsreform von 1974[785] zu Art. 104 wurde, folgenden Wortlaut hatte: "(1) Für Schäden, die einem Bürger oder seinem persönlichen Eigentum durch ungesetzliche Maßnahmen von Mitarbeitern der Staatsorgane zugefügt werden, haftet das staatliche Organ, dessen Mitarbeiter den Schaden verursacht hat. (2) Voraus-

---

[775] Ossenbühl, Staatshaftungsrecht, S. 378

[776] VO über die Geltendmachung von Ansprüchen aus öffentlichen Hoheitsmaßnahmen vom 19.10.1946, VOBl. 1947, S. 49

[777] VO über die Geltendmachung von Ansprüchen aus Maßnahmen der öffentlichen Gewalt v. 14.03.1946, VOBl. S. 133

[778] VO über die Geltendmachung von Ansprüchen aus Maßnahmen der öffentlichen Gewalt in der Provinz Sachsen v. 25.10.1946, VOBl. S. 503 in der Fassung des Gesetzes vom 6.2.1948

[779] Gesetz betreffend Maßnahmen gegen Nazismus und Militarismus vom 2.11.1946, RegBl. 1947 I, S. 11

[780] OG NJ 1954, S. 573

[781] Ossenbühl, Staatshaftungsrecht, S. 380

[782] § 5 der Anordnung zur Durchführung von Schutzimpfungen v. 1.6.1949 (ZVOBl. I S. 446) iVm. der 2. Durchführungsbestimmung hierzu v. 20.2.1951 (Gbl. I S. 133)

[783] Ossenbühl, Staatshaftungsrecht, S. 381

[784] GBl. I S.199

[785] Gesetz zur Ergänzung und Änderung der Verfassung der DDR vom 7.10.1974, GBl. I S. 425

setzungen und Verfahren der Staatshaftung werden durch Gesetz geregelt." In Ausführung von Art. 106 Abs. 2 erging am 12.05.1969 das "Gesetz zur Regelung der Staatshaftung"[786]. § 1 dieses Gesetzes bestimmte: "Für Schäden, die einem Bürger oder seinem persönlichen Eigentum durch Mitarbeiter oder Beauftragte staatlicher Organe oder staatlicher Einrichtungen in Ausübung staatlicher Tätigkeit rechtswidrig zugefügt werden, haftet das jeweilige staatliche Organ oder die staatliche Einrichtung." § 2 StHG sah den Ausschluß der persönlichen Verantwortlichkeit des Mitarbeiters oder Beauftragten des staatlichen Organs vor, während § 3 bestimmte: "Die Schadensersatzpflicht staatlicher Organe und staatlicher Einrichtungen als Teilnehmer am Zivilrechtsverkehr bestimmt sich nach den Vorschriften des Zivilrechts".

Nach der Wiedervereinigung wurde das Staatshaftungsrecht der DDR im Einigungsvertrag[787] inhaltlich zwar teilweise geändert, im übrigen aber als Landesrecht aufrecht erhalten. Dies geschah auf Wunsch der DDR, die den mit dem Staatshaftungsgesetz vom 12.5.1969 erreichten Rechtszustand für das Beitrittsgebiet bewahren wollte[788]. Auf seiten der Bundesrepublik erhoffte man sich durch ein Haftungs"gefälle"[789] zwischen neuen und alten Ländern eine Belebung der ins Stocken geratenen Diskussion über die Regelung des Staatshaftungsrechts in der Bundesrepublik[790]. Die Fortgeltung des Staatshaftungsgesetzes der ehemaligen DDR hat zur Folge, daß auf dem Gebiet der neuen Bundesländer bei der Ausübung von Landesstaatsgewalt einschließlich der Bundesauftragsverwaltung und der landeseigenen Verwaltung bei der Ausführung von Bundesrecht durch Landesbehörden eine Anspruchskonkurrenz zwischen dem modifizierten StHG der ehemaligen DDR und dem Amtshaftungsanspruch nach Art. 34 Satz 1 GG iVm. § 839 Abs. 1 BGB besteht[791]. Eine Verdrängung des Staatshaftungsgesetz durch § 839 BGB iVm. Art. 34 GG erfolgt nicht, weil die Regelungsgegenstände - einerseits öffentlich-rechtliche Haftung des Staates, andererseits zivilrechtliche Amtswalterverantwortlichkeit mit Haftungsüberleitung auf den Staat - nicht identisch sind[792]. Vielmehr ist gemäß Art. 232 § 10 EGBGB das Deliktsrecht des Bürgerli-

---

[786] Ossenbühl, Staatshaftungsrecht, S. 381

[787] BGBl. 1990 II 889 (1168) zu Anl. II B Kap. III Sachgebiet B Abschnitt III

[788] BTDrucks. 11/7817, S. 63

[789] Bonk in: Sachs, Grundgesetz, Art. 34, Rn. 26

[790] Vgl. die Begründung des Einigungsvertrages (BGBl. 1990 II 889 (1168) zu Anl. II B Kap. III Sachgebiet B Abschnitt III)

[791] BGH ZIP 1994, S. 988 und 1994, S. 1487; OLG Brandenburg, DtZ 1996, S. 381; Krohn, VersR 1991, S. 1085 (1091); Palandt / Thomas, Art. 232, § 10 EGBGB Rn. 3; Sträßer, NJW 1991, S. 2467f; Rüfner in: Erichsen, Allgemeines Verwaltungsrecht, § 50, Rn. 44; Schullan (VersR 1993, S. 283) vertritt demgegenüber die Auffassung, daß nur die Vorschriften des BGB zur Anwendung gelangen.

[792] Vgl. die Erläuterungen zum EVtr, BT-Drucks. 11 / 7817 S. 63

chen Gesetzbuchs und damit auch § 839 BGB iVm. Art. 34 GG nur auf solche unerlaubten Handlungen anwendbar, die am Tag des Wirksamwerdens des Beitritts (3.10.1990) oder danach begangen worden sind. Die Haftung von vor dem 3.10.1990 begangenen unerlaubten Handlungen richtet sich dagegen nach den bisher im Beitrittsgebiet geltenden Bestimmungen (Art. 232 § 1 EGBGB), soweit diese inhaltlich mit dem Grundgesetz vereinbar sind[793]. Maßgeblich ist dabei der Tatbestand der Verletzung, unabhängig davon, wann ein Schaden eingetreten ist und wann der Verletzte von der Handlung und dem Schaden Kenntnis erlangt hat[794]. Durch das am 29.8.1992 in Kraft getretene Gesetz zur Änderung des Staatshaftungsgesetzes vom 24.8.1992[795] hat Sachsen-Anhalt das StHG der ehemaligen DDR auf einen subsidiär geltenden Anspruch auf angemessene Entschädigung reduziert und so die Anspruchskonkurrenz zwischen dem modifizierten StHG der ehemaligen DDR und der Amtshaftung nach Art. 34 Satz 1 GG iVm. § 839 Abs. 1 BGB weitgehend beseitigt[796].

Der Grundhaftungstatbestand des § 1 Abs. 1 StGH in der durch den Einigungsvertrag geänderten Fassung lautet: "Für Schäden, die einer natürlichen oder juristischen Person hinsichtlich ihres Vermögens oder ihrer Rechte durch Mitarbeiter oder Beauftragte staatlicher oder kommunaler Organe in Ausübung staatlicher Tätigkeit rechtswidrig zugefügt werden, haftet das jeweilige staatliche oder kommunale Organ." Gegenüber dem ursprünglichen Text des alten DDR-StHG wird die Staatshaftung auf das Vermögen und alle Rechte des Geschädigten erstreckt, sowie der Kreis der geschützten Rechtsträger auf juristische Personen erweitert. Auch kommunales Handeln kann gemäß § 1 Abs. 1 StHG n.F. in der modifizierten Fassung Auslöser eines staatshaftungsrechtlichen Anspruchs sein.

Im Unterschied zum Amtshaftungstatbestand (§ 839 Abs. 1 Satz 1 BGB iVm. Art. 34 Satz 1 GG) setzt § 1 Abs. 1 StHG n.F. kein Verschulden voraus und folgt damit einem Haftungsmodell, das auf die objektive Rechtswidrigkeit als alleinigen Haftungsgrund abhebt. Es handelt sich um eine objektive und originäre Staatshaftung[797], da sich der Anspruch nicht gegen den Amtswalter selbst, sondern gegen das staatliche oder kommunale Organ richtet, dessen Mitarbeiter oder Beauftragter den Schaden verursacht hat. Im Gegensatz zu § 839 Abs. 1 Satz 1 BGB iVm. Art. 34 Satz 1 GG ist auch nicht die Verletzung einer drittgerichteten Amtspflicht erforderlich, da einzig maßgeblicher Anknüpfungspunkt die rechts-

---

[793] BGH NJW 1993, S. 2531; NJW 1994, S. 1792f und S. 2684f

[794] BGH NJW 1994, S. 2584f; Palandt / Thomas, BGB, EGBGB Art. 232 § 10 Rn. 1f

[795] GVBl. 655

[796] Vgl. die Bekanntmachung der Neufassung des Gesetzes zur Regelung von Entschädigungsansprüchen vom 16.11.1993, GVBl. 720

[797] Ossenbühl, Staatshaftungsrecht, S. 383

widrige Zufügung eines Schadens[798] ist und es sich dementsprechend um eine reine Unrechtshaftung[799] handelt.

Auslöser eines staatshaftungsrechtlichen Anspruchs kann nach § 1 Abs. 1 StHG das Verhalten eines "Mitarbeiters oder Beauftragten staatlicher oder kommunaler Organe" sein, die den Schaden "in Ausübung staatlicher Tätigkeit" verursacht haben. Als Gegenbegriff zu der "Ausübung staatlicher Tätigkeit" (§ 1 Abs. 1 StHG) wird in § 1 Abs. 3 StHG ausdrücklich die Teilnahme am Zivilrechtsverkehr genannt. Die Schadensersatzpflicht für hierbei auftretende Schäden richtet sich nach den Vorschriften des Zivilrechts. Im übrigen wurde im DDR-Schrifttum als maßgeblicher Anknüpfungspunkt für eine "staatliche Tätigkeit" im Sinne von § 1 Abs. 1 StHG das Handeln in "vollziehend-verfügender Tätigkeit"[800], "spezifisch staatlicher Tätigkeit"[801] sowie die Ausübung staatlicher Macht[802] gesehen. Eine fiskalische Tätigkeit gab es zwar nicht als Begriff, nach § 1 Abs. 3 StGH richtete sich die Haftung bei einer Teilnahme am Zivilrechtsverkehr nach Zivilrecht[803]. Unter Zugrundelegung der heutigen Verhältnisse ist die "staatliche Tätigkeit" vor allem abzugrenzen gegenüber der wirtschaftlichen Tätigkeit des Staates, die sich in den Formen des Zivilrechts abspielt[804]

Der Kreis der Personen, deren Handeln einen staatshaftungsrechtlichen Anspruch auszulösen vermag, umfaßt nach § 1 Abs. 1 StHG n.F. "Mitarbeiter oder Beauftragte staatlicher oder kommunaler Organe"; diese Formulierung rührt daher, daß die DDR das Berufsbeamtentum abgeschafft hatte[805]. Unter "Mitarbeitern" sind all diejenigen Personen zu verstehen, die in einem Arbeitsrechtsverhältnis zum Staat, einem staatlichen Organ oder einer staatlichen Einrichtung stehen[806]. Der Begriff des "Mitarbeiters" umfaßt demzufolge Beamte ebenso wie Angestellte und Arbeiter im öffentlichen Dienst, nicht jedoch die Privatunternehmer, die aufgrund zivilrechtlichen Vertrages tätig werden und demzufolge in keinem Arbeitsrechtsverhältnis zum Staat stehen. Unter dem Begriff der "Beauftragten" sah die Literatur zum DDR-StHG diejenigen ehrenamtlich tätigen Bürger als erfaßt an, die als "Helfer der Volkspolizei" tätig wurden, sowie die freiwillige Feuerwehr,

---

798 Ossenbühl, Staatshaftungsrecht, S. 383

799 Vgl. Boujong, Zum Staatshaftungsrecht im Gebiet der früheren DDR in: Festschrift für Gelzer, S. 273 (275)

800 Lörler, NVwZ 1990, S. 830f

801 Lörler, Das Staatshaftungsrecht und seine Anwendung, S. 63

802 Lörler, NVwZ 1990, S. 830f

803 Lörler, Das Staatshaftungsrecht und seine Anwendung, S. 63

804 Vgl. Lörler, Das Staatshaftungsrecht und seine Anwendung, S. 62ff

805 Ossenbühl, Staatshaftungsrecht, S. 384

806 Klein, Staatshaftung, S. 301 (308, 310); Lörler, Das Staatshaftungsrecht und seine Anwendung, S. 96ff

die freiwilligen Helfer der Gewässeraufsicht, die Helfer in staatlichen Kinderferienanlagen, sowie Jugend- und Erziehungshelfer[807]. Die Qualifizierung als "Beauftragte" im Sinne von § 1 Abs. 1 StHG-DDR wurde damit begründet, daß die genannten Personen berechtigt waren, "Weisungen, Anordnungen oder ähnliche Entscheidungen zu treffen"[808].

Vor dem Hintergrund der geänderten rechtlichen und wirtschaftlichen Gegebenheiten erscheint es nicht möglich, diese Auslegung des Beauftragtenbegriffs auf die Erscheinungsformen der Verwaltungshilfe Privater zu übertragen. In der neueren Literatur wird der Begriff des "Beauftragten" teilweise ohne weitere Begründung mit der Rechtsfigur des Beliehenen und des unselbständigen Verwaltungshelfers gleichgesetzt, woraus zu schließen ist, daß der selbständige Privatunternehmer nicht als "Beauftragter" im Sinne von § 1 Abs. 1 StHG n.F. anzusehen sein wird[809]. Richtigerweise muß man jedoch den Begriff des "Beauftragten" im Zusammenhang mit der Ausübung "staatlicher Tätigkeit" sehen. Dementsprechend hängt die Qualifizierung des Privatunternehmers davon ab, ob er den Schaden in Ausübung staatlicher Tätigkeit verursacht hat oder nicht. Dies ist immer dann anzunehmen, wenn der Privatunternehmer im öffentlich-rechtlichen Pflichtenkreis der Behörde tätig geworden ist.

---

807 Ossenbühl, Staatshaftungsrecht, S. 384
808 Lübchen, NJ 23 (1969), S. 394f
809 Ossenbühl, NJW 1991, S. 1201 (1204); ders., Staatshaftungsrecht, S. 398

VI. Das Staatshaftungsgesetz von 1981

Die mittelbare Staatshaftung zu beseitigen und eine unmittelbare Staatshaftung festzulegen, war das Ziel des Staatshaftungsgesetzes von 1981[810], das am 19.10.1982 vom Bundesverfassungsgericht[811] für nichtig erklärt worden war. Die Neuregelung des Staatshaftungsrechts, die ohne eine Änderung von Art. 34 Satz 1 GG erfolgte[812], scheiterte an der fehlenden Gesetzgebungskompetenz des Bundes[813]. Der Bundespräsident hatte insoweit schon im Verfahren zur Ausfertigung des Gesetzes (Art. 82 Abs. 1 Satz 1 GG) von seinem Prüfungsrecht Gebrauch gemacht und Zweifel an der Gesetzgebungskompetenz geäußert, die Ausfertigung des Staatshaftungsrecht jedoch nicht verweigert[814]. Im Rahmen eines von mehreren Ländern angestrengten abstrakten Normenkontrollverfahrens erklärte das Bundesverfassungsgericht dann das StHG wegen fehlender Gesetzgebungskompetenz des Bundes am 19.10.1982 für insgesamt nichtig[815], da Art. 34 GG weder eine offene noch eine verdeckte Gesetzgebungskompetenz des Bundes enthält [816]. Begründet wurde diese Ansicht damit, daß Art. 34 GG sich zwar sprachlich und nach der Stellung im Gesetz von Art. 131 WRV unterscheide, aus den Unterlagen zur Entstehungsgeschichte jedoch hervorgehe, daß Art. 34 GG den gleichen Inhalt wie Art. 131 WRV haben sollte. Dementsprechend konnte der Bund zwar im Rahmen der Regelungskompetenz "Bürgerliches Recht" in Art. 74 Abs. 1 Nr. 1 GG die Eigenhaftung der Beamten regeln, es ist ihm aber verwehrt gewesen, eine bundeseinheitliche Staatshaftung einzuführen[817].

Das Staatshaftungsgesetz von 1981 sah eine unmittelbare, primäre und ausschließliche Staatshaftung vor[818]. § 1 Abs. 1 des Gesetzes lautete: "Verletzt die öffentliche Gewalt eine Pflicht des öffentlichen Rechts, die ihr einem anderen gegenüber obliegt, so haftet ihr Träger dem anderen für den daraus entstehenden Schaden nach diesem Gesetz". Das Staatshaftungsgesetz regelte somit die Haftung des Staates für von ihm begangenes Unrecht. Da im Grundtatbestand des § 1 Abs. 1 StHG an ein pflichtwidriges Verhalten der öffentlichen Gewalt angeknüpft wurde, wurde nicht nur die Amtshaftung nach § 839 BGB iVm. Art. 34 GG, sondern auch der enteignungsgleiche und aufopferungsgleiche Eingriff erfaßt, da es auch bei diesen Ansprüchen um ein Einstehenmüssen für rechtswidriges staatli-

---

[810] Staatshaftungsgesetz vom 26. Juni 1981, BGBl. I S. 553
[811] BVerfGE 61, 141
[812] BT-Dr 9/25
[813] BVerfGE 61, 149
[814] Vgl. BullBReg v. 2.7.1981 Nr. 64, 545
[815] BVerfGE 61, 149
[816] BVerfGE 61, 149 (174)
[817] BVerfGE 61, 149 (174ff)
[818] Vgl. Jacobs, Staatshaftungsrecht, Rn. 12

ches Verhalten geht[819]. Ebenso erstreckte sich das Gesetz auf das von der Rechtsprechung entwickelte Institut des enteignenden Eingriffs, da der Staat in diesen Fällen zwar rechtmäßig handelt, im Einzelfall aber einen rechtswidrigen Erfolg erzeugt und dadurch dem Betroffenen ein Sonderopfer auferlegt[820]. Unberührt vom Staatshaftungsgesetz blieb gemäß § 14 Abs. 1 StHG die Kompensation für rechtmäßiges, hoheitliches Verhalten des Staates, d.h. Ansprüche aus Enteignung und Aufopferung für das gemeine Wohl.

Durch den Grundtatbestand des § 1 Abs. 1 StHG wurde eine unmittelbare und originäre Verantwortlichkeit des Staates für eigenes Unrecht festgeschrieben[821]. Im Unterschied zum Amtshaftungstatbestand (§ 839 Abs. 1 BGB iVm. Art. 34 Satz 1 GG) wird nicht mehr an das Verschulden eines Amtswalters angeknüpft, sondern an die rechtswidrige Ausübung öffentlicher Gewalt (§ 1 Abs. 1 StHG). Ferner wurde auf das Verweisungsprivileg des § 839 Abs. 1 Satz 2 BGB zugunsten einer primären Staatshaftung verzichtet und die Eigenhaftung des Beamten durch die Ausschließlichkeit der staatlichen Haftung (§ 1 Abs. 3 StHG) beseitigt[822]. Weiterhin erfolgte eine Ausdehnung der Schadensfolgen von Geldersatz auf Naturalrestitution; dies war die logische Konsequenz aus der Loslösung der Staatshaftung von der persönlichen Haftung des Beamten, da auf diese Weise das vom Bundesgerichtshof gegen eine Naturalrestitution im Rahmen des Amtshaftungsanspruchs (§ 839 Abs. 1 Satz 1 BGB iVm. Art. 34 Satz 1 GG) angeführte Argument, vom Staat könne im Rahmen eines Amtshaftungsanspruchs nur das verlangt werden, was auch der Beamte als Privatperson zu leisten imstande gewesen wäre[823], wegfiel. Des weiteren wurde eine Abgrenzung zwischen öffentlich-rechtlicher und privatrechtlicher Haftung durch die Schaffung von Bereichsausnahmen nach § 17 Abs. 2 StHG und durch die haftungsrechtliche Zuweisung der Straßenverkehrssicherungspflicht in die Staatshaftung gemäß § 17 Abs. 3 StHG verwirklicht. Eine generell durchgeführte verschuldensunabhängige Unrechtshaftung wurde hingegen nicht eingeführt: So wurde dem Hoheitsträger beim Grundtatbestand des § 1 Abs. 1 StHG gegenüber dem Anspruch auf Geldersatz eine Exkulpationsmöglichkeit zugestanden, nach der der Geldersatz dann entfällt, wenn der Träger bei der Ausübung der öffentlichen Gewalt die den Umständen nach gebotene Sorgfalt beachtet hat (§ 2 Abs. 1 S. 2). Die Exkulpationsmöglichkeit gilt allerdings nicht bei Grundrechtseingriffen (§ 2 Abs. 2 StHG).

---

[819] Vgl. Ossenbühl, JuS 1971, S. 575 (577ff)
[820] Vgl. § 14 Abs. 3 StHG
[821] Amtl. Begründung des Regierungsentwurfs, BT-Drucks. 8/2078, S. 25
[822] Zu den weiteren Änderungen vgl. Jacobs, Rn. 35 - 40
[823] BGHZ 34, 99

Der Grundtatbestand des § 1 Abs. 1 StHG war gegenüber dem Amtshaftungsanspruch (§ 839 Abs. 1 Satz 1 BGB iVm. Art. 34 Satz 1 GG) entpersonalisiert[824], da er nicht an das Verschulden eines Amtswalters, sondern an die Ausübung "öffentlicher Gewalt" anknüpft. Inwieweit aufgrund der Entpersonalisierung der Staatshaftung auch Handlungen von Privatpersonen - insbesondere von selbständigen Privatunternehmern - umfaßt wurden, ließ sich zum einen bereits aus den Wertungen des Gesetzes selbst entnehmen. So regelte § 12 Satz 1 StHG die Passivlegitimation im Falle der Übertragung öffentlicher Gewalt[825]. § 12 StHG ging davon aus, daß öffentliche Gewalt nicht nur von juristischen Personen des öffentlichen Rechts mit ihren Organen und Organwaltern ausgeübt werden kann, sondern auch durch Privatrechtssubjekte, die außerhalb der staatlichen Behördenorganisationsstrukturen bestehen und ihnen nur angegliedert sind[826]. Auf diese Weise wurden die Fälle der Beleihung erfaßt[827], da in diesen Fällen hoheitliche Kompetenzen zur selbständigen Wahrnehmung für den Staat in eigenem Namen durch oder aufgrund Gesetzes übertragen werden[828] und die Regelung in § 12 StHG nur Sinn erhält, wenn der Grundhaftungstatbestand des § 1 Abs. 1 StHG auch auf die Tätigkeit der Beliehenen angewendet wird, soweit diese in Erfüllung der ihnen übertragenen öffentlichen Aufgaben handeln[829].

§ 12 StHG war hingegen auf die Tätigkeit der unselbständigen Verwaltungshelfer nicht anwendbar, da es an einer Übertragung hoheitlicher Befugnisse durch Gesetz oder aufgrund Gesetzes fehlte[830]. Dementsprechend war eine Staatshaftung für durch unselbständige Verwaltungshelfer verursachte Schäden nach dem StHG nur dann möglich, wenn sich deren Tätigkeit als Ausübung "öffentlicher Gewalt" darstellt. Insoweit galt es zu beachten, daß dem Begriff der "öffentlichen Gewalt" die gesamte Wahrnehmung öffentlicher Aufgaben mit öffentlich-rechtlichen Mitteln unterfällt[831]. Danach konnte dem Staat die Tätigkeit des unselbständigen Verwaltungshelfers dann zugerechnet werden, wenn er in Erfüllung öffentlicher Aufgaben tätig geworden war[832].

---

824 Jacobs, Staatshaftungsrecht, Rn. 68

825 Vgl. die Amtl. Begründung des Regierungsentwurfs, BT-Drucks. 8 /2079, S. 52

826 Schäfer / Bonk, Staatshaftungsgesetz, § 12, Rn. 4

827 Bender, Staatshaftungsrecht(3. Aufl. 1981), Rn. 676; Schäfer / Bonk, Staatshaftungsgesetz, § 12, Rn. 5 Jacobs, Staatshaftungsrecht, Rn. 146

828 Wolff / Bachof / Stober, Verwaltungsrecht II, § 104 I b; Papier in: Maunz / Dürig, Grundgesetz, Art. 34, Rn. 81

829 Jacobs, Staatshaftungsrecht, Rn. 146

830 Jacobs, Staatshaftungsrecht, Rn. 151; Schäfer / Bonk, Staatshaftungsgesetz, § 12n, Rn. 14

831 Bender, Staatshaftungsrecht (3. Aufl. 1981), Rn. 157

832 Jacobs, Staatshaftungsrecht, Rn. 151; Bender, Staatshaftungsrecht (3. Aufl. 1981), Rn. 682; Schäfer / Bonk, Staatshaftungsgesetz, § 12, Rn. 14

Auch hinsichtlich der Tätigkeit des selbständigen Privatunternehmers war § 12 StHG nicht anwendbar, da insoweit keine Beleihung vorlag. Dementsprechend war eine Haftung wie beim unselbständigen Verwaltungshelfer nur dann möglich, wenn auch die Tätigkeit des Privatunternehmers sich als Ausübung öffentlicher Gewalt darstellte und dem Staat auf diese Weise zugerechnet werden konnte. Insoweit wurde die Auffassung vertreten, der Privatunternehmer handele bei der Erfüllung öffentlicher Aufgabe immer in Ausübung öffentlicher Gewalt, weil nach der Konstruktion des § 1 Abs. 1 StHG allein an die pflichtwidrige Ausübung öffentlicher Gewalt, nicht an die Pflichtverletzung eines Amtswalters angeknüpft worden war[833]. Dementsprechend wurde die Diskussion um eine staatliche Haftung für selbständige Privatunternehmer nach Inkrafttreten des StHGs als "überholt"[834] bezeichnet. Dem ist jedoch entgegenzuhalten, daß trotz der Entpersonalisierung des Grundhaftungstatbestandes in § 1 Abs. 1 StHG es immer noch erforderlich ist, das Handeln des Privatunternehmers als öffentlich-rechtlich qualifizieren zu können. Wenn in § 1 Abs. 1 StHG von "öffentlicher Gewalt" die Rede war, so folgt daraus, daß sich hinsichtlich der Haftung für den Privatunternehmer dieselben Probleme stellen, wie im Rahmen des Amtshaftungsanspruchs[835], da auch der Begriff des öffentlichen Amtes mit dem Begriff der Ausübung öffentlicher Gewalt gleichzusetzen ist[836]. Dementsprechend können die zum Amtshaftungsanspruch (§ 839 Abs. 1 Satz 1 BGB iVm. Art. 34 Satz 1 GG) entwickelten Grundsätze auch auf den Grundtatbestand nach § 1 Abs. 1 StHG übertragen werden mit der Folge, daß der Staat für durch den Unternehmer verursachte Tätigkeiten dann haftet, wenn er im öffentlich-rechtlichen Pflichtenkreis tätig geworden ist.

---

[833] Jacobs, Staatshaftungsrecht, Rn. 153ff

[834] Jacobs, Staatshaftungsrecht, Rn. 154

[835] So auch: Schäfer / Bonk, Staatshaftungsgesetz, § 12, Rn. 15

[836] Vgl. Papier in: Maunz / Dürig, Grundgesetz, Art. 34, Rn. 88

VII. Ausblick auf eine künftige gesetzliche Regelung

Durch das Gesetz zur Änderung des Grundgesetzes vom 27.10.1994[837], das nach der Wiedervereinigung auf Vorschlag der Gemeinsamen Verfassungskommission zustandegekommen war, hat der Bund durch Art. 74 Abs. 1 Nr. 25 GG für das Staatshaftungsrecht eine konkurrierende Gesetzgebungskompetenz erhalten. Im Hinblick auf die mit der Staatshaftung verbundenen finanziellen Belastungen[838] sieht Art. 74 Abs. 2 GG für aufgrund von Art. 74 Abs. 1 Nr. 25 GG erlassene Gesetze das Erfordernis der Zustimmung durch den Bundesrat vor. Durch die neue Kompetenzregelung kann davon ausgegangen werden, daß sich das Recht der Haftung des Staates für hoheitliches Unrecht auf der historischen Verwurzelung im Zivilrecht gelöst hat und nunmehr endgültig Bestandteil des öffentlichen Rechts geworden ist[839]. Nachdem die Kompetenzstreitigkeiten durch die Neufassung von Art. 74 GG beseitigt wurden, steht einer bundeseinheitlich geregelten, unmittelbaren Staatshaftung aus verfassungsrechtlichen Gesichtspunkten nichts entgegen. So bedarf es insbesondere keiner Änderung von Art. 34 GG, da Art. 34 GG bereits in seiner jetzigen Fassung zwar eine unmittelbare Haftung nicht gebietet, ihr aber auch nicht entgegensteht[840]. Somit kann auf der Grundlage von Art. 74 Abs. 1 Nr. 25 GG auch ohne Änderung des Art. 34 GG das zentrale Reformanliegen der Schaffung einer unmittelbaren Staatshaftung in einem neuen Staatshaftungsgesetz verwirklicht werden[841].

Hinsichtlich einer Haftung des Staates bei der Einschaltung privater Kräfte zur Erfüllung öffentlicher Aufgaben ist jedoch anhand des gescheiterten Staatshaftungsgesetzes deutlich geworden, daß dieses Problem auch bei der Schaffung einer unmittelbaren Staatshaftung, die an die rechtswidrige Ausübung öffentlicher Gewalt anknüpft, fortbesteht. Insoweit ist Auslöser der Diskussion im Rahmen der bestehenden Konstruktion der Amtshaftung nicht die nur mittelbare Konstruktion der Amtshaftung über die Zurechnung des Amtswalterverschuldens, sondern vielmehr die Qualifizierung der Handlung des Privaten, der nicht beliehen ist, als hoheitlich. Abhilfe kann auch nicht dadurch geschaffen werden, daß durch ein Staatshaftungsgesetz eine umfassende Haftung des Staates sowohl im öffentlich-rechtlichen als auch im privatrechtlichen Bereich geregelt wird, da Art. 34 nur das öffentlich-rechtliche Handeln des Staates auf seinen verschiedenen

---

[837] BGBl I 3146

[838] BR-Dr 886/93 - Beschluß - , S. 18/19 zu Art. 74 I Nr. 25 GG

[839] So bereits ausdrücklich: BVerfGE 61, 149 (176)

[840] BVerfGE 61, 149 (198f); zustimmend: Bonk in: Sachs, Grundgesetz, Art. 34, Rn. 5; Papier in: Maunz / Dürig, Grundgesetz, Art. 34, Rn. 14

[841] Bonk in: Sachs, Grundgesetz, Art. 34, Rn. 53

Ebenen, nicht zugleich auch die Haftung des Staates bei zivilrechtlicher Tätigkeit erfaßt[842].

Denkbar wäre es jedoch, in einem neuen Staatshaftungsgesetz ausdrücklich zu formulieren, unter welchen Voraussetzungen auch Privatpersonen als "in Ausübung öffentlicher Gewalt" handelnd angesehen werden können. Voraussetzung dafür wäre zunächst eine Abgrenzung dahingehend, bei der Erfüllung welcher Pflichten überhaupt, d.h. auch bei der Tätigkeit von Behördenangehörigen, nach öffentlichem Recht und nach Privatrecht gehaftet wird. Insoweit könnten die bereits im gescheiterten Staatshaftungsrecht ansatzweise in § 17 Abs. 2 und 3 StHG vorgesehenen Bereichsausnahmen ausgeweitet werden. Wenn dementsprechend eine eindeutige Regelung für die Bereiche, in denen bislang streitig gewesen ist, ob nach öffentlichem oder privatem Recht gehaftet wird (so z.B. im Fall der Straßenverkehrssicherungspflicht), getroffen wird, ist es möglich, in einem weiteren Schritt aufgrund gesetzlicher Vorschrift festzulegen, daß auch Privatpersonen, die nicht als Beliehene handeln, grundsätzlich bei der Erfüllung der nach der gesetzlichen Regelung als öffentlich-rechtliche Pflichten qualifizierten Aufgaben in Ausübung öffentlicher Gewalt handeln. Auf diese Weise könnte auf der Grundlage einer unmittelbaren Staatshaftung, die im Gegensatz zur Amtshaftung nach Art. 34 Satz 1 GG nicht an ein Verschulden eines Amtswalters, sondern an die Verletzung einer öffentlich-rechtlichen Pflicht durch die öffentliche Gewalt anknüpft, eine angemessene Regelung hinsichtlich der öffentlich-rechtlichen Haftung des Staates für Private, die zur Erfüllung öffentlicher Aufgaben eingeschaltet, getroffen werden. Eine "Überhaftung" der öffentlichen Hand wird dadurch vermieden, daß im Bereich der Pflichten, die nach dem Gesetz dem Privatrecht zuzurechnen sind, für das Verschulden von Privaten nicht gehaftet wird. Andererseits kann auf die durch die Rechtsprechung eingeführte Unterscheidung zwischen zivilrechtlicher Ausgestaltung des Innenverhältnisses und öffentlich-rechtlichem Charakter der zu erfüllenden Pflicht, die auch noch im Rahmen des für nichtig erklärten Staatshaftungsgesetzes angewendet worden ist, verzichtet werden. Demnach würde auf Grundlage der vorgeschlagenen Neuregelung der Staat immer dann für durch private Kräfte verursachte Schäden haften, wenn diese in der Erfüllung einer - durch ein Staatshaftungsgesetz als solcher deklarierten - öffentlich-rechtlichen Pflicht gehandelt haben.

---

[842] Bonk in: Sachs, Grundgesetz, Art. 34, Rn. 3

Teil 2: Die Haftung des Staates bei der gesetzlichen Indienstnahme Privater für Verwaltungsaufgaben gegenüber dem Indienstgenommenen

Mit dem Begriff der "Gesetzlichen Indienstnahme Privater für Verwaltungsaufgaben", der von H.P. Ipsen im Jahre 1950 begründet worden ist, wird ein Vorgang bezeichnet, bei dem der Staat in Ermangelung oder zur Schonung verwaltungseigener Mittel die persönlichen oder sächlichen Kräfte Privater kraft Gesetzes in Anspruch nimmt, um durch sie Verwaltungsaufgaben erledigen zu lassen[843].

Ein Hauptanwendungsfall der gesetzlichen Indienstnahme Privater für Verwaltungsaufgaben ist die Mitwirkung Privater bei der Abführung und Entrichtung von Steuern, so etwa die Pflicht der Arbeitgeber zur Einbehaltung und Abführung der Lohnsteuer gemäß § 38 Abs. 3 S. 1 EStG oder die Pflicht der Banken zum Abzug der Kapitalertragsteuer gemäß § 44 Abs. 1 S. 3 EStG. Hierbei handelt es sich um Verwaltungsaufgaben, da der Staat die Steuereinbehaltung und -abführung ohne Indienstnahme des Privaten mittels seiner eigenen Steuerverwaltung selbst erledigen müßte[844]. Eine Erstattung der dem Indienstgenommenen durch die Erfüllung der Verwaltungsaufgabe entstehenden Kosten ist in der Regel nicht vorgesehen.

I. Der Begriff der Indienstnahme

Ipsen[845] erfaßt unter dem Begriff der gesetzlichen Indienstnahme nur die Fälle der Indienstnahme, in denen die Dienstpflicht der privaten Leistungsträger unmittelbar durch Gesetz eintritt, ohne daß es eines Verwaltungsakts bedarf. Auf diese Weise werden einerseits die gesetzlichen Dienst- und Sachleistungspflichten, wie etwa die Hand- und Spanndienste, die Steuerpflicht oder die Schulpflicht von der gesetzlichen Indienstnahme im Sinne Ipsens abgegrenzt. Zwar entsteht auch bei jenen die Pflicht zur Erbringung der Dienstleistung unmittelbar kraft Gesetzes; im Unterschied zu diesen ist in der Regel jedoch ein konkretisierender Verwaltungsakt nötig, der die Pflicht aktualisiert[846].

Durch die Beschränkung auf die gesetzlichen Indienstnahmen erfolgt eine Abgrenzung gegenüber den Fällen, in denen die Erfüllung der Pflicht nur von einzelnen aus dem Kreis der potentiell Verpflichteten gefordert wird, der Verwaltungs-

---

843 Ipsen in: Festgabe für E. Kaufmann (1950), S. 141
844 Ipsen in: Festgabe für E. Kaufmann (1950), S. 141 (145f)
845 Ipsen in: Festgabe für E. Kaufmann (1950), S. 141 (143)
846 v. Heimburg, Verwaltungsaufgaben und Private, S. 38

akt also konstitutiv im eigentlichen Sinne ist[847], wie etwa bei der Inanspruchnahme eines Nichtstörers nach den Polizeigesetzen. Bei den gesetzlichen Indienstnahmen im Sinne Ipsens ist ein derartiger Verwaltungsakt nicht mehr erforderlich, da die Verpflichtung zur Ausführung der überbürdeten Verwaltungsaufgabe in diesen Fällen bereits durch die Erfüllung des gesetzlichen Tatbestandes entsteht.

Eine Indienstnahme Privater im Sinne Ipsens liegt nur dann vor, wenn der Private zur Erfüllung von Verwaltungsaufgaben herangezogen wird. Derartige Verwaltungsaufgaben liegen nach Ipsen dann vor, wenn der Staat diese mit seiner eigenen oder ihm zugeordneten Verwaltungsapparatur aus öffentlichen Mitteln wahrnehmen müßte, wenn er sie nicht aus ihm maßgeblich erscheinenden Gründen anderen Rechtsträgern zur Erledigung überantwortet hätte[848]. Unter Zugrundelegung dieser Umschreibung können die von Ipsen erfaßten Verwaltungsaufgaben als staatliche Aufgaben qualifiziert werden, da solche nach Peters[849] dann vorliegen, wenn der Staat die Aufgaben selbst erfüllt oder er sie in mittelbarer Verwaltung durch eine Körperschaft oder Anstalt öffentlichen Rechts oder durch einen ausdrücklich mit der Übernahme beliehenen Unternehmer nach öffentlichem Recht erfüllen läßt. Auch das Bundesverfassungsgericht hat die Übernahme der Aufgabe durch den Staat als entscheidendes Kriterium für das Vorliegen einer staatlichen Aufgabe angesehen[850]. Voraussetzung einer Übernahme ist allerdings, daß dem Staat die Kompetenz zur Aufgabenerfüllung nach der Verfassungsordnung zukommt[851], da der Bereich der öffentlichen, nicht-staatlichen Aufgaben einen Freiheitsraum des einzelnen darstellt, der durch die Grundrechtsgewährleistungen abgesichert wird. Demzufolge sind durch staatliches Handeln bedingte Einschränkungen nur dort zulässig, wo die Verfassung den Staat unmittelbar oder mittelbar zur Aufgabenerfüllung ermächtigt[852]. Dem positiven Recht kommt demnach eine erhebliche Bedeutung für die Qualifizierung einer Aufgabe als staatlicher Aufgabe zu[853].

Liegt demzufolge eine "Gesetzliche Indienstnahme Privater für Verwaltungsaufgaben" im Sinne Ipsens nur dann vor, wenn dem Privaten staatliche Aufgaben zur Erfüllung überantwortet werden, so liegt kein Widerspruch darin, daß im Falle

---

[847] Ipsen in: Festgabe für E. Kaufmann (1950), S. 141 (144)
[848] Ipsen in: Festgabe für E. Kaufmann (1950), S. 141 (157)
[849] Peters in: Festschrift für H.C. Nipperdey (1965), S. 877ff
[850] BVerfGE 12, 205 (243); 53, 366 (401)
[851] Peters in: Festschrift für H.C. Nipperdey (1965), S. 877 (880); Klein, DÖV 1965, S. 758; Steiner, JuS 1969, S. 70; Ossenbühl, VVDStRL 29 (1971), S. 137 (153)
[852] v. Heimburg, Verwaltungsaufgaben und Private, S. 16
[853] Dagtoglou, DÖV 1970, S. 532 (534)

der Indienstnahme der Staat die Aufgaben nicht mehr in eigener Regie wahrnimmt, sondern durch den Indienstgenommenen ausführen läßt, da die vormalige Erfüllung der Aufgabe durch den Staat gerade Indiz für das Vorliegen einer staatlichen Aufgabe ist[854]. Eine andere Auffassung würde dazu führen, daß es unter gewissen Voraussetzungen möglich wäre, aus jeder staatlichen Aufgabe eine öffentliche zu machen, in dem die Aufgabenerfüllung qua Gesetzesänderung einem Privaten übertragen wird[855]. Die Indizfunktion der vormaligen Aufgabenerfüllung durch den Staat wird dann besonders deutlich, wenn der Staat auch nach der Aufgabenübertragung noch über spezielle Weisungs- und Kontrollrechte verfügt.

Als Beispiel für eine derartige "Gesetzliche Indienstnahme Privater für Verwaltungsaufgaben" kann die Verpflichtung der Arbeitgeber zur Einbehaltung und Abführung der Lohnsteuer nach § 38 Abs. 3 Satz 1 EStG genannt werden. Hier entsteht die Pflicht zur Aufgabenerfüllung bereits qua Gesetz mit Erfüllung des Tatbestandsmerkmals "Arbeitgeber" (§ 38 Abs. 3 Satz 1 EStG), so daß es keines konkretisierenden Verwaltungsakts mehr bedarf. Auch handelt es sich bei der Einbehaltung der Lohnsteuer um eine staatliche Aufgabe im Sinne der Definition von Peters: Hiernach ist entscheidend, daß der Staat die Steuereinbehaltung und -abführung ohne Indienstnahme der Arbeitgeber selbst erledigen müßte. Gleichermaßen ist keine Erstattung der den privaten Arbeitgebern entstehenden Kosten vorgesehen, so daß die Übertragung der Verwaltungsaufgabe an die Privaten auch der Schonung verwaltungseigener Mittel diente.
Weiteres Beispiel einer "Gesetzlichen Indienstnahme Privater für Verwaltungsaufgaben ist die Installationspflicht der Fernmeldeanlagenbetreiber gemäß § 33 Abs. 3 Niedersächsisches Gefahrenabwehrgesetz (NGefAG) bzw. gemäß § 88 Abs. 1 des Telekommunikationsgesetzes (TKG)[856]. Ausgangspunkt der gesetzlichen Regelungen ist das Fortschreiten der technischen Entwicklung im Bereich der Mobiltelefone. Dies hat dazu geführt, daß die Polizei nicht mehr in der Lage ist, mit den bislang eingesetzten technischen Mitteln die geführten Gespräche abzuhören. Demzufolge werden die Mobilfunkbetreiber gemäß § 33 Abs. 3 NGefAG verpflichtet, der Polizei die Aufzeichnung von Fernmeldedaten zu ermöglichen. Die Ausführungsbestimmungen schreiben darüber hinaus vor, daß die Betreiber die notwendigen technischen Einrichtungen einrichten und betriebsfähig halten müssen[857]. Im Gegensatz zu der Regelung in § 33 Abs. 3 NGefAG, bei der mit dem Abhören die Gefahrenabwehr bezweckt ist, dient ein Abhören auf

---

[854] Plewa, Die Verfassungsmäßigkeit der Indienstnahme Privater für Verwaltungsaufgaben(...), S. 9

[855] Plewa, Die Verfassungsmäßigkeit der Indienstnahme Privater für Verwaltungsaufgaben(...), S. 9

[856] G. v. 25.7. 1996 (BGBl.I, S. 1120)

[857] Ausführungsbestimmungen zum NGefAG Nr. 33.3

Grundlage von § 88 Abs. 1, 4 TKG der Strafverfolgung (§ 100a StPO)[858]. Gemäß § 88 Abs. 4 Satz 1 TKG trifft jeden Betreiber einer Telekommunikationsanlage, der anderen den Netzzugang zu seiner Telekommunikationsanlage geschäftsmäßig überläßt, die Verpflichtung, den gesetzlich zur Überwachung der Telekommunikation berechtigten Stellen auf deren Anforderung einen Netzzugang für die Übertragung der im Rahmen einer Überwachungsmaßnahme anfallenden Informationen unverzüglich und vorrangig bereitzustellen. Während für die Bereitstellung und Nutzung eine tarifliche Erstattung vorgesehen ist (§ 88 Abs. 4 Satz 3 TKG), müssen die technischen Einrichtungen zur Umsetzung von gesetzlich vorgesehen Maßnahmen zur Überwachung der Telekommunikation vom Betreiber der Telekommunikationsanlage auf eigene Kosten gestaltet und vorgehalten werden.

Von den in den betreffenden Vorschriften genannten Pflichten ist für die "Gesetzliche Indienstnahme Privater für Verwaltungsaufgaben" nur die Pflicht zur Errichtung der technischen Abhöranlagen von Bedeutung, da die Pflicht zur Schaltung und Duldung der Aufzeichnung sowohl gemäß § 33 Abs. 3 NGefAG als auch § 88 Abs. 4 Satz 1 TKG erst durch konkretisierenden Verwaltungsakt entsteht. Die Pflicht zur Installation und Vorhaltung der technischen Anlagen ist demgegenüber eine sich unmittelbar aus dem Gesetz ergebende Pflicht, unabhängig davon, ob das Abhören der Gefahrenabwehr oder der Strafverfolgung dienen soll[859]. Eine "Gesetzliche Indienstnahme Privater für Verwaltungsaufgaben" liegt in diesem Fall jedoch nur dann vor, wenn den Mobilfunkbetreibern eine staatliche Aufgabe zur Erfüllung übertragen wurde. Dies ist dann gegeben, wenn der Staat die Aufgabenerfüllung mit seiner eigenen oder ihm zugeordneten Verwaltungsapparatur aus öffentlichen Mitteln wahrnehmen müßte, wenn er sie nicht aus ihm maßgeblich erscheinenden Gründen anderen Rechtsträgern zur Erledigung überantwortet hätte[860]. Waechter vertritt hierbei die Auffassung, bei der Pflicht zur Errichtung der technischen Anlagen handele es sich um keine Indienstnahme im Sinne Ipsens, da keine Belastung ausschließlich für staatliche Zweck vorliege, sondern es sich vielmehr um eine Belastung für öffentliche Zwecke handele. Demzufolge bezeichnet er die Installationspflicht als "Inpflichtnahme" im Gegensatz zur Indienstnahme[861]. Dem ist jedoch entgegenzuhalten, daß die Installationspflicht der Gefahrenabwehr bzw. der Strafverfolgung dient. Beide Bereiche betreffen Aufgaben, deren Erfüllung aufgrund des

---

858 Zur alten Regelung nach § 10 b Satz 2 FAG iVm. § 3 Abs. 1 FÜV, Waechter, VerwArch. 87 (1996), S. 68 (70)

859 Waechter, VerwArch 87 (1996), S. 68 (70)

860 Ipsen in: Festgabe für E. Kaufmann (1950), S. 141 (157)

861 Waechter, VerwArch 87 (1996), S. 70, insb. Fn. 4

staatlichen Gewaltmonopols allein dem Staat obliegt[862]. Das Bestehen des staatlichen Gewaltenmonopols ist insoweit Begriffsmerkmal eines Staates. Darüber hinaus gehört es zu den Grundfunktionen des modernen Staates, den Schutz und die Einhaltung der Rechtsordnung durch Gerichtsbarkeit und Verwaltung zu garantieren[863]. Demzufolge ist der Staat nicht nur ermächtigt, gefahrenabwehrend und strafverfolgend tätig zu werden, sondern von Verfassungs wegen verpflichtet[864]. Die Installationspflicht steht dabei in einem notwendigen, inneren Zusammenhang mit den staatlichen Aufgaben der Gefahrenabwehr und Strafverfolgung.

II. Abgrenzung zu den übrigen privaten Kräften

Ipsen hat die Beleihung und die Indienstnahme nach der Form der Aufgabenübertragung unterschieden: Während die Beleihung vertraglich oder konzessionär begründet werde, erfolge eine Indienstnahme durch Gesetz[865]. Diese Auffassung erscheint heute jedoch nicht mehr haltbar: Zum einen deshalb, weil auch die Beliehenenstellung durch Gesetz begründet werden kann, so etwa gemäß §§ 29 Abs. 3 LuftVG oder § 106 SeemannsG. Zum anderen ist nach heutiger Auffassung die Konzession gerade kein Fall der Beleihung[866]. Die Konzession ist dadurch gekennzeichnet, daß ein Privatrechtssubjekt berechtigt oder verpflichtet wird, eine Tätigkeit auszuüben, für die dem Staat ein Verleihungsrecht zukommt. Mit dieser Tätigkeit ist jedoch keine Übertragung hoheitlicher Kompetenzen verbunden, wie es nach der Rechtsstellungstheorie für die Beleihung charakteristisch ist[867]. Somit ist die Form der Aufgabenübertragung kein taugliches Abgrenzungskriterium.

Die Beleihung ist gekennzeichnet durch eine Übertragung hoheitlicher Kompetenzen durch oder aufgrund Gesetzes durch Verwaltungsakt oder verwaltungsrechtlichen Vertrag[868]. Konstituierendes Merkmal der Beleihung ist demzufolge die Übertragung hoheitlicher Kompetenzen auf den Privaten, so daß dieser dem betroffenen Dritten gegenüber hoheitlich handeln kann[869]. Unter Zugrundelegung dieser Definition kann die Abgrenzung zum Indienstgenommenen dahingehend geführt werden, daß der Indienstgenommene bei seiner Tätigkeit nicht in Ausübung öffentlich-rechtlicher Befugnisse handelt[870]. Dementsprechend besitzt der

---

[862] Seifert / Hömig, Grundgesetz, vor Art. 20 GG, Rn. 2
[863] Sachs in: ders., Grundgesetz, Art. 20, Rn. 52, 61; Badura, Staatsrecht, S. 407
[864] Drews / Wacke / Vogel / Martens, Gefahrenabwehr, S. 2
[865] Ipsen in: Festgabe für E. Kaufmann (1950), S. 141 (151)
[866] Steiner, DÖV 1970, S. 526 (529)
[867] Wolff / Bachof / Stober, Verwaltungsrecht II, § 104 Rn. 4
[868] Ossenbühl, Staatshaftungsrecht, S. 15
[869] Maurer, Allgemeines Verwaltungsrecht, § 23, Rn. 59
[870] v. Heimburg, Verwaltungsaufgaben und Private, S. 39f; Wolff / Bachof / Stober, Verwal-

Indienstgenommene auch keine Kompetenz zu eigenverantwortlichen, abschließenden und umfassenden Entscheidung auf dem Gebiet des öffentlichen Rechts[871]. Im Gegensatz zum Beliehenen, der Behörde im Sinne von § 1 Abs. 4 VwVfG und Verwaltungsträger ist[872], soweit sein hoheitlicher Kompetenzbereich reicht, bleibt der Indienstgenommene auch bei Erfüllung öffentlicher Verwaltungsaufgaben in seiner Rechtsstellung Glied der Zivilrechtsordnung. Dem entspricht es, daß auch das Rechtsverhältnis zum Dritten insgesamt als privatrechtlich zu qualifizieren ist[873].

Im Gegensatz zum unselbständigen Verwaltungshelfer ist für den Indienstgenommenen kennzeichnend, daß der Indienstgenommene die Verwaltungsaufgaben, die er zu erfüllen hat, selbständig erledigt[874]. Insofern erteilt die Behörde dem Indienstgenommenen auch keine Weisungen. Allerdings wird die ordnungsgemäße Erfüllung der Verwaltungsaufgabe durch den Indienstgenommenen durch die hoheitlichen Mittel der Aufsicht und des Zwangs sichergestellt: So ist etwa im Bereich des Steuerrechts die Haftung des Indienstgenommenen ebenso geregelt, wie spezielle Anzeige-, Nachweis- und Auskunftspflichten.

Vom selbständigen Privatunternehmer unterscheidet sich der Indienstgenommene nicht durch die selbständige Arbeitsweise, sondern durch die Form der Aufgabenübertragung: Während die Indienstnahme durch Gesetz erfolgt, schließt der Privatunternehmer mit der Verwaltung einen zivilrechtlichen Vertrag über die Verpflichtung zur Aufgabenerfüllung. Die Dienst- oder Werkleistung, zu deren Erfüllung sich der Unternehmer verpflichtet, ist Teil seines Geschäftsbetriebes. Bei der Indienstnahme ist hingegen die Tätigkeit, zu der der Private verpflichtet wird, gerade keine Leistung, die der Indienstgenommene im Rahmen seines Unternehmens gegen Entgelt anbietet. Allerdings kann die abverlangte Tätigkeit in einem mehr oder weniger engen Verhältnis zur beruflichen Tätigkeit des Indienstgenommenen stehen; so stellt die Erhebung der Versicherungsteuer durch den Versicherer gemäß § 7 Abs. 1 Satz 3 VersStG eine Verwaltungsaufgabe dar, die enger mit der eigentlichen Tätigkeit des Versicherers verbunden ist als die Abführung der Lohnsteuer durch den Arbeitgeber.

---

tungsrecht II, § 104 Rn. 5; Stober, Wirtschaftsverwaltungsrecht, S. 229; Bunte / Stober, Lexikon des Rechts der Wirtschaft, I 180, S. 1

[871] Stober, Handbuch des Wirtschaftsverwaltungs- und Umweltrechts, S. 873

[872] Möllgaard in: Knack, Verwaltungsverfahrensgesetz, § 1, Rn. 7

[873] Ipsen in: Festgabe für E. Kaufmann (1950), S. 141 (159); Plewa, Die Verfassungsmäßigkeit der Indienstnahme Privater für Verwaltungsaufgaben (...), S. 34f; v. Heimburg, Verwaltungsaufgaben und Private, S. 40

[874] Bunte / Stober, Lexikon des Rechts der Wirtschaft, I 180, S. 1

III. Formen der Indienstnahme

Ausgehend vom Schwerpunkt der vom Privaten verlangten Verwaltungshandlung läßt sich die Indienstnahme Privater in eine Dienstleistungs- und Gegenstandsindienstnahme unterteilen. Bei der Dienstleistungsindienstnahme liegt die Belastung schwerpunktmäßig in der Erbringung einer nicht-gegenständlichen Dienstleistung unter Zuhilfenahme des Verwaltungspotentials des indienstgenommenen Privaten. Hier erbringt der Private eine Leistung, die in ihrem Kern weder Sach- noch Geldleistung ist[875]. Die Hauptleistung besteht im Einsatz des Verwaltungsapparats des Unternehmers. Insoweit macht sich der Staat nicht nur das Vorhandensein einzelner Gegenstände, wie etwa eines Computers zunutze, sondern es wird die Gesamtheit von personellen und sachlichen Mitteln zur Erfüllung der Dienstleistung benötigt. Als Beispiel hierfür können die Fälle der gesetzlichen Indienstnahme aus dem Bereich der Abführung und Einbehaltung von Steuern genannt werden.

Bei der zweiten Gruppe der Indienstnahmen, der Gegenstandsindienstnahme, liegt der Schwerpunkt nicht auf der Erbringung einer Dienstleistung mittels eines unternehmensseigenen Verwaltungsapparats, sondern vielmehr auf der bestimmten Verwendung, Umgestaltung oder Nutzung eines im Eigentum des Indienstgenommenen stehenden Gegenstands zum Zwecke der Erfüllung einer Verwaltungsaufgabe. Einen solchen Fall der Gegenstandsindienstnahme stellt die Installationspflicht der Fernmeldeanlagenbetreiber nach § 33 NGefAG und § 100a StPO iVm. § 88 Abs. 1 TKG dar. Die in § 33 Abs. 3 und § 88 Abs. 3 Satz 1 TKG vorgesehene Bereitstellungspflicht muß vom Betreiber der Telekommunikationsanlage gemäß § 33 Abs. 3 NGefAG bzw. § 88 Abs. 1 TKG auf technischem Wege gestaltet und vorgehalten werden. In diesem Fall liegt der Schwerpunkt der Indienstnahme im Gegensatz zur Dienstleistungsindienstnahme auf der Veränderung eines im Eigentum des Mobilfunknetzbetreibers stehenden Gegenstands zum Zwecke der Gefahrenabwehr oder der Strafverfolgung. Dies gilt sowohl hinsichtlich Altanlagen als auch hinsichtlich der Anlagen, die sich erst in der Planung oder im Bau befinden. In diesem Fall wird vom Privaten bereits im Stadium der Errichtung eine der Erfüllung der Verwaltungsaufgabe dienende bestimmte technische Gestaltung des Gegenstands verlangt.

Als weiteres Beispiel einer Gegenstandsindienstnahme kann die gesetzliche Bevorratungspflicht für Mineralöl gemäß §§ 1 und 2 BevG[876] genannt werden. Danach sind die Erzeuger und Importeure von Erdöl unmittelbar aufgrund der ge-

---

[875] Scholz in: Maunz / Dürig, Art. 12 GG, Rn. 485

[876] Gesetz über Mindestvorräte an Erdölerzeugnissen vom 9. September 1965, (BGBl.I. S. 1217)

setzlichen Regelung verpflichtet, ständig bestimmte Erdölerzeugnisse in der gesetzlich vorgeschriebenen Menge als Vorrat zu halten. Auf diese Weise sollte verhindert werden, daß es in politischen Krisenzeiten zu einer elementaren Verknappung von Erdöl kommen kann; insoweit steht im Vordergrund des Gesetzes die Versorgungssicherung[877], bei der es sich um eine staatliche Aufgabe handelt[878]. Auch in diesem Fall einer gesetzlichen Indienstnahme Privater in Form der Gegenstandsindienstnahme liegt der Schwerpunkt der Indienstnahme auf der konkreten Verwendung der unternehmenseigenen Vorräte und Lagertanks, so daß die Indienstnahme durch den Staat auf ein bestimmtes Gebrauchmachen von sachlich-gegenständlichen Substraten im Unternehmen zielt[879].

Soweit nicht bereits das indienstnehmende Gesetz einen Ausgleichsanspruch vorsieht, können sich in diesen Fällen Ersatz- und Ausgleichsansprüche nach den Vorschriften des Staatshaftungsrechts ergeben.

---

[877] BVerfGE 30, 292 (295)
[878] Ipsen, AöR 90 (1965), S. 393 (418)
[879] Papier in: Maunz / Dürig, Grundgesetz, Art. 14, Rn. 341

IV. Ansprüche aus dem Eigentumsgrundrecht (Art. 14 GG)

Die Indienstnahme Privater kann bei Berührung des Schutzbereichs von Art. 14 GG zu einem Anspruch auf Enteignungsentschädigung (Art. 14 Abs. 3 Satz 2 GG), zu einem Ausgleichsanspruch aus einer Inhalts- und Schrankenbestimmung oder zu Ansprüchen aus enteignenden oder enteignungsgleichen Eingriffen führen.

1. Die Eigentumsgewährleistung (Art. 14 Abs. 1 Satz 1 GG) bei der Gegenstandsindienstnahme

Art. 14 GG schützt als Eigentum die rechtliche Zuordnung eines vermögenswerten Gutes an einen Rechtsträger[880]. Welche vermögenswerten Rechtspositionen des Eigentums im Sinne von Art. 14 GG geschützt sind, bestimmt sich nach dem Zweck und der Funktion der Eigentumsgarantie unter Berücksichtigung ihrer Bedeutung für die Verfassung[881]. Der Begriff des von der Verfassung gewährleisteten Eigentums muß aus der Verfassung selbst gewonnen werden[882]. Dabei ist vor allem auf die Funktion der Eigentumsgarantie abzustellen, dem Berechtigten für den privaten Bereich und für die wirtschaftliche Betätigung einen gesicherten Freiheitsraum im vermögensrechtlichen Bereich, auf deren Fortbestand er vertrauen kann, zu gewährleisten und ihm damit die Entfaltung und eigenverantwortliche Lebensgestaltung zu ermöglichen[883]. Die bereits für Art. 153 WRV zur allgemeinen Anerkennung gelangte Anschauung, daß das Eigentumsgrundrecht nicht lediglich das sachenrechtliche Eigentum, sondern auch jedes private Vermögensrecht gewährleistet[884], hat für die Eigentumsgarantie des Grundgesetzes ihre Gültigkeit behalten[885]. Als "Eigentum" geschützt ist jede vermögenswerte Rechtsposition, die nicht nur auf staatlicher Zuteilung beruht[886].

Das Sacheigentum und die sonst als Eigentum geschützten Rechte sind in ihrer Zuordnung zu einem Rechtssubjekt und in ihrem Bestand gewährleistet. Dazu

---

[880] Wendt, Eigentum und Gesetzgebung, S. 12ff; ders. in: Sachs, Grundgesetz, Art. 14, Rn. 21; Böhmer, NJW 1988, S. 2561 (2566)

[881] Wendt in: Sachs, Grundgesetz, Art. 14, Rn. 21

[882] BVerfGE 58, 300 (335)

[883] BVerfGE 51, 193 (218); 83, 201 (208)

[884] RGZ 109, 310 (319f); 111, 320 (328)

[885] Badura in: Benda / Maihofer / Vogel, Handbuch des Verfassungsrechts, § 10, Rn. 35

[886] BVerfGE 53, 257; 69, 272; 72, 9; Bryde in: v. Münch / Kunig, Grundgesetz-Kommentar, Art. 14, Rn. 27; Badura in: Benda / Maihofer / Vogel, Handbuch des Verfassungsrechts, § 10, Rn. 35

gehören auch die im Einklang mit den geltenden Gesetzen ausgeübte Nutzung[887]. Dies bedeutet für den Fall der Gegenstandsindienstnahme, daß - soweit diese dadurch erfolgt, daß dem Indienstgenommenen eine konkrete Nutzung eines konkreten Eigentumsgegenstandes vorgeschrieben wird - Art. 14 Abs. 1 Satz 1 GG betroffen ist. Kennzeichnend für die Gegenstandsindienstnahme ist, daß mit dem indienstnehmenden Gesetz gerade darauf abgezielt wird, konkrete - von der Eigentumsgarantie des Art. 14 Abs. 1 Satz 1 GG umfaßte - Gegenstände für Verwaltungsaufgaben nutzbar zu machen.

Insoweit ist die Bevorratungsverpflichtung der Erdölimporteure und -hersteller als Fall der Gegenstandsindienstnahme an Art. 14 GG zu messen, da die Vorratspflicht die Unternehmer zwingt, die in ihrem Eigentum stehenden Erdölmengen und Vorratsbehälter in einer bestimmten Weise zu verwenden. So wird bezüglich der Vorratsbehälter eine Nutzung durch die anzulegenden Vorratsmengen vorgegeben. Das Eigentum an den Erdölmengen selbst wird dadurch beschränkt, daß über sie nicht verfügt werden kann, wenn dadurch die nach dem Gesetz zu haltende Vorratsmenge unterschritten wird. Dies zeigt, daß den Unternehmern spezifische Dispositionen über sachlich-gegenständliche Substrate im Unternehmen abverlangt werden, wodurch die privatautonome und privatnützige Verwendbarkeit dieser Gegenstände eingeschränkt wird[888]. Demzufolge erscheint es unzutreffend, wenn das Bundesverfassungsgericht diese Indienstnahme der Erdölerzeuger bzw. -importeure nur am Grundrecht der Berufsfreiheit, nicht jedoch an der Eigentumsgarantie mißt[889]. Das Gericht führt in seiner Entscheidung über die Klage der Unternehmensgruppe der unabhängigen Erdölimporteure aus, daß die Pflicht zur Vorratshaltung die Unternehmer in ihrer Eigenschaft als Unternehmer, nicht in ihrer Eigenschaft als Eigentümer treffe, da die Pflicht zur Vorratshaltung in Anknüpfung an die Ausübung einer bestimmten erwerbswirtschaftlichen Tätigkeit erfolgt sei[890]. Dieser Argumentation ist zwar zuzugeben, daß von der Bevorratungsverpflichtung nur die Berufsgruppe der Mineralölhersteller und -importeure betroffen ist, so daß als Anknüpfungspunkt der Gegenstandsindienstnahme die erwerbswirtschaftliche Tätigkeit zu sehen ist. Andererseits kann nicht vom äußeren Anlaß der Indienstnahme auf den betroffenen Schutzbereich geschlossen werden, sondern es muß vielmehr auch der Inhalt der auferlegten Pflicht in die Betrachtung miteinbezogen werden. Diese Auffassung wird auch durch die Ausführungen des Bundesverfassungsgerichts in der genannten Entscheidung gestützt, wonach die Abgrenzung von Art. 14 GG und Art. 12 GG danach vorzunehmen ist, ob die Regelung eher in die individuelle Erwerbs- und Leistungstätig-

---

[887] BVerfGE 52, 1 (30); 61, 82 (108); 88, 366 (377)
[888] Papier in: Benda / Maihofer / Vogel, Handbuch des Verfassungsrechts, § 18, Rn. 61
[889] BVerfGE 30, 292
[890] BVerfGE 30, 292 (335)

keit eingreift (dann Betroffenheit von Art. 12 Abs. 1 GG) oder ob mehr die Innehabung und Verwendung vorhandener Vermögensgüter begrenzt wird, mit der Folge, daß die Eigentumsgarantie betroffen ist[891]. Ermittelt man demzufolge auch den Inhalt und die konkreten Auswirkungen der Verpflichtung, so kann hiernach festgestellt werden, daß der einzelne Unternehmer aufgrund der zu treffenden Dispositionen über Eigentumsgegenstände wie Lagerräume und Erdölvorräte nicht mehr in der Lage ist, in gewohnter Weise die Gegenstände beliebig zu nutzen. Da die Eigentumsgarantie das "Haben" ebenso schützt wie das "Gebrauchmachen" von Gegenständen[892], ist die Gegenstandsindienstnahme an Art. 14 GG zu messen[893].

Als weiterer Fall der Gegenstandsindienstnahme ist auch die Bereitstellungspflicht nach § 10 b Satz 2 FAG iVm § 3 Abs. 1 FÜV und § 33 Abs. 3 NGefAG an Art. 14 GG zu messen. Hierbei wird nicht einfach eine bereits vorhandene Anlage zu öffentlichen Zwecken benutzt, sondern die Nutzung setzt noch eine Umgestaltung oder eine spezielle Errichtung voraus. Dabei ist für die Frage nach einer Berührung des Schutzbereichs von Art. 14 Abs. 1 Satz 1 GG danach zu unterscheiden, ob es sich um die Ersterrichtung einer Anlage handelt oder ob eine Nachrüstung der Anlage vorzunehmen ist. Nach allgemeiner Ansicht ist im zweiten Fall die Eigentumsgarantie betroffen[894]. Dies deshalb, weil Art. 14 Abs. 1 Satz 1 GG insoweit als Bestandsschutz für bestehendes Eigentum wirkt[895], so daß sich nachträgliche Anforderungen an Art. 14 Abs. 1 Satz 1 GG messen lassen müssen[896]. Gleiches gilt, wenn die Bereitstellungspflicht mit der erstmaligen Errichtung einer Fernmeldeanlage zusammentrifft bzw. entsteht. Dagegen kann auch nicht geltend gemacht werden, daß die Pflicht zur Errichtung einer neuen Anlage in bestimmter Art lediglich eine Vorgabe für die Verwendung des von Art. 14 Abs. 1 Satz 1 GG nicht geschützten Vermögens macht. Gegen dieses Argument läßt sich anführen, daß Art. 14 GG auch gegen solche gesetzliche Anforderungen Schutz gewährleistet, die neuartige staatliche Eingriffstypen darstellen[897].

---

[891] BVerfGE 30, 292 (335)
[892] Papier in: Maunz / Dürig, Grundgesetz, Art. 14, Rn. 341
[893] So im Ergebnis auch: Ipsen, AöR 90, S.393 (429); Papier in: Maunz / Dürig, Grundgesetz, Art. 14, Rn. 341; v. Mutius, VerwArch. 63 (1972), S. 329 (334); Klein, BB 1967, S. 297 (301)
[894] Waechter, VerwArch 87 (1996), S. 72f
[895] BVerfGE 68, 222; 74, 281; Papier in: Maunz / Dürig, Grundgesetz, Art. 14, Rn. 8ff; Badura in: Benda / Maihofer / Vogel, Handbuch des Verfassungsrechts, § 10, Rn. 32
[896] Kimminich in: Kommentar zum Bonner Grundgesetz, Art. 14, Rn. 329
[897] Ipsen, AöR 90 (1965), S. 393 (429); Kimminich in: Kommentar zum Bonner Grundgesetz, Art. 14, Rn. 56

a. Kein Eigentumsschutz bei der Dienstleistungsindienstnahme

Im Gegensatz zur Gegenstandsindienstnahme ist die Dienstleistungsindienstnahme dadurch gekennzeichnet, daß der Schwerpunkt der Indienstnahme nicht auf der bestimmten Verwendung eines im Eigentum des Indienstgenommene stehenden Gegenstands liegt, sondern vielmehr auf der Erbringung einer Dienstleistung. Allenfalls in untergeordnetem Maße findet eine Inanspruchnahme eines Gegenstands statt, wie etwa bei der Verwendung eines Computers zur Ermittlung der nach § 38 Abs. 1 Satz 1, Abs. 3 Satz 1 EStG einzubehaltenden Lohnsteuerbeträge. Da der Schwerpunkt auf der Erbringung einer nicht-gegenständlichen Leistung liegt, ist in diesem Fall nicht die Eigentumsgarantie, sondern vielmehr das Grundrecht der Berufsfreiheit (Art. 12 Abs. 1 GG) berührt. Insoweit ist auf die Abgrenzung zurückzugreifen, wonach Art. 12 Abs. 1 GG den Erwerb, Art. 14 Abs. 1 GG das Erworbene schützt[898]. Danach ist Art. 12 Abs. 1 GG betroffen, wenn ein Akt der öffentliche Gewalt eher in die Freiheit der individuellen Erwerbs- und Leistungsfähigkeit eingreift. Wird eher die Innehabung und Verwendung vorhandener Vermögensgüter begrenzt, so ist der Schutzbereich von Art. 14 Abs. 1 Satz 1 GG betroffen. Im Fall der Dienstleistungsindienstnahme wird dem Unternehmer nicht vorgeschrieben, wie er einen konkreten Gegenstand zu nutzen hat, sondern vielmehr aufgegeben, eine bestimmte Verwaltungsaufgabe mit dem ihm zur Verfügung stehenden Personal und Verwaltungsapparat zu erfüllen.

aa. Kein Schutz der unternehmerischen Dispositionsfreiheit über Art. 14 Abs. 1 Satz 1 GG

Die Dienstleistungsindienstnahme ist auch nicht unter dem Aspekt des Rechts am eingerichteten und ausgeübten Gewerbebetriebs an der Eigentumsgarantie des Art. 14 Abs. 1 Satz 1 GG zu messen[899]. Entgegen einer teilweise vertretenen Ansicht[900] ist das Recht am eingerichteten und ausgeübten Gewerbebetriebs als von der Eigentumsgarantie des Art. 14 Abs. 1 Satz 1 GG umfaßt anzusehen[901].

---

[898] BVerfGE 30, 292 (334f)

[899] So aber Ipsen, AöR 90 (1965), S. 393 (429)

[900] BVerfGE 51, 193 (221f); 74, 129 (148); zustimmend: Rittstieg in: Alternativ-Kommentar zum Grundgesetz, Art. 14, 15, Rn. 97ff

[901] BVerfGE 1, 264 (277ff); 22, 380 (386); 50, 290)340); 58, 81 (112); BGHZ 23, 157 (162f); 67, 190 (192); 81, 21 (33); 92, 34 (37); BVerwGE 62, 224 (226); Bryde in: v. Münch / Kunig, Grund-gesetz Kommentar, Art. 14, Rn. 18; Papier in: Maunz / Dürig, Grundgesetz, Art. 14 Rn. 95; Badura in: v. Münch / Schmidt- Aßmann, Besonderes Verwaltungsrecht, S. 210ff; ders. in: Benda / Maihofer / Vogel, Handbuch des Verfassungs-

Insoweit handelt es sich bei Betrieben nicht nur um die tatsächliche Zusammenfassung von Rechtspositionen, die ohnehin bis auf bloße Chancen und tatsächliche Gegebenheiten alle für sich genommen schon dem Schutz von Art. 14 Abs. 1 Satz 1 GG unterfallen[902]. Nach der Rechtsprechung des Bundesverfassungsgerichts ist es Funktion der Eigentumsgarantie, dem Berechtigten auch für den wirtschaftlichen Bereich einen gesicherten Freiheitsraum im vermögensrechtlichen Bereich, auf dessen Fortbestand er vertrauen kann, zu gewährleisten[903]. Insoweit gilt es zu berücksichtigen, daß das Unternehmen als Existenzgrundlage des einzelnen gerade in der Gesamtheit der Mittel von Bedeutung ist, so daß eine Einzelbetrachtung der vermögenswerten Rechte den tatsächlichen Gegebenheiten nicht gerecht wird[904].

Wenn demnach das Recht am eingerichteten und ausgeübten Gewerbebetriebs unter die Eigentumsgarantie des Art. 14 Abs. 1 Satz 1 GG fällt, so betrifft die Dienstleistungsindienstnahme jedoch nicht dieses Recht[905]. Die Dienstleistungsindienstnahme schränkt zwar die unternehmerische Dispositionsfreiheit ein, da der Unternehmer nicht mehr jederzeit frei über den Einsatz und die Verwendung der in seinem Eigentum stehenden Wirtschaftsgüter und des bei ihm abgestellten Personals entscheiden kann, jedoch ist diese Dispositionsfreiheit nicht als vom Recht am eingerichteten und ausgeübten Gewerbebetrieb umfaßt anzusehen[906]. Der gegenteiligen Ansicht von Ipsen, wonach der Eigentumsschutz auch den Schutz gegen hoheitliche Freiheitsbeschränkungen des vermögenswerten Güterbereichs umfasse, so daß auch die mit dem Eigentum zusammenhängenden unternehmerischen Leistungen und die Leitung über die Betriebsmittel - eingeschlossen die unternehmerische Dispositionsfreiheit - geschützt seien[907], kann nicht gefolgt werden. Gegen einen Schutz der unternehmerischen Dispositionsfreiheit über das Recht am eingerichteten und ausgeübten Gewerbebetriebs spricht, daß Art. 14 Abs. 1 Satz 1 GG nur Bestandsschutz, nicht aber Erwerbsschutz gewährleistet[908], so daß im Gegensatz zu bereits vorhandenen Vermögensbestandteilen des Gewerbebetriebs in der Zukunft liegende Chancen und bloße Verdienstmög-

---

rechts, § 10 Rn. 94; Wendt in: Sachs, Grundgesetz, Art. 14 Rn. 47; Ossenbühl, Staatshaftungsrecht, S. 136; Leisner in: Isensee / Kirchhof, Handbuch des Staatsrechts, Band VI, § 149, Rn. 108ff

902 So aber BVerfGE 51, 193 (221f)

903 BVerfGE 51, 193 (218); 83, 201 (208)

904 Leisner in: Isensee / Kirchhof, Handbuch des Staatsrechts, Band VI, § 149 Rn. 108

905 So aber Ipsen, AöR 90 (1965), S. 393 (429ff)

906 BGHZ 45, 150 (155); vgl. BGH JZ 1991, S. 36; zustimmend: Ossenbühl, Staatshaftungsrecht, S. 137

907 Ipsen, AöR 90 (1965), S. 393 (492ff)

908 BVerfGE 20, 31 (34); 30, 292 (334f); Papier in: Maunz / Dürig, Grundgesetz, Art. 14 Rn. 100; Pieroth / Schlink, Grundrechte Staatsrecht II, Rn. 1006

lichkeiten nicht geschützt werden[909]. Durch die Dienstleistungsindienstnahme werden dem Privaten in der Regel nur Entscheidungskompetenzen entzogen. Insoweit wird zwar die Privatinitiative beeinträchtigt, deren ungehinderte Ausübung stellt jedoch lediglich eine (ungewisse) Verdienstchance dar und ist noch kein Vermögensbestandteil des Gewerbebetriebs, vor dessen Schmälerung durch staatliche Güterbeschaffung Art. 14 Abs. 1 Satz 1 GG schützt[910]. Somit kann das Recht am eingerichteten und ausgeübten Gewerbebetrieb nicht als Recht auf "freie Betätigung als Unternehmer überhaupt" aufgefaßt werden[911]. Die Beschränkung der unternehmerischen Dispositionsfreiheit durch eine staatliche Indienstnahme ist demnach unter dem Aspekt des Rechts am eingerichteten und ausgeübten Gewerbebetriebs nicht durch Art. 14 Abs. 1 Satz 1 GG geschützt.

bb. Kein Schutz des Vermögens durch Art. 14 GG

Die Indienstnahme legt dem Indienstgenommenen bestimmte Handlungspflichten auf, deren Erfüllung in der Regel mit nicht unerheblichen Kosten verbunden ist. Diese Kostenbelastung ist Ausfluß der Intention des Staates, durch die Indienstnahme die persönlichen oder sächlichen Kräfte Privater "in Ermangelung oder zur Schonung verwaltungseigener Mittel"[912] in Anspruch zu nehmen. Der Charakter der übertragenen Aufgabe als Verwaltungsaufgabe bringt es mit sich, daß es sich im Regelfall um eine umfassende Tätigkeit von gewisser Dauer und von einem gewissen Umfang handelt. Demzufolge kann der Indienstgenommene die Dienstleistung nicht allein durch seinen persönlichen Arbeitseinsatz und damit ohne zusätzliche Kosten erledigen, sondern es wird erforderlich, neues Personal einzustellen bzw. Überstunden zu bezahlen. Somit ist es zutreffend, wenn Waechter davon spricht, daß bei der Indienstnahme "Essentiale der Handlungspflicht die Kostenlast"[913] ist.

Einen Schutz des Vermögens als solchem gewährleistet Art. 14 Abs. 1 GG jedoch nicht[914]. Der Erste Senat des Bundesverfassungsgerichts vertritt in ständiger

---

909 BVerfGE 30, 292 (335); 45, 272 (296); 68, 193 (222); 77, 84 (118); 81, 208 (227f)

910 BVerfGE 4, 7 (16)

911 BGHZ 45, 150 (1559; BGH NJW 1990, 3260 (3262); zustimmend: Ossenbühl, Staatshaftungsrecht, S. 137

912 Ipsen, Festgabe für E. Kaufmann, S. 141

913 Waechter, VerwArch. 87 (1996), S. 75

914 BVerfGE 4, 7 (17); 19, 119 (128f); 74, 129 (148); 91, 207 (220); zustimmend: Papier in: Maunz / Dürig, Grundgesetz, Art. 14 Rn. 160; Badura in: Benda / Maihofer / Vogel, Handbuch des Verfassungsrechts, § 10 Rn. 37, 42; Kirchhof, VVDStRL 39 (1981), S. 213; Bryde in: v. Münch / Kunig, Grundgesetz-Kommentar, Art. 14, Rn. 23; Wendt, Eigentum und

Rechtsprechung die Auffassung, daß Art. 14 GG nicht das Vermögen als solches vor der Auferlegung von Geldleistungspflichten schützt[915]. Etwas anderes soll nur dann gelten, wenn die Geldleistungspflichten den Einzelnen übermäßig und somit seine Vermögensverhältnisse grundlegend beeinträchtigen[916]. Ein Verstoß gegen die Eigentumsgarantie kommt nach Ansicht des Ersten Senats des Bundesverfassungsgerichts jedoch nur dann in Betracht, wenn die Geldleistungspflichten eine erdrosselnde[917], konfiskatorische[918] Wirkung entfalten[919]. Insoweit ist jedoch vom Bundesverfassungsgericht die Verletzung von Art. 14 Abs. 1 Satz 1 GG noch nie ernsthaft in Betracht gezogen worden[920].

Demgegenüber hat der Zweite Senat des Bundesverfassungsgerichts in seinem Beschluß zum Einkommensteuertarif[921] erstmals konkretisiert, wann eine solche erdrosselnde Wirkung einer steuerlichen Belastung vorliegt. Die freiheitsbeschränkende Wirkung von Steuergesetzen soll danach jedenfalls an Art. 2 Abs. 1 GG zu messen sein, wobei zu berücksichtigen ist, "daß Steuergesetze in die allgemeine Handlungsfreiheit gerade in deren Ausprägung als persönliche Entfaltung im vermögensrechtlichen und im beruflichen Bereich (Art. 14 Abs. 1, Art. 12 Abs. 1 GG) eingreifen"[922]. Aus dieser Entscheidung läßt sich nicht eindeutig entnehmen, ob neben dem Eingriff in die allgemeine Handlungsfreiheit auch ein Eingriff in das Grundrecht aus Art. 14 Abs. 1 GG angenommen wird[923]. In den Beschlüssen zu den Einheitswerten[924] führt der Zweite Senat des Bundesverfassungsgerichts diese Rechtsprechung fort. Zwar wird in diesen Entscheidungen eine ausdrückliche Feststellung zum Schutz des Vermögens durch Art. 14 GG vermieden, dennoch gibt der Zweite Senat an einigen Stellen zu erkennen, daß er einen Vermögensschutz im Rahmen von Art. 14 Abs. 1 Satz 1 GG für möglich hält[925].

Gesetzgebung, S. 37ff, 316ff; Pieroth / Schlink, Rn. 1103; ders. in: Sachs, Grundgesetz, Art. 14, Rn. 38; Rittstieg in: Alternativ-Kommentar zum Grundgesetz, Art. 14, 15, Rn. 57; Wieland in: Dreier, Grundgesetz Kommentar, Art. 14, Rn. 45ff

915 BVerfGE 4, 7 (17)

916 BVerfGE 14, 221 (241)

917 BVerfGE 30, 250 (272)

918 BVerfGE 23, 288 (315)

919 BVerfGE 63, 343 (368); 81, 108 (121f); 82, 159 (190)

920 Leisner, NJW 1995, S. 2591f; Wieland in: Dreier, Grundgesetz Kommentar, Art. 14, Rn. 45

921 BVerfGE 87, 153

922 BVerfGE 87, 153 (169)

923 Wieland in: Dreier, Grundgesetz Kommentar, Art. 14, Rn. 46

924 BVerfG NJW 1995, S. 2615; 1995, S. 2624

925 BVerfG NJW 1995, S. 2615 (2617, li. Sp. unten; re. Sp. Mitte); Ebenso: Leisner, NJW 1995, S. 2591 (2594); Hierzu auch das Sondervotum von Böckenförde BVerfG NJW 1995, S. 2615 (2621)

Der Auffassung, Art. 14 Abs. 1 GG gewährleiste einen umfassenden Schutz auch des Vermögens[926], kann jedoch nicht gefolgt werden[927]. Insoweit gilt es zu beachten, daß Art. 14 Abs. 1 Satz 1 GG mit dem Eigentum ein Recht schützt, das Vermögen als solches aber von der Rechtsordnung nicht als Recht ausgestaltet ist[928]. Zwar hat das Vermögen einen Gesamtwert, doch stellt es keine eigene, mit Herrschaftsbefugnissen ausgestattete eigenständige Rechtsposition dar. Einzelne Vermögensgegenstände werden demnach geschützt, Vermögenswerte jedoch nur insoweit, als ihnen Vermögensgegenstände gegenüber stehen. Die Eigentumsgarantie umfaßt somit nicht bloß faktische oder wirtschaftliche Werte[929]. Eine andere Sichtweise würde dazu führen, daß jede vermögensmindernde entschädigungslose Maßnahme der öffentlichen Hand unzulässig wäre, da sie als Inhalts- und Schrankenbestimmung immer vermögensmindernd oder -entziehend wirkt[930]. Dies widerspricht jedoch der Regelung in Art. 14 Abs. 1 Satz 2 GG, wonach Inhalt und Schranken durch die Gesetze bestimmt werden, ohne daß es einer Entschädigung bedarf[931]. Art. 14 GG schützt in erster Linie den Bestand des Eigentums. Insoweit können nur die einzelnen durch Art. 14 Abs. 1 Satz 1 GG geschützten Rechte, nicht jedoch das Vermögen schlechthin, Gegenstand einer Bestandsgarantie sein[932].

Die Dienstleistungsindienstnahme ist daher unter keinem Aspekt an Art. 14. Abs. 1 Satz 1 GG zu messen.

b. Enteignungsentschädigung im Falle einer Gegenstandsindienstnahme

Unter Zugrundelegung des formalen Enteignungsbegriffs[933] ist eine Enteignung im Sinne von Art. 14 Abs. 3 GG der staatliche Zugriff auf das Eigentum des einzelnen. Ihrem Zweck nach ist sie auf die vollständige oder teilweise Entziehung konkreter subjektiver Rechtspositionen gerichtet, die durch Art. 14 Abs. 1 Satz 1 GG gewährleistet sind[934]. Demgegenüber versteht das Grundgesetz unter einer

---

[926] So aber: Friauf, Jura 1970, S. 299 (307ff); Kirchhof, VVDStRL 39 (1981), S. 213ff (233ff); Leisner, NJW 1995, S. 2591 (2594)

[927] Papier in: Maunz / Dürig, Grundgesetz, Art. 14, Rn. 160; Wieland in: Dreier, Grundgesetz Kommentar, Art. 14, Rn. 48

[928] Wieland in: Dreier, Grundgesetz Kommentar, Art. 14, Rn. 48

[929] Wendt, Eigentum und Gesetzgebung, S. 36ff

[930] Papier in: Maunz / Dürig, Grundgesetz, Art. 14, Rn. 160

[931] Papier in: Maunz / Dürig, Grundgesetz, Art. 14, Rn. 160

[932] BVerfGE 68, 222; 74, 281; Papier in: Maunz / Dürig, Grundgesetz, Art. 34, Rn. 8ff; Badura in: Benda / Maihofer / Vogel, Handbuch des Verfassungsrechts, § 10, Rn. 32

[933] BVerfGE 52, 1 (27)

[934] BVerfGE 52, 1 (27) unter Bezugnahme auf: BVerfGE 38, 175 (180); 45, 297 (326)

Inhalts- und Schrankenbestimmung im Sinne von Art. 14 Abs. 1 Satz 2 GG die generelle und abstrakte Festlegung von Rechten und Pflichten durch den Gesetzgeber hinsichtlich solcher Rechtsgüter, die als Eigentum im Sinne der Verfassung zu verstehen sind[935]. Soweit diese Regelungen in materieller Hinsicht nicht mehr mit dem Grundgesetz in Einklang stehen, ist die gesetzliche Regelung einer derartigen Inhalts- und Schrankenbestimmung des Eigentums unwirksam und keine Enteignung[936]. Hieraus ergibt sich für den Fall einer Gegenstandsindienstnahme, daß diese unter Zugrundelegung des formellen Enteignungsbegriffs nicht die tatbestandlichen Kriterien einer Enteignung erfüllt. Eine Gegenstandsindienstnahme ist gerade dadurch gekennzeichnet, daß dem betroffenen Eigentümer Beschränkungen dahingehend auferlegt werden, wie er mit dem konkreten Eigentumsobjekt verfahren kann. Ihm wird entweder eine konkrete Nutzungsmöglichkeit untersagt, vorgeschrieben oder zeitweise entzogen. Die Gegenstandsindienstnahme ist jedoch nicht dadurch gekennzeichnet, daß das konkrete Eigentumsobjekt dem Betroffenen ganz oder teilweise - auf Dauer - entzogen wird. Die Dauer einer - zeitlich befristeten - Entziehung oder Beschränkung der Nutzungsmöglichkeit vermag nicht zu der - nach formellen Kriterien zu bestimmenden - Enteignung zu führen.

Etwas anderes ergibt sich unter Zugrundelegung materieller Kriterien zur Bestimmung einer Enteignung: Der Bundesgerichtshof[937] sah in der Enteignung einen gesetzlich zulässigen zwangsweisen staatlichen Eingriff in das Eigentum, sei es in der Gestalt der Entziehung oder der Belastung, der die betroffenen Einzelnen oder Gruppen im Vergleich zu anderen ungleich, besonders trifft und sie zu einem besonderen, den übrigen nicht zugemuteten Opfer für die Allgemeinheit zwingt. Unter Zugrundelegung der materiellen Kriterien des "Sonderopfers"[938] oder der "Schwere des Eingriffs"[939] käme man im Falle bloßer Nutzungsbeschränkungen bei Ansteigen der Intensität der eigentumsrelevanten Belastung zu dem tatbestandlichen Vorliegen einer Enteignung. Zu dem gleichen Ergebnis käme man nach der von Stein[940] entwickelten "Sozialbindungstheorie": Hiernach soll jeder Eigentumseingriff, der über die Sozialbindung hinausgeht, eine Enteignung darstellen. Soweit Stein weiter ausführt[941], alle erforderlichen Abgrenzungskriterien ergäben sich - unter Verzicht auf jegliche zusätzlichen Annahmen - aus

---

[935] BVerfGE 52, 1 (27)
[936] BVerfGE 52, 1 (27); 58, 300 (338)
[937] BGHZ 6, 270 (276)
[938] BGHZ 6, 270 (276)
[939] BVerwGE 5, 143 (145)
[940] Stein, Staatsrecht, S. 259
[941] Stein, Staatsrecht, S. 259

den allgemeinen Grundsätzen über die Grenzen der Zulässigkeit von Eingriffen in Freiheitsrechte, so stellt Stein offensichtlich ebenfalls auf materielle Kriterien ab.

Die Heranziehung materieller Kriterien bei der Frage nach dem tatbestandlichen Vorliegen einer Enteignung ist jedoch abzulehnen[942]: Sieht der Bürger in der gegen ihn gerichteten Maßnahme eine Enteignung, so kann er eine Entschädigung nur einklagen, wenn hierfür eine gesetzliche Anspruchsgrundlage vorhanden ist. Fehlt sie, so muß er sich bei den Verwaltungsgerichten um die Aufhebung des Eingriffsaktes bemühen. Er kann aber nicht unter Verzicht auf die Anfechtung eine ihm vom Gesetz nicht zugebilligte Entschädigung beanspruchen. Eine Enteignungsentschädigung ist daher lediglich dann möglich, wenn ein konkreter Eigentumsgegenstand entzogen wird und sich der Gesetzgeber - wie es die Junktimklausel vorschreibt - Gedanken über Art und Ausmaß der Entschädigung gemacht hat. Die Bejahung einer tatbestandlichen Enteignung nach materiellen Kriterien im Falle einer hohen eigentumsrelevanten Belastungsintensität würde zum einen dem von der Verfassung vorgegebenen Dualismus zwischen Enteignung (Art. 14 Abs. 3 GG) und Inhalts- und Schrankenbestimmung des Eigentums (Art. 14 Abs. 1 Satz 2 GG) widersprechen, zum anderen dem Betroffenen eine Enteignungsentschädigung ohne gesetzliche Grundlage zubilligen.

Festzuhalten bleibt somit, daß eine Enteignungsentschädigung (Art. 14 Abs. 3 Satz 2 GG) im Falle der Gegenstandsindienstnahme bei bloßen Nutzungsbeschränkungen oder nicht auf Dauer angelegten Nutzungsentziehungen nicht gegeben ist. Die Gegenstandsindienstnahme stellt sich insoweit nicht als "Güterbeschaffung", sondern als Leistungsanforderung eigener Art"[943] im Sinne einer Nutzbarmachung dar. Bei der Gegenstandsindienstnahme geht das Schwergewicht der Intention des Staates gerade dahin, dem Privaten die Erfüllung einer Verwaltungsaufgabe aufzubürden, die er mit in seinem Eigentum stehenden Gegenständen erfüllen soll. Würde dem Indienstgenommenen gleichzeitig ein zur Erfüllung der Handlungspflicht erforderlicher Gegenstand entzogen werden, würde dies dazu führen, daß die überbürdete Verwaltungsaufgabe nicht in vollem Umfang oder gar nicht mehr durch den Privaten erfüllt werden könnte. Da die Zielgerichtetheit des entziehenden Eingriffs für die Kennzeichnung als Enteignung konstitutiv ist, ist vernünftigerweise kein Fall einer Gegenstandsindienstnahme denkbar, bei dem zugleich mit der Dienstverpflichtung dem Betroffenen ein zur Erfüllung der Gegenstandsindienstnahme benötigter Gegenstand oder sonstige vermögenswerte Rechtsposition durch Hoheitsakt ganz oder teilweise entzogen würde.

---

[942] BVerfGE 58, 300 (324)
[943] Ipsen, Festgabe für E. Kaufmann, S. 155

c. Ausgleichspflichtige Inhalts- und Schrankenbestimmung des Eigentums

Das Eigentumsgrundrecht des Art. 14 GG unterscheidet nach seinem Wortlaut zwischen einer entschädigungslos hinzunehmenden Inhalts- und Schrankenbestimmung des Eigentums im Sinne von Art. 14 Abs. 1 Satz 2 GG und einer Enteignung im Sinne von Art. 14 Abs. 3 GG. Sofern sich eine Inhalts- und Schrankenbestimmung nicht innerhalb der Grenzen hält, die von der Verfassung vorgegeben sind, liegt eine rechtswidrige Inhalts- und Schrankenbestimmung vor[944]. Unter Zugrundelegung der "Naßauskiesungsentscheidung" des Bundesverfassungsgerichts[945] ist dem von einer rechtswidrigen Inhalts- und Schrankenbestimmung Betroffenen kein Wahlrecht dahingehend zuzubilligen, daß dieser diese (rechtswidrige) Maßnahme anficht oder sie duldet und hierfür eine (Enteignungs-) Entschädigung erhält[946]. Eine übermäßige Inhalts- und Schrankenbestimmung vermag bereits begrifflich unter Zugrundelegung des formellen Enteignungsbegriffs nicht zu einer Enteignungsentschädigung führen, da es sich hierbei eben nicht um eine Enteignung handelt.

Die Ausführungen des Bundesverfassungsgerichts in der sog. "Pflichtexemplarentscheidung"[947] lassen jedoch eine Erweiterung des von der Verfassung vorgegebenen zweigleisigen Modells zu[948]. Die Unterscheidung zwischen der Enteignung einerseits und der Inhalts- und Schrankenbestimmung andererseits ist anhand von formalen Kriterien vorzunehmen[949]. Die entschädigungslos hinzunehmende Inhalts- und Schrankenbestimmung grenzt sich hingegen von der entschädigungspflichtigen Inhalts- und Schrankenbestimmung durch die Intensität der Belastung für den von einer hoheitlichen Maßnahme betroffenen Eigentümer - mithin nach materiellen Kriterien - ab[950]. Hieraus ergibt sich, daß die materiellen Kriterien, die unter Zugrundelegung der materiellen Enteignungstheorie zur Abgrenzung zwischen Enteignung im Sinne von Art 14 Abs. 3 GG und Inhalts- und Schrankenbestimmung im Sinne von Art 14 Abs. 1 Satz 2 GG dienten, nunmehr

---

944 BVerfGE 52, 1 (27)
945 BVerfGE 58, 300 (324)
946 BVerfGE 58, 300 (324); Hierzu: Hendler, DVBl. 1983, S. 873ff; Schwerdtfeger, JuS 1983, S. 104ff; Schwabe, JZ 1983, S. 273ff; Nüßgens / Boujong, Eigentum, Sozialbindung, Enteignung, Rn. 334ff
947 BVerfGE 58, 137 (149 ff); hierzu auch: BVerfGE 71, 137 (145); 79, 174 (192); BayVerfGH, BayVBl 1995, S. 242 (245)
948 Hierbei kann dahingestellt bleiben, ob das Bundesverfassungsgericht mit seinen Ausführungen in der "Pflichtexemplarentscheidung" bewußt eine neue Rechtsfigur begründen wollte (insoweit zweifelnd: Maurer, Allgemeines Verwaltungsrecht, § 26, Rn. 79)
949 BVerfGE 52, 1 (27)
950 Pietzcker, JuS 1991, S. 369 (371)

für die Beurteilung des Vorliegens einer entschädigungspflichtigen Inhalts- und Schrankenbestimmung herangezogen werden[951].

Die dogmatische Grundlage der entschädigungspflichtigen Inhalts- und Schrankenbestimmung ist in dem verfassungsimmanenten Erfordernis der Lastengleichheit zu sehen[952]: Im Rahmen der Abwägung der Eigentumsgewährleistung einerseits und der Sozialbindung des Eigentums andererseits gestattet die Rechtsordnung öffentlichen Interessen die Zurückdrängung einzelner erworbener Eigentümerrechte. Hierin liegt noch keine Ungleichbehandlung, da ein sachgerechter Grund für die Zurückstellung der eigentumsrechtlich schutzwürdigen Interessen der Einzelnen die höherwertigen Interessen Dritter oder die der Allgemeinheit sind[953]. In den Fällen der Entziehung eines speziellen Vermögenswerts des Eigentumsrechts gebietet das verfassungsrechtliche Gebot der Gleichbehandlung eine verfassungsrechtliche Pflicht zur Opferentschädigung, soweit die dem betroffenen Eigentümer zugemuteten Nachteile hinreichend schwerwiegend sind (Sonderopfer) und der Rechtsentzug nicht durch die konkrete Ausgestaltung des Rechts oder seinen gesetzwidrigen Gebrauch bedingt ist[954]. Zur Wahrung des einer Inhalts- und Schrankenbestimmung immanenten Gebots der Lastengleichheit folgt zwar ein Ausgleichsanspruch nicht bereits unmittelbar aus der Verfassung, aus Art 14 Abs. 1 Satz 2 GG ergibt sich jedoch die gesetzgeberische Verpflichtung, im Falle einer ungleichen und übermäßigen Belastung (Sonderopfer) für eine gesetzliche Regelung des Opferausgleichs zu sorgen[955].
Hieraus ergeben sich jedoch auch die Grenzen einer ausgleichspflichtigen Inhalts- und Schrankenbestimmung des Eigentums: Kommt die Legislative der ihr insoweit obliegenden Aufgabe zur Schaffung einer derartigen "salvatorischen Entschädigungsklausel" nicht nach, so kann die Judikative diese gesetzgeberische Entscheidung nicht durch Zuerkennung dieser Entschädigung übernehmen[956], da der Judikative dies nach dem Prinzip der Gewaltenteilung als Ausfluß des Rechtsstaatsprinzips[957] nicht zusteht. Unter Zugrundelegung der "Naßauskiesungsentscheidung" des Bundesverfassungsgerichts[958] erfordert die

---

[951] Maurer, Allgemeines Verwaltungsrecht, § 26, Rn. 81; Pietzcker, JuS 1991, S. 369 (371)
[952] Rittstieg in: Alternativ-Kommentar, Art. 14 GG, Rn. 178; Schulze-Osterloh, Das Prinzip der Eigentumsopferentschädigung im Zivilrecht und im öffentlichen Recht, S. 7 ff, 266; in diesem Sinne auch: Maurer, Allgemeines Verwaltungsrecht, § 26, Rn. 82
[953] Rittstieg in: Alternativ-Kommentar, Art. 14 GG, Rn. 178; Schulze-Osterloh, Das Prinzip der Eigentumsopferetnschädigung im Zivilrecht und im öffentlichen Recht, S. 7ff; 266
[954] Rittstieg in: Alternativ-Kommentar, Art. 14 GG, Rn. 178
[955] Rittstieg in: Alternativ-Kommentar, Art. 14 GG, Rn. 178
[956] Pietzcker JuS 1991, S. 369 (371); Maurer, Allgemeines Verwaltungsrecht, § 26, Rn. 81
[957] Sachs in: ders., Grundgesetz-Kommentar, Art. 20 GG, Rn. 54 ff; Pieroth in: Jarass / Pieroth, Grundgesetz, Art. 20, Rn. 20
[958] BVerfGE 58, 300 (328 ff)

Sicherung der Rolle des Gesetzgebers, die ihm von der Verfassung zugewiesen ist, daß der von einer derartigen Maßnahme betroffene Eigentümer gegen eine derartige Maßnahme vorgeht.

Diese "salvatorischen Entschädigungsklauseln" im Rahmen einer entschädigungspflichtigen Inhalts- und Schrankenbestimmung des Eigentums stehen auch nicht im Widerspruch zu der "Junktimklausel" des Art. 14 Abs. 3 Satz 1 GG:[959] Art. 14 Abs. 3 Satz 2 GG bestimmt im Falle einer Enteignung, daß das Enteignungsgesetz bereits Art und Ausmaß der Entschädigung zu regeln hat. Diese Anforderung dient dem Schutz des Betroffenen und hat zugleich die Aufgabe, den Gesetzgeber zu zwingen, sich bei Erlaß gesetzlicher Vorschriften, die einen Zugriff auf die geschützten Güter bewirken oder zulassen, Klarheit darüber zu verschaffen, ob der Eingriff eine Enteignung darstellt und welche Entschädigung er nach Art und Höhe unter Berücksichtigung der Belange der Allgemeinheit und der Beteiligten für gerechtfertigt hält[960]. Hieraus ist zwar zu schließen, daß "salvatorische Entschädigungsklauseln" im Falle des Vorliegens einer (formellen) Enteignung im Sinne von Art. 14 Abs. 3 GG nicht zulässig sind[961], da der Gesetzgeber es nicht unentschieden lassen darf, ob seine Regelung eine Entschädigung auslösende Enteignung zuläßt. Anders verhält es sich im Fall der "salvatorischen Entschädigungsklauseln" im Bereich einer entschädigungspflichtigen Inhalts- und Schrankenbestimmung des Eigentums: Nach der Dogmatik des Bundesverfassungsgerichts stellt eine Inhalts- und Schrankenbestimmung des Eigentums gegenüber der Enteignung kein "minus", sondern vielmehr ein "aliud" dar[962]. Mithin kann der in Art. 14 Abs. 3 Satz 2 GG enthaltene Gedanke nicht unmittelbar auf Art. 14 Abs. 1 Satz 2 GG übertragen werden, da in letzterem Fall die Entschädigungspflicht nicht unmittelbar aus der Verfassung folgt. Auch gebietet dies nicht die Wesentlichkeitstheorie[963]. Soweit hiernach der Gesetzgeber alle wesentlichen Entscheidungen selbst zu treffen hat[964], führt dies nicht dazu, daß dies für jeden Einzelfall gelten soll[965]. Folglich hat er nur die wesentlichen Dinge

---

[959] Anderer Ansicht insoweit: Leisner in: Isensee / Kirchhof, Handbuch des Staatsrechts, § 149, Rn. 174; ders. in: DVBl. 1981, S. 76; Weyreuther, Über die Verfassungswidrigkeit salvatorischer Entschädigungsregelungen im Enteignungsrecht, Seite 23 ff

[960] Badura in: Benda / Maihofer / Vogel, Handbuch des Verfassungsrechts, § 10, Rn. 64

[961] BVerwG NJW 1990, 2572; Pietzcker, JuS 1991, S. 369 (372); Badura in: Benda / Maihofer / Vogel, Handbuch des Verfassungsrechts, § 10, Rn. 64; Weyreuther, Über die Verfassungswidrigkeit salvatorischer Entschädigungsregelungen im Enteignungsrecht, S. 23 ff; BVerwG NJW 1990, S. 2572

[962] BVerfGE 52, 1 (27); 58, 300 (338)

[963] So jedoch: Pietzcker, JuS 1990, S. 369 (372)

[964] BVerfGE 40, 237; 47, 46; 58, 257

[965] BVerfGE 84, 212 (226 f); 88, 103 (115 f)

zu regeln, soweit die im Einzelfall eintretenden Folgen vorhersehbar sind[966]. Insoweit ist auf die konkreten Umstände des Einzelfalles abzustellen bei der Frage, ob eine Maßnahme gegenüber einem Beteiligten die Grenze einer lastenungleichen Belastung überschreitet. Dies führt dazu, daß "salvatorische Entschädigungsklauseln" im Bereich von entschädigungspflichtigen Inhalts- und Schrankenbestimmungen des Eigentums als wirksam anzusehen sind[967].

Eine weitere Grenze einer Entschädigung aufgrund einer ausgleichspflichtigen Inhalts- und Schrankenbestimmung des Eigentums stellt der von der Verfassung vorgegebene Dualismus zwischen Inhalts- und Schrankenbestimmung einerseits und Enteignung andererseits dar.

Das Bundesverfassungsgericht stellt in der "Kleingarten-Entscheidung"[968] unter Zugrundelegung des formellen Enteignungsbegriffs klar: Werden die insoweit aus der Verfassung sich ergebenden Grenzen einer Inhalts- und Schrankenbestimmung überschritten, so ist die gesetzlich Regelung unwirksam. Hieraus folgt, daß auch eine nicht sachgerechte oder gar willkürliche Inhalts- und Schrankenbestimmung nicht durch die Zuerkennung einer Entschädigung geheilt werden kann[969]. Die ausgleichspflichtige Inhalts- und Schrankenbestimmung bietet lediglich einen Ausweg, um einerseits eine im öffentlichen Interesse liegende Eigentumsbindung zu erreichen, andererseits aber auch die sich daraus ergebenden besonderen Belastungen auszugleichen. Jedoch nur insoweit, als sich diese hieraus im Einzelfall ergeben[970].

Hieraus folgt, daß eine ausgleichspflichtige Inhalts- und Schrankenbestimmung eine an sich rechtmäßige - weil geeignete und sachgerechte - Eigentumsbeschränkung im Lichte von Art. 14 Abs. 1 Satz 2 GG erfordert, die jedoch im - vorhersehbaren - Einzelfall gegen das Übermaßverbot und damit gegen das verfassungsrechtliche Gebot der Lastengleichheit verstößt. Soweit dieser Verstoß im Einzelfall erforderlich ist, um die - ansonsten rechtmäßige - Inhalts- und Schrankenbestimmung aus sachgerechten Erwägungen des Allgemeinwohls aufrecht zu erhalten, kann die gesetzliche Regelung im Hinblick auf diesen Einzelfall oder im

---

966 Badura in: Benda / Maihofer / Vogel, Handbuch des Verfassungsrechts, § 10, Rn. 64

967 BVerwG NJW 1990, 2572f; BGHZ 99, 24 (28); 105, 15 (17); BGH NJW 1994, 3283f; BGH NJW 1995, 964

968 BVerfGE 52, 1 (27f)

969 So offensichtlich auch Papier in: Maunz / Dürig, Grundgesetz, Art. 14, Rn. 61; ders. in: Benda / Maihofer / Vogel, Handbuch des Verfassungsrechts, § 18, Rn. 61

970 Maurer, Allgemeines Verwaltungsrecht, § 26, Rn. 81; Papier in: Benda / Maihofer / Vogel, Handbuch des Verfassungsrechts, § 18, Rn. 61

Hinblick auf eine Gruppe von Einzelfällen mit einer Ausgleichspflicht zur Vermeidung eines Sonderopfers versehen werden.

Es ist daher stets erforderlich, daß eine an sich rechtmäßige Inhalts- und Schrankenbestimmung des Eigentums vorliegt: Eine Inhalts- und Schrankenbestimmung des Eigentums im Sinne von Art. 14 Abs. 1 Satz 2 GG ist die generelle und abstrakte Festlegung von Rechten und Pflichten durch den Gesetzgeber hinsichtlich solcher Rechtsgüter, die als Eigentum im Sinne der Verfassung zu verstehen sind[971]. Sie ist auf die Normierung objektiv-rechtlicher Vorschriften gerichtet, die den "Inhalt" des Eigentumsrechts vom Inkrafttreten des Gesetzes an für die Zukunft bestimmen. Solche Regelungen haben vor der Verfassung nicht schon deshalb Bestand, weil sie als formelles Gesetz ergangen sind, sie müssen vielmehr auch in materieller Hinsicht mit dem Grundgesetz in Einklang stehen.

Der Gesetzgeber steht bei der Erfüllung des ihm in Art. 14 Abs. 1 Satz 2 GG erteilten Auftrags, Inhalt und Schranken des Eigentums zu bestimmen, vor der Aufgabe, ein Sozialmodell zu verwirklichen, dessen normatives Element sich einerseits aus der grundgesetzlichen Anerkennung des Privateigentums durch Art. 14 Abs. 1 Satz 1 GG und andererseits aus dem Sozialgebot des Art. 14 Abs. 2 GG ergibt. Hierbei ist der Gesetzgeber dazu aufgerufen, beiden Elementen des im Grundgesetz angelegten Verhältnisses von verfassungsrechtlich garantierter Rechtsstellung und dem Gebot einer sozialgerechten Eigentumsordnung in gleicher Weise dergestalt Rechnung zu tragen, daß er die schutzwürdigen Interessen der Beteiligten in einen gerechten Ausgleich und in eine ausgewogenes Verhältnis bringt[972]. Die einseitige Bevorzugung oder Benachteiligung steht mit den verfassungsrechtlichen Vorstellungen eines sozialgebundenen Privateigentums nicht in Einklang. Dem entspricht die Bindung des Gesetzgebers an den verfassungsrechtlichen Grundsatz der Verhältnismäßigkeit. Das Wohl der Allgemeinheit ist nicht nur Grund, sondern auch Grenze für die dem Eigentümer aufzuerlegenden Beschränkungen. Diese Beschränkungen müssen vom geregelten Sachbereich her geboten und auch in ihrer Ausgestaltung sachgerecht sein. Einschränkungen der Eigentümerbefugnisse dürfen nicht weiter gehen, als der Schutzzweck reicht, dem die Regelung dient. Die verfassungsrechtliche Gewährleistung erfordert insbesondere die Erhaltung der Substanz des Eigentums und die Beachtung des Gleichheitsgebots des Art. 3 Abs. 1 GG. Beschränkungen, die sich aus Gesetzen oder ihrem Vollzug ergeben, die diesen Anforderungen genügen, hat der Eigentümer grundsätzlich entschädigungslos hinzunehmen.

---

[971] BVerfGE 52, 1 (27)

[972] BVerfGE 52, 1 (29); 58, 137 (147f); 71, 230 (246f); 72, 66 (77f); 81, 208 (220); 87, 114 (138); BVerwGE 88, 191 (194f); Papier in: Benda / Maihofer / Vogel, Handbuch des Verfassungsrechts, § 18, Rn. 84f

Eine gesetzliche Regelung, die - unter Zugrundlegung obiger Kriterien - das Eigentum in verfassungsrechtlich vertretbarer Weise beschränkt, kann in atypischen Ausnahmefällen zu einer besonderen Belastung führen. In diesen Ausnahmefällen vermag diese übermäßige Belastung durch Gewährung eines finanziellen Ausgleichs aufgefangen und damit ein Verstoß gegen den verfassungsimmanenten Verhältnismäßigkeitsgrundsatz und damit auch gegen die Eigentumsgarantie vermieden werden. Die Frage, wann eine "übermäßige Belastung" in diesem Sinne zu bejahen ist, bemißt sich danach, ob der Eingriff im Hinblick auf die Schwere, Intensität und Dauer für den Betroffenen zumutbar ist, wobei als wichtiges Indiz der Vergleich mit den Fällen gilt, auf die der Gesetzgeber typischerweise abstellt, so daß insbesondere der Gleichheitssatz Relevanz erlangt[973].

Die Gegenstandsindienstnahme stellt sich hiernach als eine Inhalts- und Schrankenbestimmung des Eigentums (Art. 14 Abs. 1 Satz 2 GG) dar. Die Gegenstandsindienstnahme ist unter Zugrundelegung materieller Kriterien nur dann rechtmäßig, wenn sie einen angemessen Ausgleich zwischen der Sozialpflichtigkeit und der Privatnützigkeit des Eigentums darstellt. Für die Abwägung ist zunächst die Intensität, die Schwere und Tragweite der Eigentumsbeeinträchtigung von Bedeutung[974]. Die im Rahmen der überkommenen Abgrenzung von Sozialbindung und Enteignung benutzte Schweretheorie[975] kann insoweit verwandt werden[976]. Hierbei gilt es zu beachten, daß die Gegenstandsindienstnahme der Erfüllung einer Verwaltungsaufgabe dient, "die der Staat mit seiner eigenen oder ihm zugeordneten Verwaltungsapparatur aus öffentlichen Mitteln wahrnehmen müßte, wenn er sich nicht aus ihm maßgeblich erscheinenden Gründen anderen Rechtsträgern zur Erledigung überantwortete"[977]. Zur Finanzierung derartiger Staatsaufgaben steht dem Staat grundsätzlich das Mittel der Steuererhebung zur Verfügung, mit dem alle Steuerzahler gleichermaßen belastet werden. Werden einzelne Grundrechtsträger durch eine Gegenstandsindienstnahme zur Erfüllung von Staatsaufgaben herangezogen, andere hingegen nicht, so ist diese Sachlage der Erhebung von Sonderabgaben ähnlich. Diese werden - im Gegensatz zu Steuern - nicht all jenen auferlegt, bei denen der Tatbestand zutrifft, an den das Gesetz die Leistungspflicht knüpft, sondern sie dienen der Finanzierung besonderer Aufgaben, die nicht in den Haushaltsplänen erfaßt sind (sog. parafiskalische Abgaben)[978]. Unter verfassungsrechtlichen Aspekten, insbesondere dem Prinzip der Lastengleichheit, sind Sonderabgaben nur zulässig, wenn es sich bei den Abgabenpflichtigen um

---

973 Maurer, Allgemeines Verwaltungsrecht, § 26, Rn. 81
974 BVerfGE 31, 229 (243)
975 BVerwGE 5, 143 (145); 61, 295 (303)
976 Nüßgens / Boujong, Eigentum, Sozialbindung, Enteignung, Rn. 344f
977 Ipsen in: Festgabe für E. Kaufmann (1950), S. 141 (151)
978 Tipke / Lang, Steuerrecht, § 3 Rn. 21

eine homogene Gruppe handelt, die durch eine gemeinsame, in der Rechtsordnung vorgegebene Interessenlage oder durch besondere gemeinsame Gegebenheiten von der Allgemeinheit und anderen Gruppen abgrenzbar ist[979] und die Abgabenpflichtigen eine spezifische "Sachverantwortung" für die mit den erhobenen Abgaben zu erfüllende Aufgabe haben[980]. Darüber hinaus darf sich der Staat des Finanzierungsinstruments der Sonderabgabe nur zur Verfolgung eines Sachzwekkes bedienen, der über die bloße Mittelbeschaffung hinausgeht[981]. Ferner muß das Abgabenaufkommen im Interesse der Gruppe der Abgabenpflichtigen verwendet werden (Kriterium der Gruppennützigkeit).

Diese von der Rechtsprechung zu den Sonderabgaben entwickelten Rechtmäßigkeitskriterien - insbesondere der Aspekt der besonderen Finanzierungsverantwortlichkeit - sind auch auf die Gegenstandsindienstnahme übertragbar[982]. Zwar ist im Gegensatz zur Sonderabgabe Inhalt der Gegenstandsindienstnahme nicht eine Zahlungspflicht, sondern eine Naturalleistungspflicht in Form des Zwangs zu einer bestimmten Nutzung oder Verwendung eines Gegenstands. Wie jedoch das Beispiel der Installationspflicht für Fernmeldeanlagenbetreiber und auch das der Mineralölbevorratung zeigt, ist die Gegenstandsindienstnahme in der Regel mit dem Zwang zu Aufwendungen verbunden, so daß man davon sprechen kann, daß "Essentiale der Handlungspflicht die Kostenbelastung ist"[983]. Insofern ist keine rechtlich unterschiedliche Behandlung danach gerechtfertigt, ob die Ungleichbehandlung durch eine Zahlungspflicht oder eine Naturalleistungspflicht begründet wird, da der Staat in beiden Fällen dem Bürger Verpflichtungen auferlegt, um staatliche Aufgaben zu erfüllen. Im Gegensatz zu der Auferlegung von Sonderabgaben geschieht dies im Falle der Gegenstandsindienstnahme auf direktem Weg: Bei der Auferlegung von Sonderabgaben werden dem Einzelnen Zahlungsverpflichtungen auferlegt, um Geldmittel über das Steueraufkommen hinaus zu erhalten, um dann - mittelbar - staatliche Aufgaben zu erfüllen. Bei der Gegenstandsindienstnahme werden sogar diese staatlichen Aufgaben - unmittelbar - mittels der indienstgenommenen Eigentumsobjekte erfüllt.

Ausgangspunkt der Betrachtung muß daher die Erwägung sein, daß es dem Staat primär obliegt, seine Aufgaben durch Verwendung von Steuergeldern zu erfüllen.

---

[979] BVerfGE 82, 159 (180)
[980] BVerfGE 82, 159 (179)
[981] BVerfGE 75, 108 (147); 82, 159 (179)
[982] Ebenso: Papier in: Maunz / Dürig, Grundgesetz, Art. 14, Rn. 342
[983] Waechter, VerwArch 87 (1996), S. 75

Die Erhebung von Steuern trägt dem Gedanken der Lastengleichheit Rechnung[984]. Sofern einzelne oder einzelne Gruppen darüber hinaus zu Leistungspflichten herangezogen werden, um damit staatliche Aufgaben zu erfüllen, ist dies - ob nun Geldleistungspflichten oder andere vertretbare Sachleistungspflichten gefordert werden - an den gleichen erhöhten Kriterien zu messen, um das Erfordernis der Lastengleichheit zu wahren. Dies in Abgrenzung zu den übrigen Inhalts- und Schrankenbestimmungen des Eigentums deswegen, da im Fall der Gegenstandsindienstnahme diese gerade dazu verwendet wird, Verwaltungsaufgaben zu erfüllen, die auch durch die Erhebung von Steuern erfüllt werden könnten.

Demzufolge sind die Rechtmäßigkeitskriterien zu den Sonderabgaben zumindest grundsätzlich auf Naturalleistungspflichten übertragbar. Anderer Ansicht ist hingegen das Bundesverfassungsgericht, das bislang für die Rechtmäßigkeit einer Indienstnahme keine besonderen Voraussetzungen stellte, sondern die üblichen Kriterien zur Rechtmäßigkeit einer Inhalts- und Schrankenbestimmung des Eigentums ausreichen ließ mit der Begründung, daß keine Geldleistungspflichten gegenüber dem Staat begründet werden[985].

Dies bedeutet, daß eine Gegenstandsindienstnahme nur dann eine rechtmäßige Inhalts- und Schrankenbestimmung darstellt, wenn eine Sachverantwortung der Indienstgenommenen für die zu erfüllende Aufgabe gegeben ist. Durch das Erfordernis der Sachverantwortung als erhöhtes Rechtmäßigkeitskriterium einer Inhalts- und Schrankenbestimmung wird dem in der Verfassung angelegten "dialektischen Verhältnis"[986] von Privatnützigkeit des Eigentums einerseits (Art. 14 Abs. 1 Satz 1 GG) und Sozialbindung des Eigentums andererseits (Art. 14 Abs. 2 GG) Rechnung getragen.

Soweit demnach bei der Regelung einer Gegenstandsindienstnahme der Gesetzgeber eine homogene Gruppe bestimmt hat, deren Mitgliedern eine gemeinsame "Sonderverantwortung" im Hinblick auf den Regelungsgegenstand gemein ist, liegt eine - an sich - rechtmäßige Inhalts- und Schrankenbestimmung vor. Soweit hierdurch einzelne Adressaten als "Randbereich" dieser an sich homogenen Gruppe - etwa wegen ihrer wirtschaftlichen Leistungsfähigkeit oder wegen verminderter Sachnähe - im Vergleich zu den anderen ungleich und daher übermäßig betroffen sind, können diese "Härtefälle" durch Zuerkennung einer entschädigungspflichtigen Inhalts- und Schrankenbestimmung - im Einzelfall - geheilt wer-

---

[984] BVerfGE 13, 290 (295); 26, 302 (312); 61, 319 (343); 81, 236; 82, 89; 84, 269; Benda in: ders. / Maihofer / Vogel, Handbuch des Verfassungsrechts, § 17, Rn. 15; Tipke / Lang, Steuerrecht, § 1, Rn. 4,9

[985] BVerfGE 77, 308 (339)

[986] Badura in: Benda / Maihofer / Vogel, Handbuch des Verfassungsrechts, § 10, Rn. 58

den. Dies ist jedoch nicht möglich - mit der Folge einer rechtswidrigen Inhalts- und Schrankenbestimmung -, wenn die gesetzliche Regelung der Indienstnahme bereits an sich etwa deswegen rechtswidrig ist, weil eine inhomogene Gruppe belastet würde oder weil zwar eine - an sich - homogene Gruppe vorliegt, jedoch generell diese homogene Gruppe keine Sachverantwortung im Hinblick auf den Regelungsgegenstand hat. In diesem Fall ist diese rechtswidrige Inhalts- und Schrankenbestimmung anzufechten und aufzuheben[987].

d. Ansprüche aus enteignungsgleichem und enteignendem Eingriff

Soweit unter Zugrundelegung der Kriterien für eine rechtmäßige Inhalts- und Schrankenbestimmung ein Ausgleichsanspruch erforderlich wird zur Vermeidung einer (lastenungleichen) übermäßigen Härte, so ergibt sich eine gesetzgeberische Aufgabe, einen solchen gesetzlich zu verankern. Sofern dies geschehen ist, vermag der Betroffene aufgrund der sich hieraus ergebenden Anspruchsgrundlage (finanziellen) Ersatz zur "Abfederung" der übermäßigen Härte zu erlangen. Fehlt jedoch eine diesbezügliche Regelung, so ergibt sich der Ersatzanspruch im Falle einer übermäßigen und daher insgesamt rechtswidrigen Inhalts- und Schrankenbestimmung aus den Grundsätzen des enteignungsgleichen Eingriffs. Dies jedoch nur, wenn eine Abwehr für den Betroffenen nicht möglich war[988]. Im Falle einer atypischen Nebenfolge ist den Betroffenen auch ein Ersatzanspruch aus enteignendem Eingriff zu gewähren, wenn und soweit durch diese atypische Nebenfolge einer ansonsten rechtmäßigen und insbesondere lastengleichen Inhalts- und Schrankenbestimmung bei dem einzelnen ein eigentumsrelevantes Sonderopfer entsteht.

[987] BVerfGE 58, 300 (324)

[988] Da es ansonsten wieder zu dem Wahlrecht kommen würde, dem das Bundesverfassungsgericht in der "Naßauskiesungsentscheidung" gerade eine Absage erteilte; vgl. hierzu: BGHZ 90, 12 (29ff); 91, 20; BGH NJW 1988, S. 3201

V. Amtshaftungsanspruch nach § 839 Abs. 1 BGB iVm. Art. 34 Satz 1 GG

Im Hinblick auf eine Indienstnahme Privater für Verwaltungsaufgaben kommt ein Anspruch der Indienstgenommenen aus § 839 Abs. 1 BGB iVm. Art. 34 Satz 1 GG unter dem Aspekt der Haftung für legislatives Unrecht in Betracht. Das Staatshaftungsrecht weist für diesen Fall staatlichen Unrechts keine Sondervorschriften auf[989], so daß die allgemeinen Voraussetzungen eines Amtshaftungsanspruchs nach § 839 Abs. 1 BGB iVm. Art. 34 Satz 1 GG zu prüfen sind. Wenn auch vorliegend die Mehrheit des Parlamentes das Gesetz verabschiedet hat und somit nicht nur das Handeln eines einzelnen Amtswalters in Frage steht, so handeln jedenfalls diejenigen Abgeordneten, die für den Erlaß des Gesetzes gestimmt haben, in Ausübung eines öffentlichen Amtes, da der Erlaß einer Rechtsnorm hoheitliches Handeln darstellt[990]. Die Verletzung einer Amtspflicht ist dann zu bejahen, wenn das die Gegenstandsindienstnahme vorsehende Gesetz gegen höherrangiges Recht verstößt[991]. Dies ist insbesondere dann der Fall, wenn eine rechtswidrige Inhalts- und Schrankenbestimmung vorliegt. Überwiegend wird jedoch eine Haftung für legislatives Unrecht mit dem Argument abgelehnt, beim Erlaß von Gesetzen mangele es an der Drittgerichtetheit der Amtspflicht[992]. Aufgrund des generell-abstrakten Charakters von Gesetzen werde der Gesetzgeber nur im Interesse der Allgemeinheit, nicht jedoch im Interesse des Einzelnen tätig. Folgerichtig nimmt diese Auffassung eine Drittbezogenheit beim Erlaß von Rechtsnormen an, wenn es sich um Maßnahme- oder Einzelfallgesetze handelt, da in diesen Fällen eine bestimmte Gruppe Adressat der Norm ist[993]. Gegen diese Auffassung spricht jedoch, daß die Drittbezogenheit sich nicht auf die zu erlassende Norm, sondern auf die zu beachtenden Amtspflichten bezieht. Der Gesetzgeber ist insoweit verpflichtet, bei Erlaß jeder Rechtsnorm die Grundrechte zu beachten, so daß die Drittrichtung der Amtspflicht bei Verletzung der Grundrechte im Einzelfall gegeben sein kann. Aus Art. 1 Abs. 3 GG, der auch den Gesetzgeber der Grundrechtsbindung unterwirft, ergibt sich, daß es nicht auf die zu

---

[989] Maurer, Allgemeines Verwaltungsrecht, § 25, Rn. 51

[990] Rüfner in: Erichsen, Allgemeines Verwaltungsrecht, § 48, Rn. 21; Maurer, Allgemeines Verwaltungsrecht, § 25, Rn. 51

[991] Ossenbühl, Staatshaftungsrecht, S. 86; Maurer, Allgemeines Verwaltungsrecht, § 25 Rn. 51; a.A. Bender, Staatshaftungsrecht, Rn. 654f, der die Auffassung vertritt, Abgeordnete unterlägen im Hinblick auf das freie Mandat (Art. 38 Abs. 1 Satz 2 GG) und die Indemnität (Art. 46 Abs. 1 GG) keinen nach außen gerichteten Amtspflichten.

[992] BGHZ 56, 40 (44); 84, 292 (300); 87, 321 (335); 100, 136; 102, 350; BGH NJW 1966, S. 726f; WM 1973, S. 491 (497); BGH, DVBl. 1976, S. 173 (175); VersR 1960, S. 520f; 1975, 737f; VersR 1988, S. 1046; OLG Hamburg, DÖV 1971, S. 238f.; Dagtoglou in: Bonner Kommentar zum Grundgesetz, Art. 34, Rn. 432f; Wolff / Bachof, Verwaltungsrecht I, S. 462f; Ossenbühl, Staatshaftungsrecht, S. 87; Haverkate, NJW 1973, S. 441

[993] BGHZ 56, 40 (46); 102, 305 (367); zustimmend Ossenbühl, Staatshaftungsrecht, S. 88

erlassende Rechtsnorm, sondern vielmehr auf die Betroffenheit in subjektiv-öffentlichen Rechten ankommt[994]. Hinsichtlich der Gegenstandsindienstnahme ist insbesondere die Beachtung der Eigentumsgarantie (Art. 14 Abs. 1 Satz 1 GG) von Bedeutung.
Wenn demzufolge eine Amtshaftung für den Erlaß eines rechtswidrigen indienstnehmenden Gesetzes nicht an der Drittgerichtetheit der Amtspflicht scheitert, so ist eine Haftung des Staates aus § 839 Abs. 1 BGB iVm. Art. 34 Satz 1 GG jedoch in der Regel deshalb abzulehnen, weil ein Verschulden beim Erlaß formeller Normen nur selten vorliegt[995]. Ob die Abgeordneten fahrlässig gehandelt haben, bemißt sich unter Zugrundelegung von § 276 Abs. 1 Satz 2 BGB nach einem objektiven Verschuldensmaßstab. Dementsprechend ist nicht auf den einzelnen Abgeordneten abzustellen, sondern vielmehr auf einen "pflichtgetreuen Durchschnittsbeamten"[996]. Für die Annahme eines Verschuldens reicht es insoweit nicht aus, wenn das indienstnehmende Gesetz zu einem späteren Zeitpunkt vom Bundesverfassungsgericht für nichtig erklärt werden sollte[997]. Ein Amtshaftungsanspruch für legislatives Unrecht ist deshalb generell - und damit auch für die Fälle der Gesetzlichen Indienstnahme Privater für Verwaltungsaufgaben - grundsätzlich auszuschließen.

---

[994] Papier in: Maunz / Dürig, Grundgesetz, Art. 34, Rn. 179; ders. in: Münchner Kommentar, § 839 BGB, Rn. 221

[995] Maurer, Allgemeines Verwaltungsrecht, § 25, Rn. 51

[996] BGH VersR 1959, S. 385; BauR 1984, S. 498f; VersR 1984, S. 849; VersR 1985, S. 279

[997] Maurer, Allgemeines Verwaltungsrecht, § 25 Rn. 51

Teil 3: Zusammenfassung

Zusammenfassend läßt sich sagen, daß im Falle der gesetzlichen Indienstnahme Privater für Verwaltungsaufgaben bei der Gegenstandsindienstnahme die Eigentumsgarantie (Art. 14 Abs. 1 Satz 1 GG) betroffen ist. Hinsichtlich der Rechtmäßigkeit der Inhalts- und Schrankenbestimmung sind erhöhte Rechtmäßigkeitskriterien in Übertragung der Rechtsprechung zu den Sonderabgaben anzulegen. Sind diese erhöhten Rechtmäßigkeitskriterien nicht gegeben, ist das indienstnehmende Gesetz rechtswidrig und anzufechten. Liegen die erhöhten Rechtmäßigkeitskriterien hingegen vor, so kann sich aus der Rechtsfigur der ausgleichspflichtigen Inhalts- und Schrankenbestimmung ein Ausgleichsanspruch dann - im Einzelfall - ergeben, wenn einzelne Personen oder Gruppen innerhalb der Indienstgenommenen ungleich und übermäßig im Sinne eines Sonderopfers belastet werden.

Bei der Einschaltung privater Kräfte zur Erfüllung öffentlicher Aufgaben beurteilt sich die Haftung des Staates gegenüber Dritten unterschiedlich danach, welche Erscheinungsform der Verwaltungshilfe Privater vorliegt. Im Falle der Schadensverursachung durch einen Beliehenen werden staatshaftungsrechtliche Ansprüche dann ausgelöst, wenn der Beliehene in einer öffentlich-rechtlichen Funktion tätig geworden ist, da er insoweit zum Verwaltungsträger wird.

Hinsichtlich einer Schadensverursachung durch den selbständigen Privatunternehmer ist die vom Bundesgerichtshof vertretene Werkzeugtheorie abzulehnen. Auf der Basis der Rechtsprechung zur Eingriffsverwaltung ist der Privatunternehmer vielmehr immer dann als Beamter im haftungsrechtlichen Sinne anzusehen, wenn er bei der Aufgabenerfüllung im öffentlich-rechtlichen Pflichtenkreis der Behörde tätig geworden ist. Der öffentlich-rechtliche Pflichtenkreis läßt sich dabei anhand objektiver Kriterien bestimmen.

Bei der Tätigkeit eines unselbständigen Verwaltungshelfers ist aus haftungsrechtlicher Sicht darauf abzustellen, ob der Verwaltungshelfer im öffentlich-rechtlichen Pflichtenkreis der Behörde tätig geworden ist. Auf diese Weise können die Erscheinungsformen der selbständigen und der unselbständigen Verwaltungshilfe gleich behandelt werden.

Der öffentlich-rechtliche Pflichtenkreis erlangt nicht nur im Zusammenhang mit dem Amtshaftungsanspruch, sondern auch mit den übrigen Ansprüchen Bedeutung. So ist auch für den Folgenbeseitigungsanspruch und für die Ansprüche aus dem Eigentumsgrundrecht entscheidend, ob die private Kraft im öffentlich-rechtlichen Pflichtenkreis der Behörde tätig geworden ist. Für die öffentlich-rechtlichen Schuldverhältnisse ist hingegen entscheidend, ob die private Kraft als

Erfüllungsgehilfe (§ 278 BGB) angesehen werden kann, da die Regelung des § 278 BGB als Ausdruck eines allgemeinen Rechtsgedankens auch auf öffentlich-rechtliche Schuldverhältnisse Anwendung findet.

Eine Neuregelung des Staatshaftungsrechts erscheint aus Gründen der Rechtssicherheit geboten. Dabei sollte beachtet werden, daß auch im Falle einer unmittelbaren und originären Staatshaftung ein öffentlich-rechtlicher Haftungsanspruch nur dann ausgelöst werden kann, wenn ein hoheitliches Handeln vorliegt. Insoweit würde auch bei der Ausgestaltung der Staatshaftung als unmittelbare Staatshaftung das Problem fortbestehen, inwieweit das Verhalten eines Privaten als hoheitlich qualifiziert werden kann. Insoweit erscheint es erforderlich, die Bereiche festzulegen, in denen die Tätigkeit des Privaten als hoheitlich anzusehen ist. Entscheidend ist dabei, inwieweit der Private in Erfüllung einer öffentlich-rechtlichen Pflicht der Behörde tätig geworden ist.

Internationale Gerechtigkeit

Herausgegeben von Giuseppe Orsi, Kurt Seelmann, Stefan Smid und Ulrich Steinvorth

Frankfurt/M., Berlin, Bern, New York, Paris, Wien, 1997. 159 S.
Rechtsphilosophische Hefte. Beiträge zur Rechtswissenschaft, Philosophie und Politik. Herausgegeben von Giuseppe Orsi, Kurt Seelmann, Stefan Smid und Ulrich Steinvorth in Zusammenarbeit mit dem Istituto Italiano per gli Studi Filosofici. Bd. VII
ISBN 3-631-32808-7 · br. DM 53.–*

Die Wirtschaft kennt sowenig nationale Grenzen wie die Umwelt. Was bleibt von der Souveränität der Staaten im Zeitalter der Globalisierung? Nach welchen Regeln müssen die Staaten zusammenarbeiten; welche Rechte haben internationale Institutionen gegen die Staaten und welche Rolle spielen die Individuen in internationalen Verhältnissen? Autoren aus Deutschland, Frankreich, Großbritannien und den USA suchen in ihren Beiträgen Antworten auf diese Fragen der internationalen Gerechtigkeit.

Aus dem Inhalt: Jean-Christophe Merle, Lassen sich die Sozial- und Wirtschaftsrechte im Weltmaß rechtfertigen? · Christine Chwaszcza, Grundprobleme einer Philosophie der internationalen Beziehungen · Thomas Pogge, The Bounds of Nationalism · Ulrich Steinvorth, Zum Begriff des Staats unter Bedingungen der Globalisierung · Hillel Steiner, Morality, Justice, and International Trade · Emmanuel Picavet, Rationalistic Agreement on Human Rights in a Pluralistic Setting · Thomas Duve, „Mit Kant und mit ihm". Anmerkungen zu Reinhard Merkel „Lauter leidige Tröster" · Thomas Hempell, Freizeit als Vermögen. Anmerkungen zu Philippe Van Parijs' Konzept eines Basiseinkommens